国家自然科学基金面上项目（71673132）
教育部"创新团队发展计划"滚动支持项目（IRT_17R52）资助

第十八辑

银行资本监管与货币政策的协调研究

A Research on Coordination of
Banking Capital Regulation and Monetary Policy

高洁超◎著

中国金融出版社

责任编辑：王效端　张菊香
责任校对：李俊英
责任印制：陈晓川

图书在版编目（CIP）数据

银行资本监管与货币政策的协调研究（Yinhang Ziben Jianguan yu Huobi
Zhengce de Xietiao Yanjiu）/高洁超著 . —北京：中国金融出版社，2018.5
（金融博士论丛 . 第十八辑）
ISBN 978 - 7 - 5049 - 9494 - 3

Ⅰ . ①银… Ⅱ . ①高… Ⅲ . ①商业银行—银行监管—关系—货币政
策—研究—中国 Ⅳ . ①F832.33 ②F822.0

中国版本图书馆 CIP 数据核字（2018）第 044628 号

出版
发行　**中国金融出版社**

社址　北京市丰台区益泽路 2 号
市场开发部　（010）63266347，63805472，63439533（传真）
网 上 书 店　http://www.chinafph.com
　　　　　　（010）63286832，63365686（传真）
读者服务部　（010）66070833，62568380
邮编　100071
经销　新华书店
印刷　北京市松源印刷有限公司
尺寸　169 毫米×239 毫米
印张　12
字数　212 千
版次　2018 年 5 月第 1 版
印次　2018 年 5 月第 1 次印刷
定价　39.00 元
ISBN 978 - 7 - 5049 - 9494 - 3
如出现印装错误本社负责调换　联系电话(010)63263947
编辑部邮箱：jiaocaiyibu@126.com

序

　　高洁超博士是我在南京大学指导的 2014 级研究生，作为他的博士生导师，我应邀为此书欣然作序。这本专著《银行资本监管与货币政策的协调研究》是由他的博士学位论文整理而成，也是我主持的国家自然科学基金面上项目"信贷传导渠道下货币政策与资本监管的协调研究"（71673132）的阶段性成果之一。

　　在他的博士论文撰写之初，我们进行了几次头脑风暴式的讨论，最终将选题方向确定为宏观审慎政策与货币政策的协调。考虑到宏观审慎政策的多样性和复杂性，本着有限开展研究和重要性原则，最终将题目敲定为《银行资本监管与货币政策的协调研究》。实际上，2008 年国际金融危机爆发以来，在各国的金融宏观调控中，货币政策已无法再唱"独角戏"了，政策协调这一老话题又重新高调地回归学术前沿和各国宏观调控实践。只不过，在这次谈及的政策协调中出现了一个较新的面孔——宏观审慎政策，中国的双支柱调控框架亦应运而生。

　　宏观审慎政策是一种专门针对金融稳定目标设计的跨部门、逆周期制度安排，强调从宏观整体角度抑制金融与实体经济之间的顺周期反馈机制、防止系统性风险的传染和爆发，从而维护经济金融稳定运行。相比欧美发达国家，中国在宏观审慎政策实践上实际走在前列。2008 年底，中国银监会就根据银行规模前瞻性地提出了动态资本要求，2012 年颁布的《商业银行资本管理办法（试行）》则明确了逆周期资本计提要求。中国人民银行在 2011 年正式引入差别准备金动态调整机制，并于 2016 年将对银行业的差别准备金动态调整机制和合意贷款管理升级为"宏观审慎评估体系"。在中国的宏观审慎政策实践中，人民银行和银保监会是两个关键主体，如何协调不同部门间的宏观审慎行为值得学术界做深入思考。就在 2017 年，国务院成立了金融稳定发展委员会，力图将各个调控部门间的协调运作以制度形式落实下来，并且，党的十九大报告正式提出"健全货币政策和宏观审慎政策双支柱调控框架"。目前，关于这两者的具体细节尚不得而知，许多具体工作需要实务部门和理论界一道共同谋划。相信，未来在关于中国的双支柱调控框架方面一定会有许多原创成果和力作产生。

　　这部专著主题鲜明，紧扣中国金融宏观调控创新的时代旋律；思路清晰，深入挖掘政策协调的可能路径；方法科学，综合运用统计、计量、模拟等多种工具；分析透彻，所得结论和建议具有较高参考价值；文笔流畅，体现了作者具有扎实的基础知识和写作功底。值此中国经济步入新时代之际，学术界正在酝酿一场宏大的理论创新，如何向世界更好地阐释中国经济、展现中国特色、介绍中国经验、提炼中国理论是这一创新的根本动力和源泉。高洁超博士显然遇到了这一"可遇不可求"的大好时光。我希望他能在今后的工作中再接再厉、持之以恒，在继续跟踪国际前沿的同时，深耕中国货币金融领域的重大、特色问题，将中国问题上升到理论层面形成一般性的思考，为推动中国特色经济理论走向世界作出自己的贡献。

范从来

南京大学校长助理、

教育部长江学者特聘教授

2018 年 4 月于南京大学

摘　　要

现阶段，中国货币政策以"保增长、稳物价、控风险"三重目标为核心。保增长和稳物价是中国货币政策的传统目标，控风险也即金融稳定目标则相对较新。鉴于中国的融资体系以银行信贷为主导，金融风险在很大程度上体现为信贷风险，而银行资本监管是控制信贷风险、维护银行稳定的核心工具，因此资本监管司职金融稳定，可为货币政策调控其他目标减负、增效。因此，本书的核心议题就是探讨银行资本监管与货币政策的协调问题，以期为优化金融宏观调控效果提供政策建议。

在研究框架上，本书将传统的"政策输入→经济效应"研究范式聚焦到"政策输入→银行信贷→经济效应"分析视角，将对信贷的刻画细分到总量与结构两个层面，将经典的产出与价格双重目标拓展至产出、价格、金融稳定三重目标。在研究内容上，本书主要分为事实分析、实证分析和模拟分析三部分。其中，事实分析分别包括对银行信贷主导的间接融资体系、资本监管与货币政策调控演变的统计研判；实证分析分别包括信贷总量与结构的经济效应、资本监管与货币政策对信贷总量与结构的影响两部分；模拟分析则在构建"保增长、稳物价、控风险"三重目标福利标准的基础上，构建资本监管与货币政策的最优协调模式。

通过对社会融资结构、金融业资产规模分布以及银行业信贷资产配置比例等进行综合分析，发现银行信贷仍是当下金融支持实体经济的主要渠道。通过对农业、采矿业、制造业、房地产业以及中小企业的信贷持有情况进行详细对比分析，发现不同行业的信贷风险存在显著差异，信贷在不同部门间的配置不仅会影响产出、价格等实际变量，还会受到本部门信贷违约风险的影响，信贷的非均衡配置可能扭曲经济结构，进而影响产出、价格和金融稳定。资本监管通过创设逆周期缓冲调节工具等不断提高防范金融风险的有效性，而增设差别监管工具则丰富了资本监管引导银行信贷支持实体经济的独特作用。货币政策则在保持物价稳定和促进经济增长的基础上，开始关注金融稳定，调控方式由数量型调控逐渐转向以利率为代表的价格型调控，表现为利率市场化不断完善、工具种类不断丰富。

本书先后运用 VAR 模型、面板模型和时变系数模型等估计方法对总量信贷、分期限信贷、分行业信贷的经济效应以及资本监管与货币政策对各层次信贷的影响展开实证检验。研究发现，产出增长与价格稳定目标不可兼得，产出放缓会伴随不良贷款率恶化；中长期信贷扩张有助于平衡产出、价格、风险目标，而短期信贷无助于目标实现；不同行业信贷的经济效应存在力度和方向上的显著差别。在当前形势下，建议适度采取宽松政策，促进产出增加、抑制风险积聚，同时适当强化对中长期信贷的监管，以预防信贷期限错配风险。货币政策和资本监管在调控中应充分利用行业信贷经济效应的异质性，可根据需要适时采用具有行业偏向效应的定向货币政策工具和差别资本监管工具，确保产出、价格、风险在合理区间内运行。本书还提出货币政策应成为调节信贷的主要工具，但资本监管应与之配合。货币政策与资本监管双管齐下，并以货币政策为主、以资本监管为辅的协调模式可以避免货币政策调整幅度过大、增强货币政策在应对其他目标时的操作弹性，切忌独立使用资本监管，其单独使用不仅难以取得显著效果，还可能引发金融系统的不稳定性。

模拟结果表明，逆周期资本监管优于顺周期监管，货币政策调控关注金融因素后效果更好，资本监管与货币政策的最优协调模式是相对的，必须依据外生扰动性质相机构建。本书首先建立了包含家庭、企业、银行和调控当局在内的新凯恩斯动态随机一般均衡（DSGE）模型，在充分考虑中国国情基础上，构建了基于"保增长、稳物价、控风险"三重目标的福利评价标准，最后在模拟各个组合对应的福利损失基础上，甄别最优协调模式。研究发现，逆周期资本监管熨平经济波动的效果优于顺周期监管；货币政策应关注金融因素，且盯住价格指标优于盯住规模指标；在外源性金融冲击下，货币政策力度与资本监管强度高低搭配可明显降低福利损失，双高搭配会导致福利损失最大化；在内源性金融冲击下，福利损失最小化要求资本监管强度从紧而货币政策具有更大灵活性。据此本书提出，应坚定不移地推进和完善逆周期资本监管，并将金融稳定纳入货币政策调控目标，但其前提是必须加快推进利率市场化进程，完善贷款利率等金融价格指标的风险定价机制，从而为货币政策制定提供能够有效反映市场信息的参考指标。而能否准确识别冲击来源会直接影响金融宏观调控的整体有效性，资本监管与货币政策的最优协调模式必须依据外生冲击性质相机构建。

目　录

表录

图录

第一章
导　论

第一节　选题背景与研究意义

一、选题背景

经济增长和价格稳定是宏观调控永恒的追求目标。尽管西方经典货币政策理论极力声称价格稳定是货币政策的核心目标甚至唯一目标，但必须理解其背后的逻辑基础，那就是价格稳定有助于经济增长，乃至充分就业、国际收支平衡等目标的实现。20 世纪 80 年代以来西方经济"大稳健"时期所展现出的"低通胀、高增长、低失业"特征就是例证。但是在中国，过去囿于各级政府强烈的"GDP 情结"和中央银行独立性的缺失，货币政策从来不像其宣称的那样遵循"稳定价格→促进产出"的调控取向，相反，以追求经济增长为第一导向，价格稳定被置于从属地位。

纵观中外，以往宏观调控的目标不约而同地聚焦于实体经济。自布雷顿森林体系崩溃以来，金融发展倍道而进，金融与实体大有并驾齐驱之势。但是，与"货币面纱观"相仿，主流观点认为金融虽然对实体经济的影响无处不在，但金融风险仍不足以引酿全局性危机。2008 年爆发的国际金融危机旋即用事实证明，金融冲击引发金融不稳定足以对全局经济产生致命影响，金融并非实体经济的"附庸"或"面纱"，而是高悬于实体经济的"双刃剑"。马克思在对经济与金融的关系分析中亦指出，虚拟经济脱胎于实体经济、反映实体经济，却又越发展现出特有的独立运行规律。这表明旨在以价格稳定为核心的货币政策框架具有时代局限性，价格稳定未必能保证金融稳定，甚至可能诱发金融风险，反噬实体经济，因此货币政策应当适度关注金融稳定。而中国历来以经济增长为统领发展的主线，防范债务风险、改善就业等诸多目标实现都离不开经济增长的引擎作用。但是进入新常态以来，经济增速持续放缓，各方面问题渐次暴露。因此，在价格稳定与金融稳定之外，保持必要的适度增长是防止经济陷入"增长减速后遗症"陷阱的重要举措。

中国的金融体系以银行业为主导，以银行信贷为代表的间接融资是推动中国经济增长的主要金融资源。截至 2015 年，中国银行业总资产规模达到194.17 万亿元，占整个金融业资产的比重超过了 90%，银行业资产中的 53%配置给了信贷类资产，在全社会融资规模中，有 76% 是通过间接融资完成的。因此，合理调控银行信贷投放、有效发挥信贷的经济效应是中国金融宏观调控的核心抓手。货币政策是金融宏观调控体系中的核心环节，在银行信贷主导的间接融资体系中，货币政策从实施到最终影响经济十分依赖于信贷的变动。

中国的货币政策历来肩负着多重目标，但在经济与金融的关系越发复杂的条件下，货币政策常常顾此失彼，导致调控的有效性不断下降。1995 年发布、2003 年修订的《中国人民银行法》将"保持货币币值稳定和促进经济增长"列为货币政策的两大目标，中国《金融业发展和改革"十二五"规划》进一步提出要"优化货币政策目标体系，处理好促进经济增长、保持物价稳定和防范金融风险的关系"。在货币政策目标扩容的背后，反映的是中国经济由"旧常态"向"新常态"转变过程中，金融宏观调控所面临的一系列现实约束。从 20 世纪 80 年代到 21 世纪初的"黄金十年"，中国经济"从无到有""从有到快"，货币政策的根本目标乃是促进经济增长，价格稳定实为从属目标，当经济增长过快引致较高通货膨胀时，货币政策才会暂时转向稳定价格。货币政策频繁转向，将相机抉择的安排演绎得淋漓尽致。这一时期，商业银行贪大求全、粗放发展，投放的天量信贷不仅固化了实体经济的低端锁定状态、阻碍了产业转型升级，而且淡化了商业银行自身的危机意识，银行业发生的几次危机最终也由政府兜底解决。但是，新常态以来，中国经济赖以高速增长的出口优势锐减，加之人口红利消失、环境污染加剧等一系列因素，共同倒逼经济"由快向好"转型。产业转型意味着原有的增长引擎将逐渐失灵，货币政策对经济的刺激效果不断减弱，但是政策导致的副作用却可能不断放大。

新常态以来，中国产出增速持续下滑的同时不良贷款率不断上升，消费领域价格膨胀的同时生产领域却出现通缩（见图 1.1）。这一系列矛盾将货币政策推向了进退维谷的境地：一方面，抑制产出增速放缓要求不断增加信贷投放，但不良贷款率蹿升表明信贷风险正不断加大，增加信贷投放可能进一步积聚金融风险；另一方面，尽管生产领域价格低迷，但消费领域价格仍然持续膨胀，政策刺激很可能使通货膨胀再度抬头。

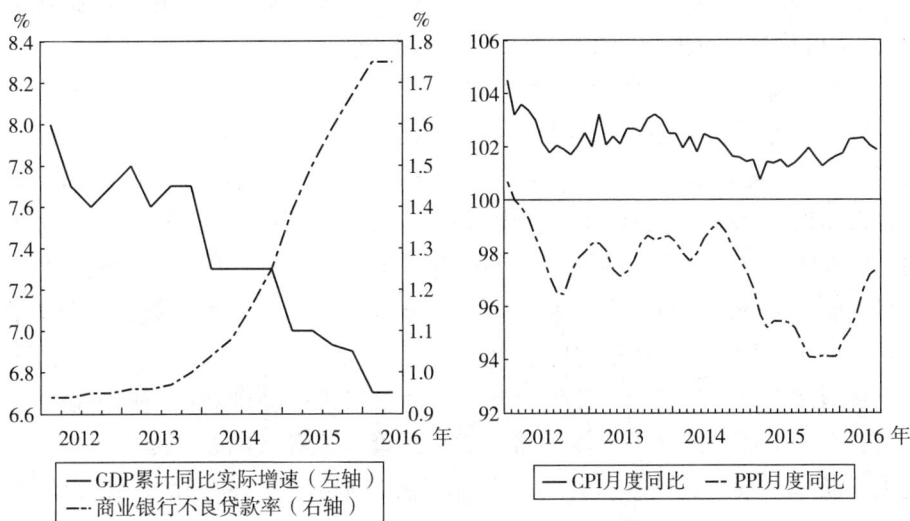

注：作者根据银监会网站和中经网统计数据库相关资料绘制而成。

图 1.1　新常态以来产出、物价、风险的变动趋势

货币政策捉襟见肘、顾此失彼的窘态毕现，迫切需要取得与其他政策之间的良性协调。一方面，与财政政策、产业政策等相比，银行资本监管政策与货币政策的联系显得更加紧密，因为两者的实施都会直接影响到商业银行的信贷投放行为，相互间的政策外溢性更加明显。另一方面，如前所述，中国的金融体系以银行为主导，金融资产 90% 以上由银行业持有，金融与实体经济的关系更多体现在银行业同实体经济的关系上（廖岷等，2014），而且半数以上的银行业资产是发放贷款和垫款，控制银行的信贷风险对防范发生系统性金融风险至关重要。而银行资本监管是抑制金融风险、维护金融稳定最核心、最重要的工具，可以大大减轻货币政策维护金融稳定的负担，两者如能有效协调，可以大大提升金融宏观调控的效果。

历史上，中国的银行资本监管与货币政策之间曾多次出现不协调，甚至冲突的情况。如 1997 年，中国经济步入通货紧缩，彼时货币政策转向宽松，通过连续降息、降准等操作以释放流动性，但亚洲金融危机爆发，基于对金融安全的考虑，金融业受到更加严格的监管，由此导致金融机构"惜贷"盛行，使得货币政策的宽松效果未能有效实现；又如 2014 年，央行借由 MLF 向金融业注入数千亿元流动性后，社会融资规模却并未出现相应增长，有学者认为货币政策与银行监管政策之间缺乏协调是一个重要原因。对此，《"十三五"规划纲要》首次明确将"防控风险"纳入宏观调控目标体系，并首次提出要"构建货币政策与审慎管理相协调的金融管理体制"。

中国的商业银行脱胎于计划经济体制下的大一统中央银行，资本理念淡薄，资本监管制度发展缓慢。早期的资本管理形式大于内容，商业银行的信贷决策主要受国家经济发展需要的影响，自主经营、自控风险的能力十分薄弱。随着市场化和全球化的不断推进，中国商业银行开始朝着独立经营、自负盈亏的方向发展，资本理念不断加强。2003 年，随着银监会从中国人民银行独立出来，商业银行监管与货币政策调控彻底分离，以往"货币政策强、资本监管弱"的非对称格局正逐渐走向平衡。

从国际上看，过去资本监管通常被认为仅仅是一种微观层面的审慎管理工具，金融宏观调控的主旋律仍然是货币政策，两者被割裂开来，这与我国过去"货币政策强、资本监管弱"的非对称格局有着某种相似之处。但是，2008 年爆发的国际金融危机暴露出资本监管在微观层面的有效性并不能确保宏观层面的稳定性，资本状况看似良好的单个金融机构加总在一起可能引酿"合成谬误"，导致宏观整体层面的系统性风险。为解决这一问题，以逆周期资本监管为代表的一系列宏观审慎政策被相继推出，成为金融宏观调控体系的重要组成部分。另外，过去被主要西方国家所推崇的旨在维护价格稳定的通货膨胀目标制货币政策虽然有助于产出平稳有序增长，但也暴露出催生资产价格泡沫、诱发金融风险的弊端。因此，改革既有货币政策框架、将金融稳定目标纳入货币政策体系的呼声越来越高。鉴于资本监管与货币政策在调控目标、时机选择、政策外溢等方面的联系越发紧密，两者如何有效协调的问题受到广泛关注。

总之，新常态下中国经济波动成因更加复杂，多目标管理势必带来一定的取舍和权衡问题，由此对金融宏观调控的整体应对能力及有效性提出了更高要求，银行资本监管与货币政策如何协调以合理、有效兼顾"保增长、稳物价、控风险"三大基本目标将成为新常态下中国金融宏观调控的主要任务。

二、研究意义

本书的研究属于应用基础研究，兼具一定的理论意义和现实意义。

理论意义：国内外学术界有关银行资本监管与货币政策协调问题的研究文

献大多采用动态随机一般均衡（DSGE）模型分析框架，但都普遍存在两个问题。第一，在对货币政策与资本监管的协调问题进行分析时，重点往往落在政策设定及经济效应的对比上，未能详加说明政策输入到产生经济效应的中间传导过程。本书梳理出"政策输入→信贷变动→经济效应"这一符合中国基本国情的传导路径，综合运用计量检验和结构化建模方法对这一传导路径展开深入细致的研究。第二，大部分研究虽然将信贷因素引进分析框架，但最优政策协调组合的判定标准仍然忽视了信贷风险等金融因素的考量，而控风险在新常态下已成为与保增长、稳物价同样重要的调控目标。为此，本书将表征信贷违约风险的变量纳入社会福利损失函数，更加合理地识别银行资本监管与货币政策的最优协调组合。

现实意义：在当前经济增速放缓和银行信贷风险不断暴露的背景下，信贷投放必须充分考虑收益与风险之间的关系。作为直接影响银行信贷的两大政策，银行资本监管与货币政策之间必须取得有效协调，支持商业银行将信贷资源合理配置到实体经济，发挥金融支持实体经济稳步增长的需要，同时避免信贷风险进一步扩大。鉴于此，本书以银行信贷为分析立足点，充分厘清信贷与产出、物价及风险之间的动态关系，以全面、系统地甄别银行资本监管与货币政策的最优协调组合，为新常态下中国金融宏观调控思路提供有益参考。

第二节　研究安排与主要内容

一、研究目标

本书的总体目标是探究银行资本监管与货币政策的协调模式，为改善新常态下的中国金融宏观调控提供富有理论价值的参考建议。银行资本监管与货币政策协调的有效性将直接决定金融宏观调控的整体有效性。那么，由此提出的问题是：在我国，货币政策和资本监管是如何对银行信贷发挥作用的？信贷投放本身对产出、物价、违约风险的影响是怎样的？其在总量和结构两个层面产生的宏观效应有何不同？银行资本监管与货币政策要如何协调才能取得"保增长、稳物价、控风险"这三重目标间的动态平衡？

基于上述思考，本书将首先以银行信贷为着力点，从总量与结构两个层面系统分析信贷的经济效应，剖析信贷与产出、物价及风险之间的动态关系；其次以货币政策和资本监管为出发点，从微观层面厘清货币政策与资本监管对信贷的影响机制，并据此提出两者在协调使用中的注意点；最后，构建具有微观基础的动态随机一般均衡模型，深入分析资本监管与货币政策的不同搭配借由信贷渠道所产生的经济效应，在此基础上通过构建社会福利损失函数甄别银行资本监管与货币政策的最优协调组合，以实现产出、物价及风险三者间的动态平衡（见图1.2），为新常态下我国政策当局构建"保增长、稳物价、控风险"三重目标下的最优政策协调框架提供理论支撑和经验支持。

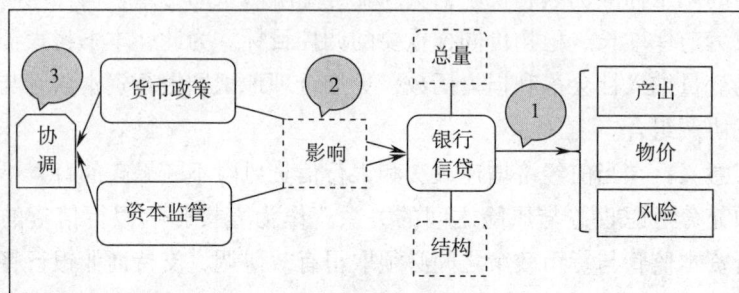

注：作者自己绘制。

图1.2   本书的研究目标示意图

二、研究思路和技术路线

按照图1.3的技术路线所示，本书的研究思路主要包括如下四个关系递进的部分：（1）根据相关研究背景确定选题，并阐述其研究意义；（2）系统梳理现有相关文献，对核心概念进行界定和研究范畴说明，并指出本书在现有文献基础上的新的工作方向；（3）对银行信贷主导的间接融资体系，资本监管与货币政策的发展历程及国际经验等特征事实进行详尽分析，提炼出"政策→信贷→经济"的基本逻辑链条；（4）运用时序模型、面板模型以及DSGE模型等，对资本监管与货币政策的协调问题进行多方位的定量检验并提出相应建议。

三、主要内容

基于上述研究目的和基本思路，本书的主要内容可概括如下。

第一章，导论。本章阐述本书的选题背景和研究意义，梳理全书的研究目标和结构安排，并指出本书拟解决的关键问题与可能的改进之处。

第二章，文献述评。首先对资本监管、货币政策、信贷结构、宏观审慎、金融风险、政策协调等相关概念与范畴进行界定，明确本书研究对象的具体范

```
            ┌──────────────┐
            │ Ⅰ 背景与意义 │
            └──────┬───────┘
            ┌──────┴───────┐
            │ Ⅱ 文献述评   │
            └──────────────┘
```

| 概念与范畴 | 资本监管与货币政策对银行信贷影响 | 信贷经济效应 | 资本监管与货币政策的协调 |

```
            ┌──────────────┐
            │ Ⅲ 特征事实分析 │
            └──────────────┘
```

金融结构	银行信贷主导间接融资体系	资本监管与货币政策的转型	中国特征
银行资产结构			
信贷结构			国际经验

```
            ┌──────────────┐
            │ Ⅳ 定量分析   │
            └──────────────┘
```

资本监管+货币政策	资本监管与货币政策协调实证分析	资本监管与货币政策协调模拟分析	DSGE模型
信贷总量与结构			福利评价标准
经济效应：三重目标			最优模式构建

```
            ┌──────────────┐
            │ Ⅴ          │
            │ 主要结论     │
            │ 政策建议     │
            │ 研究展望     │
            └──────────────┘
```

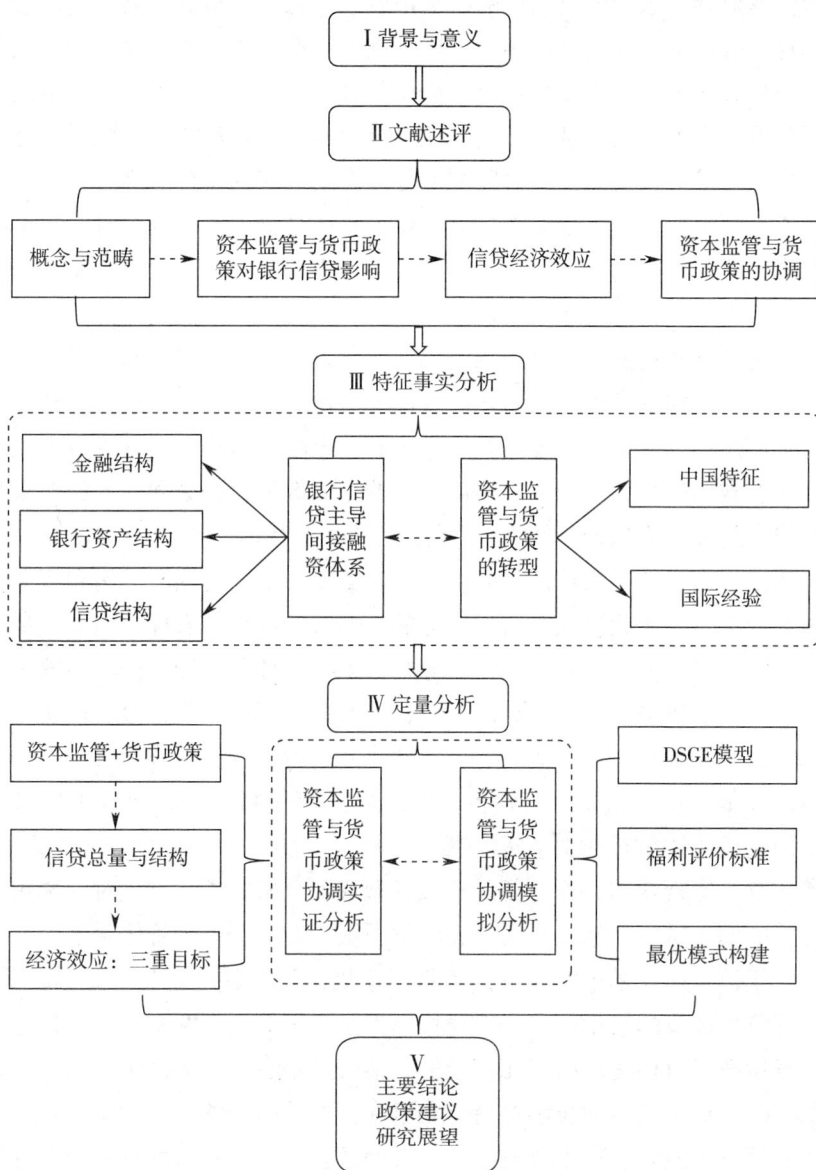

注：作者自己绘制。

图 1.3 本书的技术路线图

围。其次，从总量与结构两个角度系统梳理信贷对经济影响效果的文献研究，依次为总量信贷的经济效应、信贷期限结构的经济效应、信贷部门持有结构的经济效应。再次，系统梳理资本监管与货币政策对银行信贷影响的文献研究，依次为资本监管对银行信贷的影响、货币政策对银行信贷的影响、货币政策与资本监管对银行信贷的交互影响。最后，阐述已有关于资本监管与货币政策协调机制的相关文献研究，依次为政策协调的必要性和得益分析、基于不同外生冲击视角下的政策协调、基于不同盯住目标视角下的政策协调。同时，在梳理每部分文献的基础上提出已有研究的不足和本书相应的研究安排。

第三章，银行信贷主导的间接融资体系特征分析。本章首先对中国金融体系的构成与演变进行概览，形成对中国金融宏观调控多头监管、协调不畅的基本判断。其次，对银行主导的间接融资体系在金融体系中的具体情况进行描述性统计分析。从间接融资与直接融资规模的比较、银行业在全部金融业中的资产规模占比、不同规模银行的信贷类资产配置情况等多个角度进行阐述，论证银行信贷仍是当下支持中国经济发展最主要的金融资源这一基本观点，提出要优化金融宏观调控政策、增强对实体经济的作用效果，就必须深入分析信贷的内部结构、经济效应以及金融宏观调控政策对银行信贷行为的具体影响。最后，分析银行信贷的结构特征与风险效应。主要从信贷的期限结构和行业结构两个角度分析其变化趋势及对信贷风险的影响，并着重对农林牧渔业、部分产能过剩行业、房地产行业、中小企业等几个事关国计民生和经济转型的重要经济部门的信贷及风险特征进行具体分析，以此弥补现有文献在分析信贷量的经济效应时忽视其本身的风险效应的局限性，并为后文分析信贷总量与结构的经济效应以及基于"保增长、稳物价、控风险"三重目标来构建资本监管与货币政策的最优协调组合提供事实依据。

第四章，银行资本监管与货币政策转型特征分析。本章首先对中国银行业资本监管的演进做一个基本介绍，表明中国银行业的资本监管体系不仅变得更加科学、规范，而且基于宏观审慎考量的逆周期调节特征也越发显著。其次，概述中国货币政策的转型，主要围绕目标扩张与工具创新两个角度来论述，表明中国货币政策目标呈现出多元化趋势，金融稳定在逐步成为中央银行又一个目标的同时，促进经济增长和保持价格稳定仍然是中国货币政策的核心目标。最后，介绍资本监管与货币政策的国际发展经验。对金融监管改革的理论逻辑和现实依据、巴塞尔资本协议的历史演变、世界各主要经济体的资本监管实施现状、货币政策目标演变、货币政策调控模式演变、各国资本监管与货币政策的协调现状以及中国在相应领域的建设和实施进展进行系统梳理，为货币政策纳入金融稳定目标、资本监管逆周期化以及两者的协调必要性等观点提供广泛的现实依据。

第五章，银行资本监管与货币政策协调的实证分析。本章首先从总量与结构两个角度对信贷量的经济效应进行分析。通过格兰杰 Granger 因果检验和 VAR 模型的脉冲响应、方差分解等方法，细致分析各类信贷冲击对产出、价格、风险的影响效果。其次，分析资本监管与货币政策对总量信贷与结构信贷的影响。通过运用面板数据固定效应模型、时间序列固定系数模型和时变参数模型等多种计量分析方法，详细检验资本监管和货币政策对各层次信贷的影响效果。最后，依据上述定量分析结果，对资本监管与货币政策的协调提出建议。

第六章，银行资本监管与货币政策最优协调的模拟分析。本章首先构建一个包含家庭、企业、商业银行和宏观调控部门在内的 DSGE 模型，刻画出资本监管与货币政策影响商业银行信贷行为的微观机理，并支撑起信贷波动与产出、价格、风险之间的联系。其次，依据中国的事实数据和研究中国问题的相关文献对模型参数进行校准，并对模型经济拟合实际经济的效力进行评价，确保后文的模拟分析真实、可靠。最后，利用校准好的 DSGE 模型进行数值模拟分析，甄别在外生冲击影响下，资本监管与货币政策如何协调可以使经济的福利损失最小化。

第七章，主要结论、政策建议与研究展望。本章首先对全书研究结果进行梳理、总结；其次，在此基础上，有针对性地提出政策建议和启示；最后，从研究路线、数据处理、模型构建等方面提出未来可以进一步完善和挖掘的方向。

第三节　拟解决的关键问题与可能的改进

一、拟解决的关键问题

1. 本书以银行信贷作为连接资本监管、货币政策及其经济效应的纽带，一方面这是在有限开展原则下突出逻辑主线的必要做法，另一方面也必须合理论证银行信贷与资本监管、货币政策以及实际经济的关联性。为此，本书的第一章、第二章、第三章和第四章分别从主观归纳、已有研究、特征事实分析等角度对"资本监管、货币政策→银行信贷→经济效应"这一全书逻辑主线的合理性进行多层次论证。

2. 已有国内外研究信贷量经济效应的文献大多从总量信贷角度进行分析，鲜有从信贷结构角度展开分析，本书试图进一步从信贷的期限结构和行业结构两个角度来分析信贷的经济效应，并与总量信贷的经济效应进行比较，分析异同。为此，需要对信贷结构进行适度的合理划分、统一使用定量分析方法，并克服数据的可得性问题。为此，本书的第五章对这一问题进行了系统分析。

3. 本书借由动态随机一般均衡模型来定量模拟资本监管与货币政策的最优协调组合，如何将前文得出的一些已有结论融入模型构建，使 DSGE 分析框架更加符合中国现实，是本书需要解决的一个关键问题。同时，在模拟不同政策协调组合的经济效应时，相比以往文献，本书所设定的最终调控目标更加多元化，即"保增长、稳物价、控风险"，如何将三重目标合理纳入社会福利损失函数也是需要解决的关键问题之一。

二、可能的改进之处

1. 就研究视角来说，本书在对当前中国融资体系以间接融资为主这一事实特征进行详细分析的基础上，紧紧扣住银行信贷这一核心变量，并以此为立足点，构建出"资本监管和货币政策→银行信贷→经济效应"的基本逻辑链条，这与当前绝大多数文献直接探讨资本监管、货币政策与最终经济效果、忽视中间具体传导路径的做法相比，研究将更加聚焦、细致、深刻，具有一定的新意。

2. 就研究内容来说，在信贷量经济效应的研究中，已有文献大多从总量信贷的角度来分析其对产出、价格等的影响，不仅忽视了信贷结构变化可能带来的异质性影响，而且也没有考虑信贷投放对风险因素的影响，本书尝试在总量信贷的基础上，进一步分析信贷的期限结构和行业结构变化导致的经济效应异同，为提升货币政策与资本监管的精准调控水平提供经验支持。此外，与产出、价格变量一道，将表征信贷风险的变量纳入对经济效果的判断中，以契合当前中国的宏观调控不仅重视产出的适度增长和价格的持续稳定，而且越发关注金融稳定这一事实。这一分析，对深入挖掘信贷对经济的影响效果、提升金融宏观调控的全面性和精准性具有一定的参考价值，对完善学术界有关信贷量经济效应的研究也起到了一定的补充作用。

3. 就研究方法来说，本书针对不同研究问题和相关数据可获性的需要，综合使用了统计分析、时序计量分析、面板计量分析和基于 DSGE 模型的模拟分析。其中，在 DSGE 建模方面，本书基于已有文献进一步拓展了商业银行与企业的抵押借贷机制，首次基于内、外源视角引入异质性金融冲击，将传统福利损失函数扩展为包含产出、物价和风险的三因素福利损失函数，这些改进具有一定的价值，对进一步丰富和完善 DSGE 模型的发展起到了一定的积极作用。

4. 就研究结论来说，本书发现货币政策与资本监管对总量信贷和结构信贷的影响存在显著区别，而且不同信贷的经济效应不尽相同，因此基于总量调控的宏观政策不仅可能导致效率低下而且会引发局部经济过度波动。此外，应对不同来源金融冲击的货币政策与资本监管的最优协调模式也不尽相同，这些结论在较大程度上提升了既有相关文献对信贷结构和异质性冲击的关注度，深化了对资本监管与货币政策协调机理与模式的认识。

第二章
文 献 述 评

第一节 概念界定和本书范畴

本节的主要任务是梳理目前学术界或实务界对相关重要概念的界定，并明确其在本书研究中的具体范畴，这是进行后续研究的基本前提。

一、资本监管

首先需要说明的是，资本监管覆盖的金融主体既包括银行业，也包括证券业、保险业等其他主体，由于本书的研究对象主要是商业银行，因此资本监管指代银行资本监管，在书中，有时为表达的方便，简要称作资本监管。

抽象地说，资本监管就是当局对商业银行的资本金留存施加一定的约束，以应对银行杠杆经营可能面临的风险（如流动性紧张甚至挤兑等），目的在于维护金融消费者的基本权益、防止商业银行激进发展危害金融稳定。

商业银行的资本口径是多层次的。以巴塞尔协议Ⅱ为例，总资本由一级、二级、三级资本构成。其中，一级资本包括普通股、股本溢价、留存收益、盈余公积、少数股东权益和创新资本工具，二级资本由银行的一般准备金、混合债务资本工具和次级债构成，三级资本包括部分短期次级债券等，可替代二级资本。

在实际监管过程中，资本监管口径多样，包括最低资本要求、逆周期缓冲资本要求和对系统重要性金融机构的额外资本要求等。不同的监管口径所对应的银行资本计提来源不同，而且不同银行根据其重要性程度所面临的资本监管约束也不尽相同。

本书使用总资本充足率指标来表示资本监管。在实证研究中，样本内不同商业银行的资本约束不同，使用总资本充足率指标可以涵盖每家银行在各种资本约束下的总体反应，便于进行横向比较；在模拟分析中，由于模型设定只是现实经济的高度简化，使用总资本充足率可以大大简化模型的构建，便于抓住对核心问题的分析。

二、货币政策

货币政策是一个内涵十分广阔的概念，广义上的货币政策涵盖了货币政策框架的方方面面。汪洋（2008）提出，货币政策的制度安排包括"货币政策规则、政策工具、操作目标、中介目标和最终目标"。Walsh（2010）认为货币政策是"运用紧密联结操作目标的货币政策工具锚定中介目标并实现最终目标的过程中所遵循的一系列规则、惯例和传统"。张晓慧（2012）指出，货币政策框架是"运用政策工具、借助货币政策传导机制以最终实现调控目标所组成的有机整体，包括政策目标、工具和传导机制的总和"。因此，从广义上讲，货币政策是最终目标、中介目标、操作目标、工具、规则和传导机制的总和。

本书在实证分析和模拟分析中所使用的货币政策并不具体涉及货币政策操作目标、中介目标和传导机制等，而只是通过一种抽象或宽泛的代理变量来表达。在模拟分析中，遵循流行的货币政策设定方式，使用泰勒规则表征货币当局的货币政策，这一设定暗含货币当局可以通过调节政策利率来完全控制商业银行的资金使用成本，不存在任何传导上的梗阻，因此模型中的政策利率既是工具，也可以视为操作目标或中介目标。而在实证分析中，使用银行间市场的拆借利率指代货币政策，这一利率的形成是高度市场化的，主要受到货币政策影响，因此与许多文献一样，以之为货币政策代理变量。这样做的另一个原因在于，货币政策改变是时间离散的，而其他经济变量如产出、价格等则是随时间连续变化的，相互之间无法有效进行计量检验，因此必须使用受货币政策调控影响的市场化利率表示。

三、信贷结构

信贷结构就是指信贷中各个组成部分的相对比例，主要包括时间维度的分布和空间维度的分布。在时间维度中，信贷结构一般指期限在一年（含一年）以下的短期贷款和期限在一年（不含一年）以上的中长期贷款，称为信贷的期限结构。在空间维度中，信贷结构比较复杂：既包括家庭部门贷款和企业部门贷款，也包括不同区域的贷款；既包括国有银行贷款，也包括非国有银行贷款；既包括大型企业贷款，也包括中小企业贷款。此外，信贷资金的不同来源（如人民币或外汇）及其在不同产业或不同行业间的分布也存在结构问题，这些可笼统地称为信贷的部门持有结构。

本书所指的信贷结构同时包含信贷的期限结构和信贷的部门持有结构。而在实证研究中，对信贷部门持有结构的分析仅仅涉及行业结构，一方面部门持有结构的覆盖范围过于宽泛，无法一一进行分析；另一方面，中国当前正在经历经济结构的转型升级，在此背景下研究资本监管与货币政策的协调问题，目的更多的是为资本监管与货币政策的定向、精准调控提供经验支持，避免政策"一刀切"带来的负面影响，而这更多的需要从信贷的行业结构角度来进行分析。

四、宏观审慎

本书在多处提到"宏观审慎"一词，宏观审慎是相对于微观审慎而言的，指的是金融监管当局通过从金融市场整体而非单一机构角度实施的各种制度安排，以减少金融危机或经济波动给金融体系带来的损失。两者的具体区别见表 2.1。

表 2.1　　　　　　　　宏观审慎与微观审慎的差异比较

	宏观审慎	微观审慎
最终目标	维护金融稳定	保护金融消费者的利益
直接目标	抑制金融体系的系统性风险	抑制金融机构的异质性风险
监管重心	逆周期调控、赋予重要金融机构更大权重	保护个体机构、监管通常是顺周期的
监管方式	自上而下：根据实体经济和系统性风险状况设置审慎工具	自下而上：根据每一机构的风险设置审慎工具
风险特征	内生：源于机构的集体行为和相互作用	外生：源于个体机构，不考虑集体行为的反馈效应
机构间的相关性和共同风险敞口	重要	不重要

注：作者根据 Crockett（2000）、Borio（2009）、刘仁伍（2012）相关资料绘制而成。

按照 Crockett（2000）、Borio（2009）的划分，宏观审慎政策包含了基于空间和时间两个维度的安排。在空间维度上，针对金融机构面临的共同风险敞口、不同机构在危机传染链条中的重要性等，设计相应的工具以抑制风险在空间维度的聚集，如针对不同行业调整信贷风险权重、对系统性重要金融机构提高资本监管要求等。在时间维度上，主要解决金融体系的顺周期性问题，通过将逆周期性引进金融机构的风险计量方法、激励机制等内部因素和资本监管、贷款损失准备、会计准则等外部因素，使之起到缓解顺周期性的作用。

本书在模拟分析部分重点研究的逆周期资本监管就是基于时间维度的代表性宏观审慎政策。形象地讲，包含逆周期资本监管、动态拨备等在内的逆周期宏观审慎政策具有两大特点：其一是"居安思危"，要求商业银行在经济形势好的时候抑制放贷冲动，提高经营的稳健性；其二是"临危不惧"，要求商业银行在经济形势差的时候抑制惜贷冲动，助力经济走出低谷。通过"以丰补歉"这一跨期抵补损失的方式，使商业银行在危机时能够"临危不惧"，在繁荣时做到"居安思危"。

五、金融风险

金融风险指与金融有关的风险，在宏观金融领域，重点关注的是系统性金融风险，这也是本书的主要分析对象。关于系统性金融风险的界定，学术界并未完全形成共识。Schwarcz（2008）认为，系统性金融风险是指由于某个金融机构破产所产生的冲击引发一连串金融机构的破产或巨额损失，使得金融体系剧烈波动的一类风险。De Nicolò 和 Lucchetta（2011）进一步指出，系统性金融风险所引发的冲击应该能对实体经济造成显著的负面影响。据此，本书根据结构化建模的普遍做法，在模拟分析部分，使用金融冲击来刻画系统性金融风险对实体经济的影响，这一冲击表现为银行体系遭受违约损失，进而影响对实体经济的借贷利率，最终对信贷、产出、价格等变量造成影响。由于模型对企业和银行的刻画是同质的，因此代表性银行的金融冲击经宏观加总后可以较好地体现出系统性金融风险对金融体系和实体经济的广泛影响。

在实证研究部分，本书使用商业银行的不良贷款率指标衡量金融风险。由于本书的分析聚焦于商业银行，因此金融风险主要是指银行业风险，而银行业的主营业务对象是信贷资产，因此使用不良贷款率作为表征信贷风险的指标具有合理性。当然，除去这一指标外，贷款迁徙率、流动性比例、杠杆率等众多指标或多或少都能反映信贷风险的变化。但是不可否认，不良贷款率是最直接、最核心的指标，当然利用多种指标构建一个全面反映商业银行信贷风险的变量无疑是最佳选择，这也是本书将来研究的核心方向之一。

六、政策协调

本书是在"保增长、稳物价、控风险"三重目标下研究银行资本监管政策与货币政策的协调问题，由于目标数量多于政策数量，因此本书的政策协调并非传统经济理论中所指代的政策搭配或配合。传统的政策搭配理论如丁伯根法则指出，政策工具的数量至少要等于政策目标的数量，而且政策工具之间必须相互独立。Mundell（1962）提出的"政策配合说"或"政策指派理论"认为只要在财政政策和货币政策之间进行合理搭配，就能够同时实现经济内外均衡的双重目标，并且他认为正确的政策搭配是以货币政策促进外部均衡、以财政政策促进内部均衡。而本书所指的政策协调的条件要弱于政策搭配，其根本目的不在于充分实现各个目标，而是在目标多元化、政策手段有限的条件下，使得不同政策之间取得协调，以平衡不同目标，使之取得整体上的良好结果。

第二节　总量与结构信贷的经济效应

一、总量信贷的经济效应

从信贷的经济效应看，根据信贷量影响的强度和方向不同，国内学者的观点大致分为三类。第一类观点认为信贷量对经济增长有长期正向作用，但是对价格水平在短期和长期的影响方向并未达成一致（蒋瑛琨等，2005；章晟和李其保，2009；潘敏和缪，2010）。第二类观点如刘涛（2005）、盛松成和吴培新（2008），认为信贷量对经济增长和通货膨胀均有长期的正向作用。第三类观点如许伟和陈斌开（2009），认为信贷对经济增长和通货膨胀的影响较弱且时效较短。可见，即便在没有考虑金融风险效应的情况下，国内学者在信贷总量层面上开展的研究及结论仍存在较大差异。

此外，目前还鲜有专门针对信贷投放与风险效应之间关系的研究，以信贷对资产价格的影响为例，国内学者也持不同观点。王晓明（2010）的研究表明，信贷既是房地产价格变动的 Granger 原因，也是股票价格变动的 Granger 原因。而赵胜民等（2011）认为，无论是在同期还是中长期，信贷对我国房地产价格影响有限，对股票价格有较高影响，但影响力度在不断降低。综合来看，无论是维持经济稳定还是金融稳定，从总量视角出发，都无法很好地透视信贷的作用机制。所以，需要进一步从信贷结构的角度来探讨其经济效应。

二、结构信贷的经济效应

（一）信贷期限结构的经济效应

对信贷期限结构的研究往往与金融风险效应结合得更加紧密。在商业银行信贷期限结构对银行稳定性水平的影响方面，学者们并没有得出一致的研究结论。Wagner（2007）认为银行的资产流动性会随着中长期贷款占比的升高而减弱，从而降低银行从事高风险活动的激励，所以中长期贷款占比与商业银行稳定性之间是正相关关系。张金清等（2011）的研究表明中长期贷款占比与银行稳定性间呈现显著的倒"U"形关系，即先正相关后负相关。范从来等（2012）则主要研究了信贷期限结构的经济效应的具体作用机制，他们发现短期内，短期贷款在促进产出增长的同时会助推通货膨胀，而中长期贷款的增加有助于抑制通货膨胀并且对提高产出有正向效应，这一研究思路从原有的金融风险效应思路中跳了出来，具体分析信贷期限结构的经济效应。

（二）信贷部门持有结构的经济效应

国外学者主要按照信贷持有部门划分来研究信贷结构的经济效应，例如区分工商业类贷款与房地产、消费类贷款，区分公司贷款与居民贷款等，进而分析不同信贷结构的经济效应。但由于相关研究以发达国家为对象，直接融资渠道发达，所以即便从部门角度出发对信贷结构的效应的研究也并不丰富。Safaei和Cameron（2003）发现在加拿大，居民部门持有的信贷在短期内对实际产出的解释能力要明显高于企业部门持有的信贷。Haan 等（2007）发现在美国，货币紧缩后，消费贷款和房地产贷款会大幅度下降，但工业贷款和商业贷款却会上升，总的来看，总产出水平会下降、价格总水平会提高。

国内学者在对信贷部门持有结构进行划分时，则会更多地考虑中国元素，如按所有制结构将企业分为国有和非国有。张军和钟伟（2006）认为国有企业相对缺乏效率，同时又过多地获得信贷资源倾斜，由此导致信贷难以显著地推动经济增长。李后建和刘思亚（2015）发现银行信贷对企业创新具有显著的正向影响，随着所有权中国有比例的提高，银行信贷对企业创新的正向影响会逐渐弱化。苟琴等（2014）通过对企业信贷配给和银行信贷配给两种情况的考察，发现非国有企业和国有企业之间并不存在明显的信贷配给差异，信贷资金的配给更多的是与企业自身禀赋和外部环境有关。他们的研究对"所有权歧视"提出了质疑，也启发我们思考信贷部门结构划分的其他方式。通过对已有文献的梳理，本书发现国内外学者虽然从部门结构的角度研究了信贷的宏观经济效应，但部门结构的划分标准并不相同，而且也很少有从部门结构的角度出发分析针对不同部门的信贷投放与违约风险之间的关系。

纵观已有文献，对信贷量经济效应的研究主要侧重于考察信贷对产出、价格、消费、投资等传统实体经济变量的影响，忽视了对金融风险因素的考量。当前，中国经济增速在步入趋势性放缓的同时，还普遍存在高杠杆率和资金脱实就虚的现象，这不仅严重违背了金融服务实体的初衷、掣肘进一步实施刺激政策的空间，还大大增加了金融领域的风险，因此将金融风险因素纳入对信贷经济效应的研判中无疑具有重要意义。本书第五章对信贷经济效应的研究将结合这一因素进行分析。此外，目前的已有文献虽然从居民与企业、国有与非国有企业等多个角度考察了信贷部门持有结构对经济的影响效应，但仍缺乏对不同行业信贷的经济效应影响研究。事实上，进入新常态后，中国经济面临的根本性问题是产业结构的转型升级，唯有如此，经济增长才能实现数量与质量的统一。因此，研究信贷的行业结构对经济的影响效果就具有了十分重要的意义，有助于宏观政策实现精准调控，避免政策"一刀切"带来的严重副作用。为此，本书第五章对信贷部门持有结构的分析主要针对信贷的行业结构展开。

第三节　资本监管与货币政策对银行信贷的影响

一、资本监管对银行信贷的影响

资本监管对信贷增长的直接影响。Myers 和 Majluf（1984）指出，通常情况下，银行很难在短期内借由金融市场进行直接融资以补充资本金，更可能的情况是降低持有的风险资产比例以满足资本充足率的最低要求。而且，信贷资产在银行各类资产中的风险权重是比较高的，又是银行的主营业务，因此压缩风险资产很有可能会使银行信贷供给较大幅度地减少。Santomero 和 Waston（1977）、Bernanke 和 Lown（1991）、Peek 和 Rosengren（1995）认为在资本充足率约束下，商业银行会缩减高风险贷款，过于严格的资本监管将抑制银行的信贷供给，进而降低生产性投资。

资本监管对信贷增长的间接影响。Kashyap 和 Stein（1995）认为资本充足率不仅会影响银行资金的来源，而且还会进一步对资金运用特别是贷款利率产生影响。Taylor 和 Zilberman（2014）在竞争性假设下，通过商业银行的盈亏平衡分析发现，资本充足率是银行贷款定价的核心因素之一，资本充足率越高，贷款利率越高，从而迫使贷款需求下降。还有的研究从银行的资产配置调整角度分析资本监管对银行信贷的影响。Holmstrom 和 Tirole（1997）、Dimond 和 Rajan（2000）认为提高资本充足率会造成银行资本成本上升，为弥补成本上升带来的损失，银行可能被迫选择投资更高风险的资产。

2008 年国际金融危机以来，资本监管从宏观审慎理念出发增加了逆周期资本缓冲工具以抑制银行信贷投放的顺周期性，减缓经济的顺周期波动。从这一视角出发，学者们开始将研究的焦点转向逆周期资本监管与银行信贷行为之间的关系上。逆周期资本监管是通过调节不同经济周期下对银行的资本要求，增强银行在经济周期波动中经营的稳健性，客观上有助于熨平信贷的顺周期效应，使经济波动更趋平稳。

从现有研究来看，逆周期资本监管会通过影响信贷数量和信贷价格对实体经济产生影响。从数量效应出发，Francis 和 Obsorne（2009）、Confinet（2011）、Mora 和 Logan（2012）、Jimenez 等（2012）、黄宪和熊启跃（2013）发现，在英国、法国和中国等国，逆周期资本缓冲较好地起到了抑制银行信贷顺周期行为的作用。从价格效应出发，黄宪和熊启跃（2013）发现由于中国银行业存在普遍的利率管制现象，资本监管压力难以通过影响商业银行的存贷款成本来影响最终经济。

在资本监管对银行信贷结构的影响方面，相关文献较少。Haubrich 和 Wachtel（1993）研究了美国银行业资本监管对商业银行信贷资产组合变化的影响，结果表明，资本监管收紧会促使商业银行减少信用贷款、提高政府债券和住房抵押贷款。吴玮（2011）的分析表明，中国银行业在实施资本监管制度后，资本充足率高的银行更偏好向企业发放贷款，而资本充足率低的银行更偏好向个人发放贷款。陈伟平等（2015）基于中国 12 家上市银行的数据分析了资本监管对银行资产配置的影响，研究发现随着资本监管日趋严格，商业银行的资产结构调整对资本监管的反应会更加敏感。

二、货币政策对银行信贷的影响

货币政策影响信贷的经典理论是货币政策的信贷传导机制。20 世纪 50 年代 Roosa 和 Kareken 等提出的信贷可得性理论是针对信贷传导机制最早的专门理论研究。Bernanke 和 Blinder（1988）提出货币政策的信贷渠道，并将其细分为银行借贷渠道和资产负债表渠道。货币政策的信贷渠道认为，货币政策不仅能够通过货币渠道影响实体经济的货币需求，还能够通过改变商业银行的可贷资金数量进而影响货币供给。

其中，银行借贷渠道侧重于中央银行运用货币政策影响商业银行的贷款供给能力。Kashyap 和 Stein（1995）研究发现当美联储紧缩货币政策致使金融体系流动性下降后，银行难以在短期内获取类似存款的低成本外部资金，由此迫使银行削减贷款供给，最终导致依赖银行资金的企业降低投资支出。资产负债表渠道（又称净值渠道）注重货币政策对借款者资产负债表的影响，货币政策变动会改变借款者外源融资溢价的大小，从而影响投资以及消费决策。这一理论大致可细分为两类：一类以 Bernanke 和 Gertler（1989）、Carlstrom 和 Fuerst（1997）、Bernanke 等（1999）为代表，他们认为借款者自有资产净值与其外部融资溢价成反向关系，任何影响其净资产价值的冲击都会通过影响借款者的融资成本，进而影响总支出和总需求。另一类则以 Kiyotaki 和 Moore（1997）为代表，他们认为当借款者无法偿还债务时，贷款者会相应获取抵押品的价值，任何导致资产价格下跌的冲击都会使得抵押品约束趋紧，从而会导致产出和支出下降。

传统的信贷渠道理论忽视了商业银行自有资本数量对企业贷款可得量及投资、产出的影响，Van den Heuvel（2002）由此提出银行资本渠道。与资产负债表渠道只考虑企业的资产负债不同，在这一渠道中，货币政策通过影响银行的资产负债表状况进而对信贷供给产生影响。当中央银行实施紧缩性货币政策时，一方面，市场利率提高→银行股价会下跌→银行自有资本数量减少→银行道德风险增加→存款减少→贷款减少→投资、产出下降；另一方面，由于银行短存长贷的固有特点，市场利率提高→银行净利息收入减少→资产负债表恶化→银行道德风险增加→存款减少→贷款减少→投资、产出下降。如果进一步考虑银行本身的借款行为，那么资产负债表恶化将影响银行的外部融资溢价，进而影响贷款定价，最终影响贷款量、投资和产出。

在资本监管制度不断完善的过程中，不少学者在对银行资本渠道进行分析时开始侧重研究资本充足率约束所起的作用。盛天翔（2012）认为银行资本渠道属于广义的银行贷款渠道，其本质是货币政策在传导过程中受到了银行资本约束的影响。实证中，Nier 和 Zicchino（2005）对 16 个国家 1993—2000 年的银行业数据进行分析，发现银行信贷的供给行为会受到其本身资产负债表特征的影响，盈利能力较强且不良贷款率较低的银行通常会提供更多的信贷供给。

与银行资本渠道关注银行资产负债表变化对最终投资和产出的影响不同，货币政策的银行风险承担渠道认为，货币政策通过影响资产价值、融资成本和风险定价等因素，可改变银行等金融机构的感知和容忍度，从而影响其信贷和投资决策，并最终作用于金融稳定和总产出（Borio 和 Zhu，2008）。张雪兰和何德旭（2012）发现这一渠道在我国是存在的，货币政策借由这一渠道会显著影响金融稳定。这一渠道弥补了以往货币政策传导理论对金融风险关注的不足。

上述文献在研究货币政策对银行信贷的影响时，实际上将信贷看成一个整体。Ariccia 和 Marquez（2006）、Matsuyama（2007）、Haan 等（2007，2009）、Mésonniery（2008）进一步从信贷的期限结构与部门持有结构入手，分析货币政策对信贷结构的非对称影响。

从期限结构看，Ariccia 和 Marquez（2006）、Matsuyama（2007）的研究显示，货币政策紧缩导致银行倾向于发放低风险贷款，货币政策宽松导致银行倾向于发放风险较高的贷款，一般来说，短期贷款的风险要低于中长期贷款的风险，因此在货币政策紧缩时，长期贷款将部分转化为短期贷款。从信贷持有部门结构看，行业间的不同生产周期导致相应的贷款周转时间不同，此外行业发展前景也决定了贷款的风险水平。Haan 等（2007，2009）以美国和加拿大银行业为研究对象，发现政策利率上升使商业银行减少周期较长的房地产业贷款，而增加短期工商业贷款。张勇（2011）的研究显示，当政策利率提高时，商业银行对于信贷资金的投向会表现为短期化，而中长期贷款则表现出下降趋势，原因在于政策利率收紧可能导致商业银行产生防范利率上升所引致的净利息收益下降的动机。

三、货币政策与资本监管对银行信贷的交互影响

在早期研究中，对资本监管与货币政策交互影响的研究主要聚焦在资本监管作为一个外生影响变量对货币政策信贷传导的"扭曲"效应上（Peek 和 Rosengren，1995；Gambacorta 和 Mistrulli，2004；Kishan 和 Opeila，2006；徐明东和陈学彬，2011；马理等，2013）。例如当经济出现衰退时，央行意图实施宽松货币政策以期引导银行信贷增加，刺激投资和消费，然而，银行监管当局可能出于对整个银行体系的安全考虑，加强对银行的资本监管，约束银行的信贷行为，从而削弱货币政策的宽松效果。

自 2004 年巴塞尔新资本协议颁布以来，许多文献开始研究资本监管政策实施前后货币政策的执行效果。Kishan 和 Opeila（2006）发现，美国货币政策扩张和收缩引起的效应存在显著的非对称性，在实施巴塞尔协议 II 以前，货币政策扩张对信贷的影响程度要明显大于货币政策收缩，而巴塞尔协议 II 实施以后，货币政策扩张的效果则明显弱于货币政策收缩。熊启跃和黄宪（2015）的研究结果表明，中国货币政策的信贷渠道传导效果同样存在非对称效应，资

本监管实施以前，扩张性政策的效果要强于紧缩性货币政策，而资本监管的实施则增强了紧缩性政策的效果，减弱了扩张性货币政策的效果，这与 Kishan 和 Opeila（2006）的结论基本一致。

2008 年国际金融危机发生以来，货币政策与资本监管的交互影响研究主要从以下三个方面展开。第一，资本监管对货币政策银行风险承担渠道作用机制产生的外生影响。Adrian 和 Shin（2008）、江曙霞和陈玉婵（2012）、曹廷求和朱博文（2012）、代军勋和海米提（2014）等学者发现，资本充足率变化会对货币政策的银行风险承担渠道传导效果产生显著影响。第二，在货币政策的银行资本渠道内，将资本充足率作为一个内生变量，考察货币政策通过影响资本充足率对银行行为乃至最终经济的影响（Chami 和 Cosimano，2010；Meh 和 Mora，2012）。第三，研究逆周期资本监管对货币政策传导的影响。如 Jeannine等（2012）发现逆周期资本监管可以通过遏制金融机构在繁荣时期的过度风险承担行为、抑制信贷过快增长，但可能削弱利率管理总需求的效力。

综合以上文献，可以发现：（1）资本监管与货币政策对银行信贷影响的研究大多集中在对总量信贷的考察上，对信贷结构的研究相对较少，尤其是针对信贷部门持有结构中的行业信贷结构的研究则更加匮乏。在经济结构转型升级和宏观政策更加注重精准调控的背景下，深入探讨资本监管与货币政策对结构信贷尤其是分行业信贷的影响就显得尤为迫切，这也是本书第五章所着力探究的。（2）随着 2008 年国际金融危机的爆发，资本监管逆周期化成为未来资本监管制度改革的核心，相应地，学术界关于资本监管对银行信贷的影响研究也更多地转向了逆周期资本监管，但是多数文献仅限于从计量检验的角度探讨逆周期资本监管与顺周期资本监管的优劣，不仅缺乏对两者影响经济的具体传导路径的分析，而且也未能就逆周期资本监管的最优实施力度提出建议，本书第六章拟针对这两点进行深入细致的分析。

第四节　资本监管与货币政策的协调机制

在 2008 年国际金融危机发生以前，货币政策与资本监管在实践中是相对割裂的，并不强调二者的协调问题，学术界关于货币政策与资本监管的分析也局限于两者的相互影响上，并未从协调的高度展开研究。而 2008 年国际金融危机发生之后，囿于以往政策实践所暴露的缺陷，货币政策与资本监管的协调问题迅速得到各方关注，学术界主要是从货币政策与逆周期资本监管的协调角度进行研究。现有研究主要分为三类：第一类是对两种政策进行协调的必要性和得益进行阐释，第二类是基于不同外生冲击视角模拟分析货币政策与逆周期资本监管的协调问题，第三类主要从盯住目标的选择角度探讨两类政策的协调问题。

一、两种政策协调的必要性和得益分析

Diaye（2009）认为逆周期资本监管与货币政策配合能抑制金融加速器的作用，而且逆周期资本充足率要求可以使中央银行通过小幅度的利率调整实现物价稳定目标。具体机理是：金融繁荣阶段，资产价格上升，企业抵押融资能力提高，商业银行大量放贷，投资繁荣进而使价格和产出上升，此时逆周期资本监管可抑制商业银行的贷款增幅，从而减少产出和价格波动，中央银行基于泰勒规则的利率调控也由此减少了调节幅度。但 Bailliu 等（2015）认为逆周期监管虽然能提供遏制金融机构在繁荣时期的过度风险承担行为以平抑商业周期波动幅度，但这一政策会降低货币政策提供利率管理总需求的效力进而削弱货币政策传导机制，因此货币政策与逆周期监管之间必须进行协调。金鹏辉等（2014）提出，逆周期资本调节的时机、频率和步幅应配合货币政策并与货币政策调整保持协调。由于货币政策与资本监管之间存在较强的交互影响，如果两种政策不能取得协调，将会削弱对方的政策效果，而有效协调将互相增进对方政策目标的实现效力。

二、基于不同外生冲击视角下的政策协调

Beau 等（2012）指出逆周期资本监管与货币政策一样，都会借由银行借贷和资产负债表等渠道发挥作用，逆周期资本监管与货币政策之间是互补、冲突还是相互独立取决于经济系统所处的状态（见表 2.2）。例如，在经济与金融繁荣时期，逆周期资本监管不仅有助于抑制金融繁荣过分发展，同时也有助于抑制通胀从而减轻货币政策的负担，此时两者是互利的。但如果冲击引起通胀和信贷朝反方向调整，那么旨在抑制信贷过度波动的逆周期监管可能会进一步恶化通胀。

表 2.2　　　　　　　货币政策与逆周期资本监管的关系

状态	通货紧缩	目标值附近	通货膨胀
金融繁荣	冲突	独立	互补
金融均衡	独立	独立	独立
金融萧条	互补	独立	冲突

注：作者根据 Beau 等（2012）相关资料绘制而成。

在实际研究中，学者们更多的是从经济体面临的不同外生冲击出发，分析货币政策与逆周期资本监管的协调问题。例如，在面临技术冲击时，产出增长通常会带动信贷需求上升，实体经济的繁荣会促使银行多发放信贷、调低风险溢价水平，由此导致信贷繁荣，而贷款利率也会借由风险溢价下调使企业成本下降，进而促使物价下跌。此时旨在抑制信贷过快增长的逆周期资本监管可能会通过债务—通缩机制进一步降低物价，从而与货币政策产生冲突。而在面临金融冲击时，信贷或金融市场的繁荣通常也伴随着物价和产出的高涨，此时通过逆周期资本监管抑制信贷繁荣可以起到冷却实体经济的效果，此时两类政策是互补的。

实证研究方面，王爱俭和王景怡（2014）、谷慎和岑磊（2015）的研究发现在面临技术冲击时，货币政策可以较好地熨平经济波动，引入逆周期资本监管后，反而加大了经济波动；而在面临金融冲击时，货币政策配合逆周期资本监管，可显著抑制经济波动。Fiore 和 Tristani（2013）、Gilchrist 等（2014）发现在金融冲击下，产出目标与通胀目标之间存在明显的取舍关系，因此在不同的目标下，货币政策与逆周期资本监管政策的协调方式可能有所不同。Tayler 和 Zilberman（2015）发现在信贷冲击下，逆周期资本监管比货币政策能更好地稳定价格、金融和宏观经济；在供给冲击下，逆周期监管政策配合强力的反通胀货币政策是最优的。这一结果不仅指出了辨明冲击类型对政策协调的重要性，同时也表明稳定物价的货币政策仍是最优的。

三、基于不同盯住目标视角下的政策协调

目前，关于盯住目标的讨论主要集中在货币政策是否应该对信贷等金融因素进行反应上。一些学者支持在政策协调中货币政策应对信贷作出反应，另一些学者则认为货币政策不应针对信贷等金融因素反应。

1. 支持在政策协调中货币政策对信贷作出反应。Bailliu 等（2015）认为，如果货币当局会对信贷的过快增长进行反应，那么在发生金融冲击时，公众预期政策利率的调整将会比标准泰勒规则下更加强烈，前瞻的公众考虑到政策利率将提高，从而削减其资金供给水平，这会削弱投资、产出和通胀的正向反应，从而使事后政策利率的调整幅度反而低于标准泰勒规则值。因此，面临金融冲击时，货币当局积极应对信贷的过快增长可以更好地抑制经济波动、降低货币政策利率操作的幅度。Kannan 等（2009）的研究发现，逆周期资本监管在应对信贷的周期性波动时，能有效地抑制信贷快速扩张，同时，若货币政策对信贷快速扩张作出强有力的反应，将有助于应对金融加速器机制。Kannan

等（2012）、Angeloni 和 Faia（2013）、Angelini 等（2014）以及 Rubio 和 Carrasco – Gallego（2014）等文献的研究也表明在与逆周期资本监管配合使用的过程中，货币政策必须将信贷因素纳入调控目标，包含信贷因素的增广泰勒规则配合巴塞尔协议Ⅲ的逆周期资本监管可以最大限度地降低社会福利损失。

2. 反对在政策协调中货币政策对信贷作出反应。如果货币政策针对信贷作出反应，很可能面临对信贷、产出和物价目标的权衡，此外还可能与专门针对信贷调控的逆周期监管政策产生叠加问题，造成经济过度波动。Beau 等（2011）认为，维护金融稳定的最优方案是货币政策盯住价格波动、逆周期资本监管盯住信贷波动，并且两者之间保持独立。与 Beau 等（2011）的结论类似，Suh（2012）在最优政策下探究货币政策与逆周期资本监管之间的关系，结果表明福利最大化的货币政策应该仅盯住通货膨胀、逆周期资本监管仅盯住信贷。国内学者马勇和陈雨露（2013）基于对中国数据的模拟分析发现货币政策只需要盯住通货膨胀和产出缺口，逆周期的信贷政策只需要盯住融资规模相对于产出的波动，因此在货币政策与逆周期宏观审慎政策的协调中，简单清晰的规则比多目标规则更具优势。梁璐璐等（2014）通过 DSGE 模拟分析得出目前我国遵循包含金融因素的"加强的泰勒规则"似乎并不合时宜，传统的货币政策配合逆周期资本监管更加适用于我国现行的经济运行体制。

综观上述研究，国内外学者主要运用 DSGE 模型分析货币政策与资本监管的协调问题，但存在几点不足：（1）模型中对于金融冲击的设定形式存在较大差异，缺乏对金融冲击的明确界定；（2）在最优政策协调组合的分析中，对福利损失评价标准的设定较为粗糙；（3）研究视点过于聚焦最终的经济波动分析，缺乏对政策实施到经济波动的中间传导路径的说明。针对这些问题，本书第六章从文献梳理的角度对现有文献中的金融冲击进行细致分类，在此基础上引入异质性金融冲击，据此比较不同金融冲击的经济波动效应；通过在福利损失函数中引入半方差约束及表征金融风险因素的变量，构建更加符合中国国情的福利评价标准；同时对于模型中的关键传导机制给予详细说明。

第三章

银行信贷主导的间接融资体系特征分析

第一节　中国金融体系的构成与演变

　　中国金融业的经营模式在混业与分业之间是不断交替变换的。1995 年颁布的《商业银行法》曾鼓励银行向多元化经营发展，银行不仅可以投资信托、租赁等金融业务，而且可以直接投资经营企业。在 1997 年亚洲金融危机后，多元化经营受到严格限制。从加入世界贸易组织开始，中国银行业的多元化经营又重新起步，银行投资保险、基金、租赁、证券等金融领域逐步放开。近年来，甚至在一直受到严格限制的非金融业务领域，银行资本亦开始触及。① 混业经营源自当前经济发展的现实需要，但为了控制系统性金融风险的需要，多元化经营必须以金融控股集团的模式进行，监管上仍然实行分业审批和管理。

　　图 3.1 显示了截至 2016 年中国金融体系的基本架构。从形式上看，"分业经营、分业监管"的基本格局没有变，但实际上，近年来金融业尤其是银行业的混业经营发展十分迅速，另外，包括地方性金融办在内的多头监管和干预机制的存在，使得金融业的监管真空、监管过度和干预过度等现象不断放大，从而导致潜在金融风险持续积聚。

　　从监管模式上看，现有以"三会"为主体的分业监管框架难以有效应对快速金融创新过程中的风险来源，监管真空的存在要求各监管部门之间通力合作。同时，经济新常态以来产出增速持续放缓和金融风险过度集聚并存的

---

　　① 2016 年，中国银行通过债转股方式成为中国最大民营造船厂熔盛重工的第一大股东，突破了现行商业银行法禁止金融机构直接投资企业的规定。

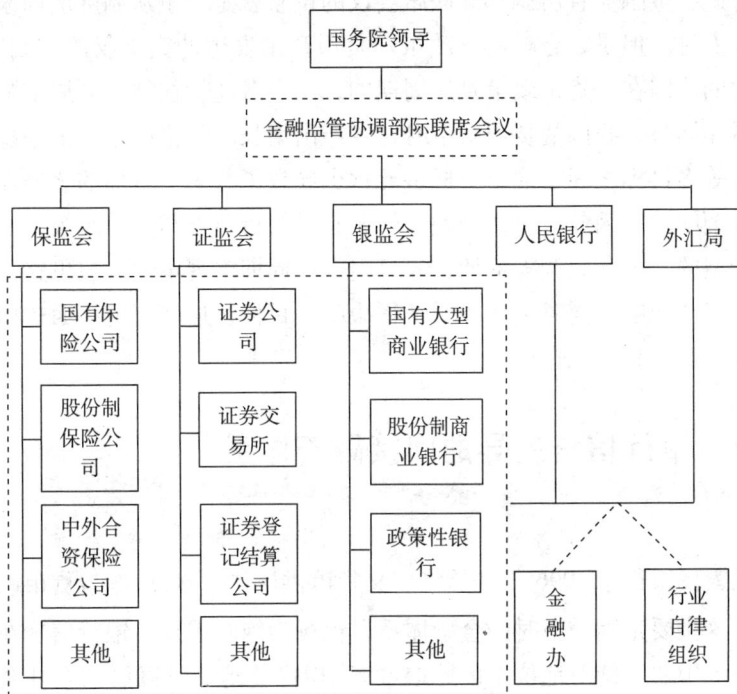

注：作者自己绘制。

图 3.1　中国金融体系的基本架构

现状进一步要求中央银行与监管部门之间加强政策协调、形成政策合力。中央银行的货币政策调控必须依托金融体系尤其是银行体系传导至实体经济，其具体传导路径将同时受到监管部门和中央银行政策的影响。从历史上看，我国金融监管与货币政策之间的矛盾一直存在。高宾（2011）、项峥（2014）的研究显示，在 1997 年中国经济步入通货紧缩之际，货币政策由紧向松，连续多次降息、两次大幅调低存款准备金率、开展再贷款和再贴现等，试图放松货币信贷，与此同时，亚洲金融危机的爆发又促使对金融机构资产质量进行严格监管，致使金融机构"惜贷"盛行，宽松货币信贷的政策效果受到严重削弱；到了 2009 年，为消除国际金融危机引发的国内实体经济疲软，货币政策开始向适度宽松转变，但同时，考虑到金融领域风险势头有放大的趋势，银监会又多次口头警示、上调资本充足率，以限制商业银行过度放松信贷。

　　分业监管致使宏观调控部门与各监管当局之间缺乏有效的沟通和协调，由此导致的政策冲突或重叠不仅会加大经济波动，而且会导致市场主体预期混乱。鉴于此，金融监管协调部际联席会议的设立就是力争从制度层面来协调各方的政策安排。但是，金融监管政策与货币政策发生冲突不仅源于制度安排，更深层次的原因在于货币政策是逆周期的，而金融监管往往是顺周期的，由此产生矛盾。同时，我国的货币政策时常在产出增长、价格稳定、汇率稳定甚至金融稳定等多目标之间切换，目标多元化也导致了与单一目标的金融监管之间存在不协调问题。因此，协调金融监管尤其是银行监管与货币政策，必须立足于构建新型的金融宏观调控框架，通过引入逆周期宏观审慎调控思路改善金融监管的顺周期问题，同时进一步明晰货币政策目标，这样制度层面的协调安排才会具有针对性和可操作性。

第二节　银行信贷主导的间接融资体系

中国人民银行于1996年开始将广义货币供应量（M_2）作为货币政策的中介目标，这主要是因为当时的金融体系以银行为绝对主导，银行信贷在全社会资金融通池中占据绝对地位，因此透过M_2指标就基本可以洞悉全社会资金的基本流向。近年来，随着中国直接融资体系的不断完善和金融创新的持续发展，以M_2指标口径计算的资金规模误差不断扩大，已难以较为准确地反映全社会实际资金融通规模，衡量金融体系向实体经济输出的资金总量需要更加适宜的统计指标。

2010年12月的中央经济工作会议首次提出"社会融资规模"的概念，2016年政府工作报告则进一步明确提出要将社会融资规模的余额增长控制在13%左右，可见，社会融资规模已逐步成为金融宏观调控的重要参考指标。在当前中国直接融资体系和金融创新不断发展的过程中，社会融资规模是一个可以更加准确地用于反映实体经济从金融体系获取多少资金规模的统计指标。社会融资规模是指一定时期内，实体经济从整个金融体系获得的全部资金总额，是一个增量概念。[①] 从图3.2来看，M_2与社会融资规模两者之间的偏离自2009年以来不断扩大，这也是国家适时推出社会融资规模监测指标的关键原因。

由于保险公司赔偿、投资性房地产和其他金融工具融资数据缺失较为严

---

① 具体来说，它包含了人民币贷款、外币贷款、委托贷款、信托贷款、未贴现的银行承兑汇票、企业债券、非金融企业境内股票融资、保险公司赔偿、投资性房地产和其他金融工具融资10项指标。

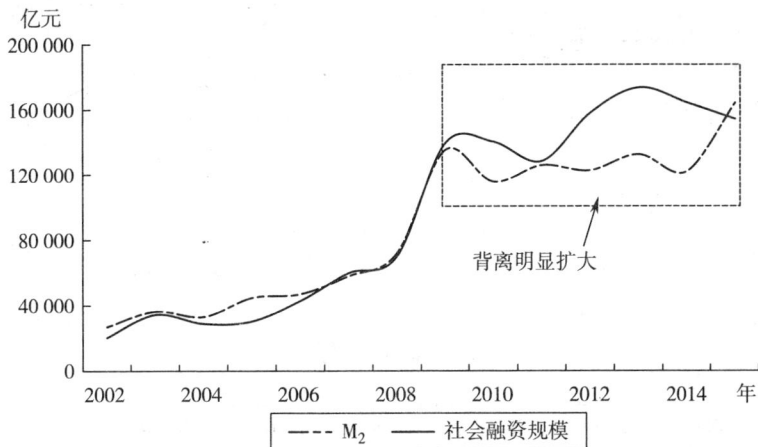

注：作者根据中经网统计数据库相关资料整理绘制而成。2011 年 10 月起，中国人民银行将非存款类金融机构在存款类金融机构的存款和住房公积金存款纳入广义货币供应量（M₂）的统计范围。社会融资规模的概念虽然较新，但其数据统计从 2002 年开始。

图 3.2　M₂ 与社会融资规模比较

重，且资金规模相对于其他子项要小很多，因此忽略不计。基于此，以社会融资规模中的企业债券与非金融企业境内股票融资之和作为直接融资，将人民币贷款、外币贷款、委托贷款、信托贷款、未贴现的银行承兑汇票归为间接融资。① 图 3.3 显示了 2002—2015 年中国社会融资规模中的间接融资和直接融资比重情况。从时间趋势来看，随着中国金融市场的不断发展，直接融资规模占整个社会融资规模的比例不断增大，相应地，间接融资规模比重不断缩小。但是，从绝对份额来看，截至 2015 年，全社会融资规模中仍有 76% 是通过间接融资获得的，只有 24% 是来源于直接融资，说明间接融资仍是全社会资金融通的主要渠道，金融宏观调控政策要有效传导至实体经济仍须主要借助于商业银行等金融中介。

中国的经济发展在地理上存在显著的梯度，东部地区的经济发展水平较高，甚至在许多方面接近或达到了中等发达国家的水平。那么，金融体系以间

---

① 与现有多数测算方法一样，只将社会融资规模中的企业债券与非金融企业境内股票融资之和作为直接融资。委托贷款、信托贷款、未贴现的银行承兑汇票虽然名义上是直接融资，但资产池中往往有银行资金渗入，而且整个资金流转过程基本都有商业银行参与其中，属于商业银行表外业务（陈小亮，2016）。商业银行借由开展这类业务可起到部分规避监管的效果，其实质上仍然发挥着类似普通贷款的作用，属于广义信贷的范畴，因此将其归为间接融资。

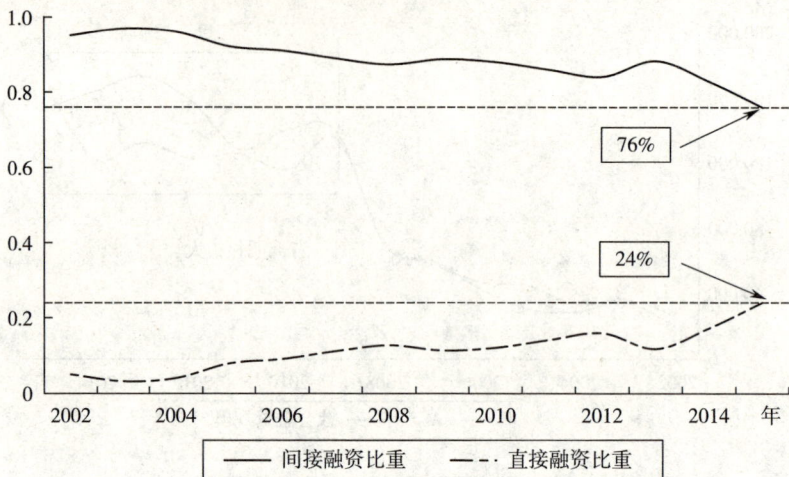

注：作者根据中经网统计数据库相关资料整理绘制而成。

图 3.3   社会融资规模中的间接融资和直接融资比较

接融资为主这一全国层面的特征是否在区域层面仍然成立呢？为此，需要进一步考察中国的区域金融结构。按照国家统计局关于全国四大区域的划分方法，将全国 31 个省、自治区、直辖市统一划分为四大区域①。

表 3.1 给出了 2013 年第四季度至 2016 年第三季度中国四大经济区域的直接融资与间接融资规模比重情况。从融资来源看：直接融资规模比重由高到低依次为东部、中部、西部、东北；相应地，间接融资规模比重由高到低依次为东北、西部、中部、东部。从时间趋势看：全国四大经济区域的直接融资规模比重都呈现上升态势，尤其对于东部，其直接融资规模比重从2013 年末到 2016 年第三季度一共增长了 138%。但是从区域内部看：无论是东部、中部、西部还是东北，直接融资规模的比重较间接融资都存在明显差距，到 2016 年第三季度为止，差距最大的东北直接融资比重较间接融资少了近 73%，差距最小的东部这一数值也达到了 35%。因此在我国，无论是经济发达地区还是欠发达地区，金融体系都显著地表现出以间接融资为主的特征。

---

① 为科学反映我国不同区域的社会经济发展状况，为党中央、国务院制定区域发展政策提供依据，根据《中共中央、国务院关于促进中部地区崛起的若干意见》《国务院发布关于西部大开发若干政策措施的实施意见》以及党的十六大报告的精神，2011 年国家统计局将我国的经济区域划分为东部、中部、西部和东北四大地区。

表 3.1　　　　中国四大经济区域的直接融资与间接融资规模比较　　　单位：%

时间	分区域直接融资比重				分区域间接融资比重			
	东部	中部	西部	东北	东部	中部	西部	东北
2013 - 12	13.65	13.04	10.49	8.88	86.35	86.96	89.51	91.12
2014 - 03	7.78	10.94	11.93	5.13	92.22	89.06	88.07	94.87
2014 - 06	15.36	15.11	15.65	9.26	84.64	84.89	84.35	90.74
2014 - 09	19.80	16.97	16.43	12.15	80.20	83.03	83.57	87.85
2014 - 12	20.21	17.03	16.46	12.99	79.79	82.97	83.54	87.01
2015 - 03	14.03	13.85	7.89	6.94	85.97	86.15	92.11	93.06
2015 - 06	17.91	14.84	12.90	6.85	82.09	85.16	87.10	93.15
2015 - 09	24.67	17.27	15.07	13.75	75.33	82.73	84.93	86.25
2015 - 12	30.31	17.94	18.55	13.55	69.69	82.06	81.45	86.45
2016 - 03	26.28	18.11	19.64	13.51	73.72	81.89	80.36	86.49
2016 - 06	29.25	15.67	14.21	13.80	70.75	84.33	85.79	86.20
2016 - 09	32.48	19.60	15.30	13.72	67.52	80.40	84.70	86.28

注：作者根据 Wind 数据库相关资料整理计算而成。

因此，可以说中国目前无论从全国还是区域层面仍然是以间接融资为主导的金融体系。直接融资市场尽管在近年来得到了显著发展，但是还无法取代商业银行等传统金融中介在金融体系中的地位。

从金融体系中银行业、证券业和保险业三大经营主体的对比出发，图 3.4 进一步比较了中国银行业、证券业与保险业的总资产规模。从时间维度来看，

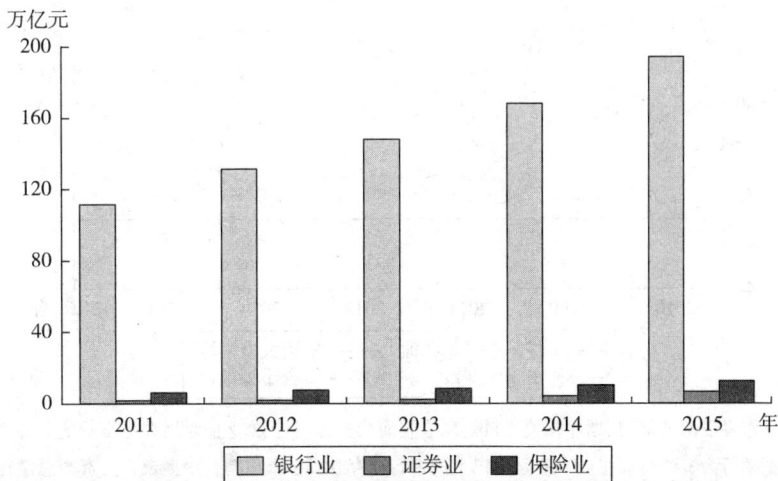

注：作者根据银监会网站、中国证券业协会网站和中国保险业协会网站的相关资料整理绘制而成。

图 3.4　中国银行业、证券业与保险业总资产规模比较

三大行业的总资产规模都呈现出明显的扩张趋势，其中从2011年到2015年，证券业总资产规模一共翻了3.09倍，保险业总资产规模翻了一番，银行业总资产规模也增长了74.11%，远高于同期按可比价计算的39.78%的GDP增长率。从行业比较来看，银行业总资产规模遥遥领先，其总资产规模在三大行业中的比重始终维持在90%以上，保险业其次，证券业最低。因此，中国的金融体系主要是以商业银行为主导的间接融资体系。

通过分析商业银行的资产负债表，图3.5比较了中资大、中、小型银行的信贷类资产配置比重情况。商业银行资产负债表中的资产方代表了银行的实际资金运用情况，通过简单分类可以了解银行对各种资产的具体配置情况。从资产负债表来看，商业银行的资产方包含了国外资产、储备资产、对政府债权、对中央银行债权、对存款性金融机构债权、对其他金融机构债权、对非金融机构债权、对其他居民部门债权和其他资产。其中，对非金融机构债权和对其他居民部门债权属于商业银行的信贷类资产。由图3.5可知，近年来，中资大型银行对信贷类资产的配置比重不断上升且超过了全部资产的50%，而中资中小型银行对信贷类资产的配置比重则不断下降，尤其是小型银行的信贷类资产比重已持续低于50%。但是整体来看，银行业总资产的50%以上仍然配置给了信贷类资产，因此可以说，信贷资产是商业银行最重要的资产，银行信贷仍

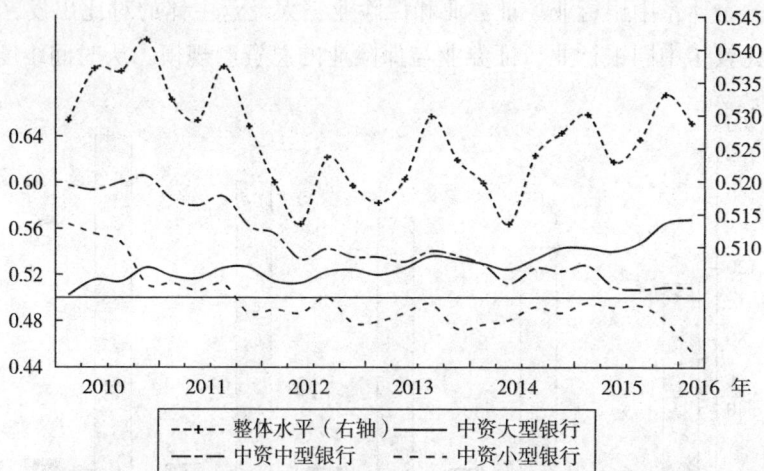

注：作者根据Wind数据库相关资料整理绘制而成。按《金融业企业划型标准规定》的划分标准，大型银行为资产总额在40 000亿元以上的银行业存款类金融机构，中型银行为资产总额在5 000亿~40 000亿元的银行业存款类金融机构，小型银行为资产总额在50亿~5 000亿元的银行业存款类金融机构。

图3.5　中资大、中、小型银行信贷类资产配置比重比较

是当下支持中国经济发展最主要的金融资源。

可以预见，在未来很长一段时期内，中国的银行业仍然将继续承担金融支持实体发展的重任。一方面，这是因为银行信贷在支持成熟产业的资金融通上具有天然优势，银行业的规模效应决定了其资金使用成本相对于直接融资要更加低廉，而且随着信贷风险管理技术的不断推进，银行信贷对于小微企业和高风险企业的支持力度也将逐步提升；另一方面，中国传统文化和社会交往中形成的特殊信任和风险规避信念也决定了银行主导型金融结构在中国存在的合理性和长期性（李萌和高波，2014）。因此，要优化金融宏观调控政策、增强对实体经济的作用效果，就必须深入分析信贷的内部结构、经济效应以及金融宏观调控政策对银行信贷行为的具体影响。

第三节　银行信贷的结构特征与风险效应

上述结果表明，银行信贷是推动中国经济增长的主要金融资源。信贷在支持实体经济发展的过程中，本身也会导致一定的风险效应。尤其对于中国来说，银行信贷广泛存在的期限错配和行业错配风险客观上加剧了金融不稳定的程度，促使金融宏观调控政策在努力实现物价稳定和经济增长等一系列目标时必须充分考虑对金融稳定的影响。本节的主要任务就是分析银行信贷的结构特征及其导致的风险效应。

图 3.6 显示了 2012 年以来，中国商业银行各层次不良贷款率的变化情况[1]。可以看到，不良贷款率在这一时期有了明显上升，目前已高达 1.75%，一改自 2005 年以来持续下降的基本趋势。考虑到中国商业银行在贷款分类中普遍存在不够审慎的地方，关注类贷款中有相当一部分可能随时转化为不良贷款，而当前关注类贷款占比已高达 4% 左右，其中的隐性不良贷款规模不容小觑。此外，由于地方政府的干预和商业银行优化资产负债表的动机等因素影响，正常贷款中也有一部分是通过展期操作形成的，这部分贷款的偿付能力十分令人担忧，由此进一步加剧了隐性不良贷款的产生。[2]

---

　　[1]　不良贷款率 = 不良贷款余额/贷款余额，次级类不良贷款率 = 次级类不良贷款余额/贷款余额，可疑类不良贷款率 = 可疑类不良贷款余额/贷款余额，损失类不良贷款率 = 损失类不良贷款余额/贷款余额。

　　[2]　贷款展期是指贷款人在向贷款银行申请并获得批准的情况下，延期偿还贷款的行为。已逾期的贷款通过展期，会被重新划归为关注类贷款或正常类贷款。

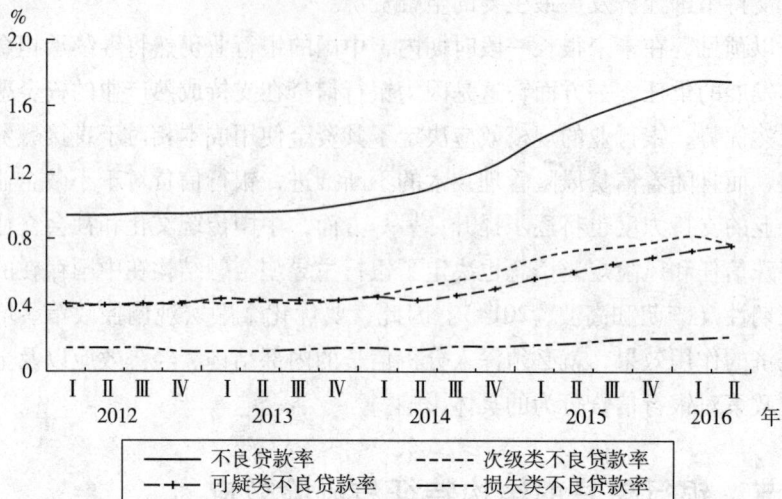

注：作者根据中经网统计数据库相关资料整理绘制而成。2009 年以前，我国银行业进行了三次较大规模的不良贷款剥离，导致不良贷款率在 2005 年、2008 年等几个时间节点上呈现出显著下降趋势，但其并不能反映贷款质量的自主改善结果。

图 3.6　2012 年以来各层次不良贷款率变化情况

从全国省级层面的不良贷款率走势来看，图 3.7 给出了 2012—2015 年的相关情况。从图 3.7 中可见：（1）随着时间推移，全国大部分省级地区的不良贷款率都呈现出上升趋势；（2）从经济发达地区来看，北京、上海、江苏、广东、天津等地的不良贷款率都低于全国整体水平，但浙江、山东、福建的不良贷款率却明显高于全国水平；（3）内蒙古的不良贷款率高居全国第一，2015 年更是达到 3.97%，而西藏的不良贷款率为全国最低，2015 年只有 0.23%，远低于全国 1.67% 的水平。

上述分析表明，进入经济新常态以来，中国银行业以及各地区的不良贷款率正在迅速上升，这无疑反映出目前中国信贷风险正在快速恶化的事实。下面，通过对信贷的期限结构和行业结构进行剖析，阐释信贷风险的来源。①

---

① 信贷结构主要包括信贷的期限结构和部门结构。期限结构一般将信贷按到期期限划分为短期贷款和中长期贷款，相关研究见范从来等（2012）、朱宗元（2016）等。部门结构通常将信贷按持有主体划分为居民贷款和企业贷款，企业贷款中可进一步分为房地产贷款、工商企业贷款等，相关研究见 Ludvigson（1998）、Safaei 和 Cameron（2003）、张军（2006）、Pereira（2008）等。

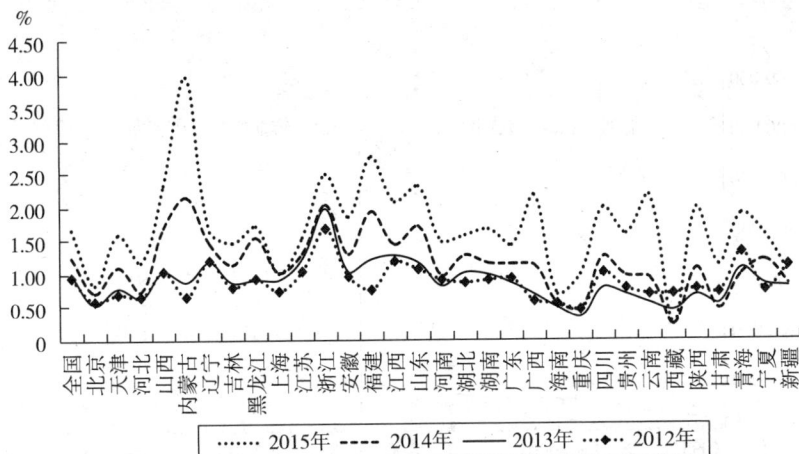

注：作者根据 Wind 数据库相关资料整理绘制而成。

图 3.7　全国省级层面的不良贷款率走势比较

一、信贷期限结构特征与风险效应分析

从信贷的期限结构看，可以发现中国的中长期贷款增长十分迅速，并且规模大大超过了短期贷款。图 3.8 显示了 1994 年 1 月至 2016 年 10 月金融机构人民币短期贷款余额与中长期贷款余额的走势。从图 3.8 中可以发现，中国不同期限的信贷变化存在一个明显的拐点，自 2006 年以来，中长期贷款余额开始超过短期贷款余额，截至 2016 年 10 月，中长期贷款余额已达到短期贷款余额的 1.71 倍。

根据范从来等（2012）对信贷期限结构的研究，短期贷款与中长期贷款的投向有明显区别：在我国，中长期贷款主要用于技术改造、基础设施建设、新建固定资产项目等，而短期贷款主要用于借款人生产、经营中的流动资金需要。但是需要注意的是，在基础设施建设和新建固定资产项目中，有很大一部分投资需求来自房地产行业、城市建设投资公司等具有地方政府融资平台背景的企业以及钢铁、水泥、冶炼等产能过剩行业，这些行业对政府干预和需求因素等十分敏感。随着经济周期的波动，目前投向这些行业的信贷风险有加剧趋势。而短期贷款的资金回收周期短，受经济周期波动的影响也较小。根据期限升水理论，期限越短的债务资金本身所面临的不确定性也越低，因此风险也更低。因此，当前在我国金融业普遍存在的这种信贷期限结构长期化趋势背后隐藏的金融风险十分巨大，合理优化信贷期限结构是现阶段维护金融稳定的重要

抓手。

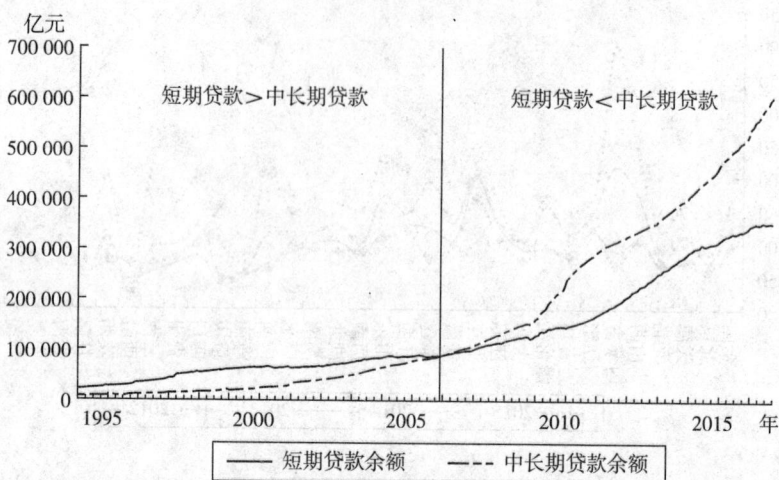

注：作者根据 Wind 数据库相关资料整理绘制而成。短期贷款指期限在一年（含一年）以下的贷款，包括向住户部门提供的消费贷款和经营贷款中的短期部分和向非金融企业及机关团体提供的短期贷款；中长期贷款指期限在一年（不含一年）以上的贷款，包括向住户部门提供的消费贷款和经营贷款中的中长期部分和向非金融企业及机关团体提供的中长期贷款。由于中国人民银行对存款类金融机构的相关数据公布仅从 2015 年 1 月开始，样本量过小，因此以全部金融机构的相关贷款数据代替。Wind 数据库提供的具体数据与通过中国人民银行公布的金融机构本外币信贷收支表提供的经简单加总后的数据存在微小差距，但并不影响具体分析。

图 3.8　贷款的期限结构比较：短期与中长期

下面对贷款期限错配与不良贷款率之间的关系进行 Granger 因果检验，样本区间选取 2012 年第一季度至 2016 年第二季度。

Granger 因果检验是由 Granger（1969）提出、Sims（1972）推广的，用以检验变量之间是否存在统计意义上的因果关系的计量方法。如果变量 1 是变量 2 的 Granger 原因，则必须满足两个条件：（1）引入变量 1 能够显著提高变量 2 被解释的程度；（2）同时，引入变量 2 不应该提高对变量 1 的解释程度，以尽可能排除引起变量 1 和变量 2 的共同因素。

首先，定义变量 TM（Term Mismatch）＝中长期贷款余额/短期贷款余额，以表征信贷期限结构的长短期错配程度，用 NPLR（Non‑performing Loan Ratio）表示不良贷款率。构造如下两变量 Granger 因果检验方程：

$$NPLR_t = \alpha_1 NPLR_{t-1} + \cdots + \alpha_k NPLR_{t-k} + \beta_1 TM_{t-1} + \cdots + \beta_k TM_{t-k} \quad (3.1)$$

$$TM_t = \gamma_1 TM_{t-1} + \cdots + \gamma_k TM_{t-k} + \eta_1 NPLR_{t-1} + \cdots + \eta_k NPLR_{t-k} \quad (3.2)$$

其次，由于使用的数据是季度时间序列，为避免季节因素对变量趋势变化造成的可能影响，利用 X-12 季节调整方法剔除两列数据的季节影响。在估计前，先通过滞后长度准则，确定滞后阶数 $k = 2$。

最后，通过估计得到贷款期限错配与不良贷款率之间的 Granger 因果关系检验结果（见表 3.2）。由表 3.2 可知，在 10% 的显著性水平内，P = 0.0003 拒绝"TM 不是 NPLR 的 Granger 原因"，从而可以认为在统计意义上，贷款期限错配是导致不良贷款率的原因；由于 P = 0.3089 接受"NPLR 不是 TM 的 Granger 原因"，所以在统计意义上，不良贷款率并非引起贷款期限错配的原因。综合以上结果，进一步确认了近年来，我国贷款期限结构长期化是引发不良贷款率攀升的重要原因。

表 3.2　　　　贷款期限错配与不良贷款率的 Granger 因果关系检验

原假设	χ^2 统计量	自由度	P 值
TM 不是 NPLR 的 Granger 原因	16.58	2	0.0003
NPLR 不是 TM 的 Granger 原因	2.35	2	0.3089

注：表中结果由作者根据 Eviews9.0 软件计算得出。

另外，信贷期限结构长期化暗示了资金运用端存在的潜在风险，从与资金来源端的比较看，中国银行业还存在"借短贷长"的期限错配风险[1]。银行是以吸收存款和发放贷款为主要业务的经营主体，通过"借短贷长"虽然可以博取更多利润，但无疑也加剧了引发银行流动性风险的可能。2013 年年中和年末接连出现的两次"钱荒"事件也再次印证了银行业普遍的"借短贷长"操作存在着巨大风险。[2]

表 3.3 显示了 2008—2015 年我国 15 家上市银行存款来源短期化的程度，需要说明的是，表 3.3 表示的存款来源只分为活期存款与定期存款。[3] 由表

---

[1]　"借短贷长"主要是指银行发放长期贷款时，并不是用长期存款去匹配，而是通过不断吸收短期存款，来支撑这笔长期贷款，以此获取更为可观的利差收入。据《证券日报》公布，到 2012 年时，银行"借短贷长"业务量普遍占其贷款总业务量的 50% 左右，即 50% 左右的较长期限的贷款都是用较短期限的存款来匹配。

[2]　"钱荒"事件是指在 2013 年年中和年末出现的两次银行业流动性普遍告急现象。2013 年 6 月 20 日，银行间隔夜回购利率最高达到史无前例的 30%，7 天回购利率最高达到 28%，在近年来很长时间里，这两项利率往往不到 3%。11 月、12 月上海银行间同业拆放利率（Shibor）各期限利率也出现连续大涨局面，人民银行 12 月中旬也通过短期流动性调节工具（SLO）向市场注入流动性。"钱荒"事件的起因固然与银行监管、国际资本流动等内外因有关，但从银行业自身经营模式来看，"借短贷长"无疑也是其中一大重要原因。

[3]　通常，活期存款的期限非常短、利率也很低，单笔资金的不稳定性加总后会留给银行一笔相对稳定的可用于发放长期贷款的低成本资金，而定期存款期限相对较长，资金虽然相对稳定，但成本也较高。从"借短贷长"的动机来看，商业银行会更加偏好活期存款。

3.3 可知，在 5 家国有控股大型商业银行中，中国农业银行和中国建设银行的存款来源短期化程度最高，中国银行和交通银行的指标基本均为负值，说明其并不存在明显的存款来源短期化问题，而中国工商银行的存款来源短期化问题自 2013 年以来得到了比较明显的改善；在 10 家中小型股份制商业银行中，北京银行和招商银行的存款来源短期化问题比较严重，中信银行、民生银行、光大银行、浦发银行和南京银行并不存在明显的存款来源短期化问题。整体来看，存款来源短期化现象的确存在，如果进一步细分定期存款中的各个期限品种，存款来源短期化现象可能会体现得更加直观。

表 3.3　　　　　　　15 家上市银行存款来源短期化程度比较　　　　　单位：%

年份	2008	2009	2010	2011	2012	2013	2014	2015
工商银行	0.38	5.04	7.91	6.87	0.91	-2.27	-4.17	-1.48
农业银行	10.29	13.93	18.71	17.04	13.32	14.06	9.95	10.01
中国银行	-6.43	0.47	-3.47	-3.62	-4.88	-6.96	-11.14	-5.59
建设银行	6.62	11.28	13.18	8.17	4.08	9.75	0.34	2.47
交通银行	5.00	-0.30	1.35	-2.00	-8.75	-9.72	-3.69	-9.46
北京银行	23.50	15.65	9.78	2.39	2.23	5.23	-1.13	5.88
招商银行	2.58	9.51	13.73	9.15	4.45	1.73	-2.04	12.13
中信银行	-10.24	-3.36	-2.97	-10.69	-15.39	-19.57	-21.59	-13.90
民生银行	-18.83	-2.66	-7.98	-15.29	-24.06	-24.20	-30.15	-29.07
光大银行	—	-0.75	-9.38	-15.08	-15.69	-27.15	-28.02	-28.10
兴业银行	0.20	9.16	5.09	2.05	-3.98	-3.32	-4.64	-3.46
浦发银行	-1.24	0.80	-3.65	-11.59	-15.25	-15.38	-17.18	-14.58
宁波银行	—	—	—	11.60	4.32	1.90	-19.65	-7.45
南京银行	—	—	-6.10	-15.53	-23.28	-22.19	-28.70	-24.57
华夏银行	2.25	4.34	5.11	-2.21	-2.53	-1.12	-8.12	4.07

注：作者根据 Wind 数据库中的上市银行相关资料整理计算而成。其中，平安银行由于数据缺失较为严重，故未采用；光大银行、宁波银行和南京银行缺失少部分数据，已用横线标注。表格中存款来源短期化程度由活期存款占存款总额的比重减去定期存款占存款总额的比重计算得到，通过这一计算可粗略看出存款在活期与定期之间的相对转移方向。数值为正，表明存款来源短期化程度加剧；数值为负，则表明存款来源短期化程度缓和。当然，如果进一步分析定期存款中各层次期限的存款余额变化，可以更加精确地判断存款来源短期化程度。

二、信贷行业结构特征与风险效应分析

从信贷的行业结构来看，投向不同行业的信贷除了会借由推动本行业的生

产，进而对物价和产出水平产生影响外，还会反过来受到本行业贷款违约风险的影响，进而表现为投向不同行业的不良贷款率可能存在显著差异。

按照国家统计局公布的国民经济行业分类（GB/T 4754—2011）标准，将经济部门划分为 20 个大类行业。图 3.9 显示了 20 个大类行业在 2012—2015 年的不良贷款率情况。[①] 由图 3.9 可见，农林牧渔业、采矿业、制造业、批发和零售业、住宿和餐饮业、居民服务和其他服务业的不良贷款率较高且上升趋势明显；电力、燃气及水的生产和供应业，交通运输、仓储和邮政业，水利、环境和公共设施管理业，教育，卫生、社会保障和社会福利业，文化、体育和娱乐业，公共管理和社会组织的不良贷款率比较低且呈现出不断下降的趋势；此外，房地产业的不良贷款率相对来说并不高，与直觉存在一定的偏差。

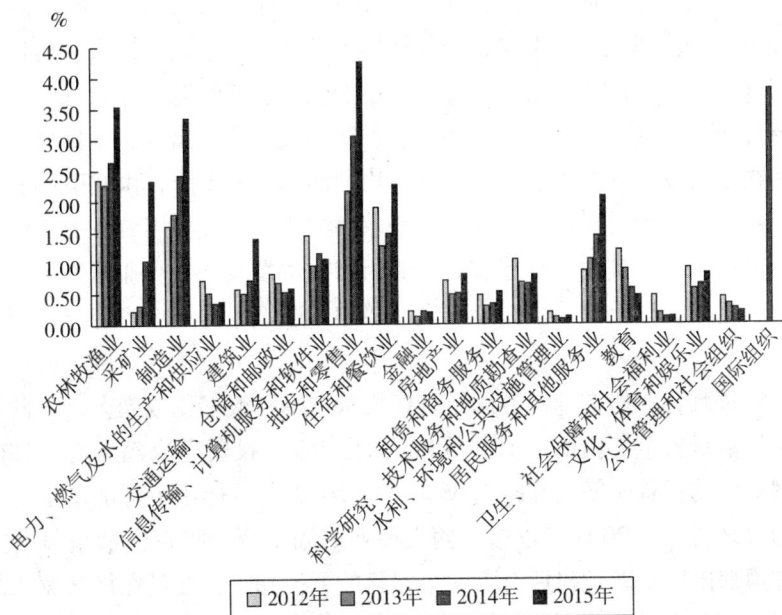

注：作者根据 Wind 数据库相关资料整理绘制而成。

图 3.9　不同行业的不良贷款率变动情况

具体就农林牧渔业来看，其不良贷款率持续处于 2% 以上的高位。农业部门的高不良贷款率可能由以下几个方面的因素造成：（1）农业生产受农作物生长周期较长因素影响，整体上投入产出比不高（范从来和杜晴，2015），限

---

① 图 3.9 所示不良贷款率为商业银行的数据，不包括非银行类金融机构。

制了其再生产和资本积累的速度，导致贷款的偿还能力下降；（2）农村土地经营较为分散，未能形成一定的规模优势，也是导致其投入产出比不高的重要原因；（3）与工业和服务业等部门相比，农业部门的生产活动受气候条件的影响非常明显而且频率较高，由此可能导致期初投入的贷款无法通过后续生产、销售来偿还；（4）与多数服务业和小微企业一样，当前农业部门可用于获得抵押贷款的合格抵押品较少，根据马克思的资本有机构成理论可知，不同产业的资本有机构成存在很大差别，相对第二产业来说，第一和第三产业中的不变资本（C）较低，由此导致农业部门相对更难获得贷款，而且必须为之付出更高的风险溢价，由此导致不良贷款率高企。

与农业部门产生高不良贷款率的原因大不相同，工业部门的生产活动受气候影响十分微小，抵押融资能力明显高于农业而且也更易形成规模经济优势，产生高不良贷款率的原因主要在于前期发展速度过快导致供给大大超过中长期消费需求、受原材料和用工成本价格的影响较大、恶性竞争导致行业平均利润率下降过快等。其中，批发和零售业、住宿和餐饮业等出现高不良贷款率的主要原因在于行业竞争过于激烈，导致平均利润率迅速下降，由此引起资产质量恶化；而制造业和采矿业等的高不良贷款率主要源于成本因素、上下游需求波动、产能过剩等。其中，产能过剩已成为当前诱发我国银行业信贷风险最为突出的原因之一，以钢铁、水泥、煤炭、船舶、造纸等行业的产能过剩情况尤为突出。①

产能过剩行业所在部门的固定资产投资规模一般都比较庞大，由此势必牵涉到大量信贷资金。由图3.10可知，以固定资产投资完成额来看，目前采矿业和制造业的投资份额之和接近35%，在20个大类行业中可谓举足轻重；从时间趋势来看，自2003年以来，两大行业的固定资产投资份额呈显著上升趋势，在遭遇国际金融危机后有了一个明显的下调趋势，之后在极度宽松的政策刺激下，行业发展达到顶峰，随着经济逐渐步入增速放缓的新常态，行业的固定资产投资份额也逐渐回落。由于采矿业和制造业的投资体量总和十分庞大，而其中又不乏许多子行业存在严重的产能过剩问题和不良贷款率高企现象，因此这些行业已成为当前我国金融风险聚集的重灾区。

---

① 产能过剩是指在计划期内，企业参与生产的全部固定资产在既定的组织技术条件下，所能生产的产品数量，或者能够处理的原材料数量超出市场消费能力。过快的积累导致供远大于需，产品无法通过及时消费得到实现，资金就无法及时回收，从而导致支付危机、引发信贷违约风险。

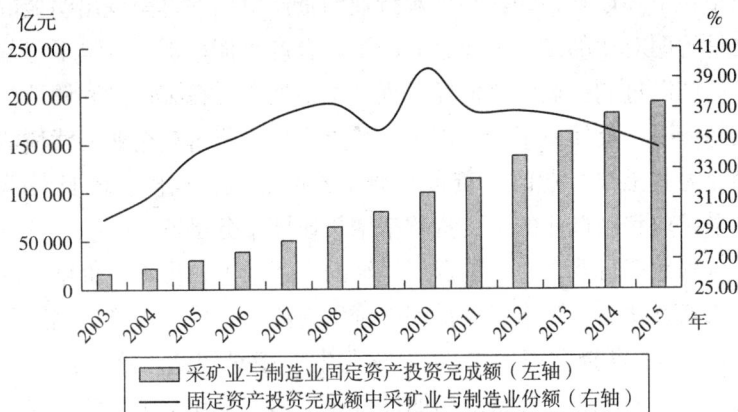

注：作者根据中经网产业数据库相关资料整理绘制而成。

图 3.10　采矿业与制造业固定资产投资规模与份额

图 3.11 进一步显示了部分产能过剩行业的资产负债率变化情况。① 由图 3.11可知，近年来，在这些具有代表性的产能过剩行业中，除了造纸业的

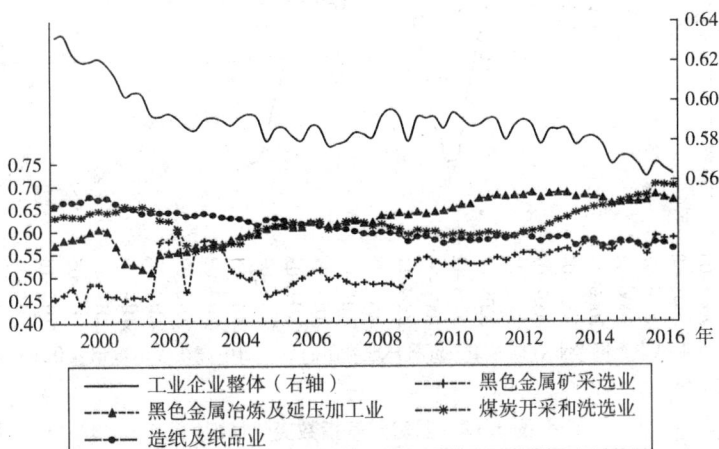

注：作者根据 Wind 数据库和中经网产业数据库相关资料整理绘制而成。由于缺少直接针对水泥业和船舶业的相关数据，故不予考虑。

图 3.11　部分产能过剩行业的资产负债率变化情况

---

① 资产负债率是期末负债总额除以资产总额的百分比，即负债总额与资产总额的比例关系，资产负债率反映在总资产中有多大比例是通过借债来筹资的，其数值越大，说明企业的偿债压力越大。根据中经网产业数据库的分类方法，钢铁行业以黑色金属矿采选业（隶属采矿业）和黑色金属冶炼及延压加工业（隶属制造业）表示，煤炭行业以煤炭开采和洗选业（隶属采矿业）表示，造纸行业以造纸及纸品业（隶属制造业）表示。

资产负债率在下降以外，钢铁和煤炭行业的资产负债率都呈现出明显的上升趋势，与之呈鲜明对比的是，工业企业的整体资产负债率却一直呈下降趋势。这表明，中国产能过剩行业的负债经营程度不断加深，在去产能和调结构这一产业转型大趋势下，负债率不断加深势必严重影响产能过剩企业的偿债能力，从而使金融业尤其是银行业的信贷资产质量不断恶化，反映在不良贷款率变化上，就是采矿业和制造业的不良贷款率增长速度十分迅速。

再来看房地产行业，在中国资产短缺的大背景下，房地产价格在部分较发达地区一路高歌猛进，聚集了大量资产价格泡沫，结构性产能过剩问题非常突出。[①] 但反观其不良贷款率，在 20 大行业中却相对较低，这与直觉似乎存在一定的偏差。房地产业是典型的周期性行业，其繁荣和萧条交替的周期性现象十分明显。从图 3.12 显示的 2005 年以来国房景气指数的变化情况来看[②]，2008 年末和 2012 年末是中国房地产行业景气程度最低的两个时点，房地产行

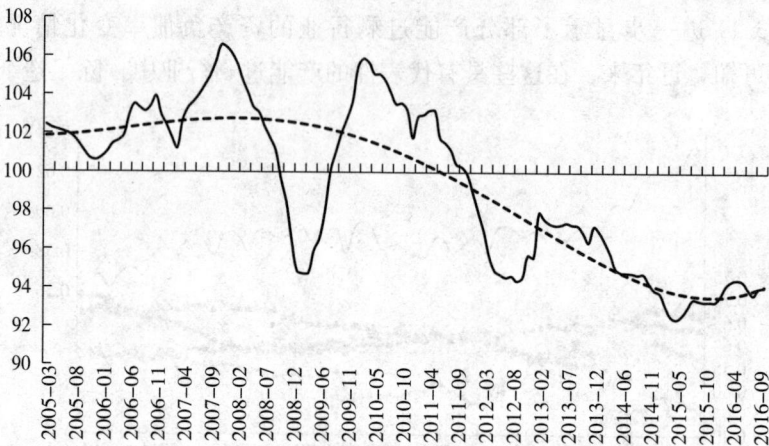

注：作者根据中经网产业数据库相关资料整理绘制而成。图中虚线表示数据变化中的稳定趋势部分。

图 3.12　国房景气指数变化情况

---

① 在中国经济高速增长的过程中，产品短缺问题得到了巨大缓解，随之而来的是资产短缺（范从来等，2013）。这主要是因为金融发展没有跟上经济发展的步伐，大量储蓄无法依靠投资丰富的金融资产来获得保值增值，进而将资金投向股票、房地产、黄金甚至大豆等少数金融资产和实物资产以寻求保值增值，导致中国出现资产价格泡沫和商品金融化现象（张成思等，2014）。此外，一般认为，房地产行业的产能过剩主要分布在二三线城市，一线城市并不存在过剩问题，因此房地产业的产能过剩更多的是结构性问题。

② 国房景气指数是"全国房地产开发业综合景气指数"的简称，是综合反映全国房地产业发展景气状况的总体指数，可以从土地、资金、开发量、市场需求等角度显示全国房地产业基本运行状况。国房景气指数以 100 为临界值，指数值高于 100 为景气空间，低于 100 则为不景气空间。

业在2005—2008年、2008—2012年以及2012年以来存在三个比较明显的短周期。需要注意的是，自2012年以来，国房景气指数始终低于景气临界值100，而且呈趋势性下降。

房地产业的投资规模十分庞大，持续的行业不景气不免令人对这些投资的可回收性和收益性产生担忧。但是其不良贷款率却明显低于制造业（见图3.9），甚至还低于商业银行的整体不良贷款率水平。这说明即使在行业不景气的情况下，房地产领域的大规模投资也并未显著影响到商业银行的信贷资产质量。

但是，图3.9显示的房地产业低不良贷款率主要是针对银行业金融机构的正规贷款而言的，仅看商业银行的房地产不良贷款率无法准确认识房地产业的实际信贷风险。图3.13的结果显示，在房地产实际到位资金中，非银行金融机构贷款与银行贷款之比一直呈现出显著的趋势性上升态势，目前已接近17%，说明非银行贷款对房地产融资的影响权重越来越高。由此不难发现，在房地产企业的融资中，通过正规信贷以外的影子银行体系获得的资金量越来越大，这部分资金在透明度和风险控制方面都相对偏低，而且与商业银行存在着千丝万缕的联系，因此不能仅仅依据房地产业目前的不良贷款率相对较低，就忽视其蕴含的潜在信贷风险。

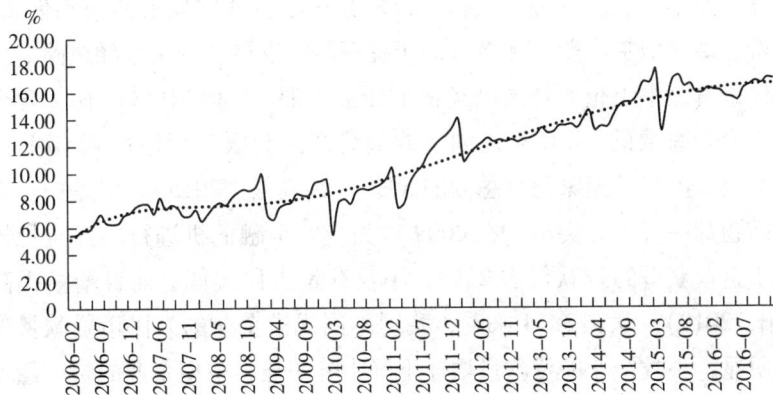

注：作者根据中经网统计数据库相关资料整理绘制而成。图中虚线表示数据变化中的稳定趋势部分。

图3.13　房地产实际到位资金中非银行金融机构贷款与银行贷款之比

总体来看，房地产业的信贷风险实际应该高于商业银行不良贷款率所显示的程度，但总体仍处于可控状态，关键是合理化解其存在的结构性产能过剩问题。如何有效抑制房地产行业的泡沫，消化、缓释已经暴露和潜在的信贷风险，同时又有效兼顾经济增长和金融稳定是当前宏观调控和政策设计亟待解决的重大现实问题。

中小企业虽然对促进经济增长发挥出重要作用，并承接了大部分就业人口，但却存在着十分突出的融资约束，"融资难、融资贵"[①] 已成为当下中国广大中小企业普遍面临的棘手问题。商业银行的信贷配置更加倾向于房地产业、地方政府融资平台和国有大型企业等，而对中小企业则经常性惜贷。主要原因在于，小微企业经营的不确定性比较高，抗风险能力薄弱、财务制度等内部控制不规范、缺乏政府等第三方的信用担保，因此向小微企业投放贷款往往风险较大，商业银行通常的做法是索取高昂的融资溢价以抵补风险或直接削减信贷供给。

在当前中国经济进入改革攻坚深水区的关键阶段，这种非对称的信贷资源配置不仅容易导致投资盲目扩张、产业结构固化和资产价格泡沫，也不利于充分发挥中小企业的经济活力和创新能力。信贷配置失衡对经济增长、物价稳定和金融风险等重要变量都会产生影响。新常态以来，中国经济增长持续放缓和银行不良贷款率持续攀升并存的事实，反映出前期投资扩张过度、低端产业固化，导致盈利能力下降、违约风险上升。商业银行应该勇于创新信贷风险管理模式，提高对中小企业的融资支持，以增强中小企业的发展活力和创新能力，长期来看，缓解信贷配置失衡将有助于提振经济发展和约束金融风险。

具体来看，中小企业是国民经济的重要支柱，我国中小企业（含个体工商户）占企业总数的 94.15%，创造的最终产品和服务价值占到 GDP 总量的60%，纳税额占到了国家税收总额的 50%（吕劲松，2015）。但是中小企业的融资难问题却一直十分突出，在 2009 年为应对金融危机进行的信贷规模扩张中，中小企业获得的贷款仅占 25%，不仅存量占比偏低、而且增量提高过缓（卢文阳，2010）。从图 3.14 来看，我国不同规模企业的人民币贷款量变化差别十分明显，小微企业的贷款量增速下降十分明显，中型企业的贷款量增速也是稳中趋降，而大型企业的贷款量增速则相对稳定。中小企业的融资难困境不仅不利于盘活实体经济，也不利于发挥货币政策和逆周期资本监管等反周期政策在经济下行时期抑制信贷过度紧缩和熨平经济波动的效果。

---

① "融资难、融资贵"：前者指无论如何得不到贷款，后者指贷款利息率太高（余永定，2014）。这不仅加重了企业负担、蚕食了实体经济利润空间，而且影响宏观调控效果、诱发金融风险。只有切实降低实体经济的融资成本，才能激发经济发展活力，以有利于"稳增长、调结构、促改革"目标的实现。

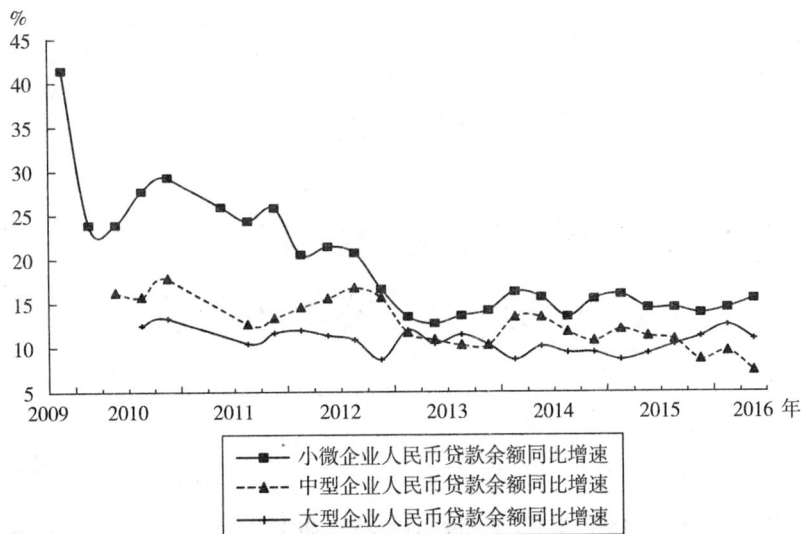

注：作者根据 Wind 数据库相关资料整理绘制而成。

图 3.14　不同类型企业的人民币贷款增速变化

原因在于，在经济下行时期，依靠逆周期调控只能缓解信贷供给的过度紧缩，而信贷紧缩的具体程度还取决于信贷资金的需求方——企业。2012 年银监会发布的新《商业银行资本管理办法（试行）》虽然调低了小微企业的风险暴露权重，激励了商业银行贷款向小微企业倾斜，但问题在于小微企业往往十分依赖抵押融资，而经济下行期资本品等抵押物价值通常会明显缩水，这就可能导致小微企业的有效信贷需求下降，从而削弱信贷供给放松的政策意图。因此，必须考虑从企业层面来提振信贷的有效需求，配合供给端政策来有效缓解信贷的过度紧缩。

第四章

银行资本监管与
货币政策转型特征分析

第一节　中国银行业资本监管转型轨迹

在国际通行的银行业监管体系中，资本监管处于核心地位。通俗地讲，资本监管就是一国监管当局按照一定的规则和指标体系，要求本国商业银行在日常经营活动中必须持有的最低自有资本量，亦称作资本充足率监管。

表4.1描述了自20世纪50年代以来，中国银行体系的基本格局演变和主要特征。从中不难发现，我国的资本监管制度推进是与银行业的不断发展相生相伴的，随着我国银行业的经营模式和管理理念的不断进步，相应的资本监管制度的安排也在不断推进。2003年银监会成立，银行监管职能从中国人民银行分离出来，独立运作。在"准确分类—提足拨备—做实利润—资本充足率达标"的监管路线指引下，我国银行业整体资本充足率得到显著提高。[①] 自2008年国际金融危机爆发以来，我国银行资本监管又进一步引入了逆周期宏观审慎调节的理念，使得资本监管调控更加具有科学性。

---

① 在银行监管理论中，资本和拨备是抵御商业银行损失的两道主要闸口，资本用来抵御银行的非预期损失，拨备用来抵御银行的预期损失。拨备与资本关系密切，如果拨备计提不足，则须直接冲减资本，因此只有在充分计提拨备基础上的资本充足率才是真实可靠的。

表 4.1 中国银行体系的结构变迁

时间	基本格局		主要特征
20 世纪 50 年代至 1978 年	"大一统"银行模式		中国人民银行作为唯一一家银行,肩负商业银行和政府机构的双重角色
1979—1993 年	银行体系多元化	分离组建国有商业银行和政策性银行	资金自主运用权和业务经营范围扩大
		成立股份制商业银行	冲击传统金融体制、促进市场竞争
		城商和外资银行兴起	地方政府介入,开展外汇业务
1994—2002 年	商业银行风险管理理念不断加强		取消对国有商业银行的贷款限额控制、推行资产负债比例管理,中国人民银行陆续发布《关于商业银行实行资产负债比例管理的通知》《商业银行法》《贷款风险分类指导原则(试行)》
2003—2008 年	商业银行经营模式不断创新、资本监管制度的核心作用得以确立		国家巨额外汇注资、启动国有独资商业银行股份制改革,银监会发布《商业银行资本充足率管理办法》
2008 年至今	逐步构建和完善银行业逆周期宏观审慎监管		银监会发布《商业银行资本管理办法(试行)》,开始推行逆周期资本监管

注:作者根据刘华(2004)、王兆星(2014)的相关资料整理而成。

历史上,我国银行业曾出现过大范围的资本监管危机。1995 年出台的《商业银行法》虽然以法律形式规定了商业银行的资本充足率不得低于 8%,但到 2002 年末,我国银行业的平均资本充足率仅为 - 1.98%,全国仅有 8 家银行的资本充足率达标(廖岷等,2014)。到了 2003 年底,在严格计提拨备后,全银行业的实际资本充足率更是降至 - 3%(王兆星,2014)。鉴于此,银监会于 2004 年发布《商业银行资本充足率管理办法》,强化资本监管要求,并提出了"准确分类—提足拨备—做实利润—资本充足率达标"的监管路线图。到 2008 年 9 月,我国银行业的资本充足率水平达到 8.7%,而且这一资本充足率水平是在考虑充分计提拨备后得到的真实、有效值。

在资本充足率指标的基础上,又进一步衍生出一级资本充足率和核心一级资本充足率指标[①]。图 4.1 显示了自 2009 年以来,中国商业银行在资本充

[①] 我国商业银行现行的各层次资本充足率计算口径参考 2012 年银监会出台的《商业银行资本管理办法(试行)》的规定。

率、一级资本充足率、核心一级资本充足率指标上的整体水平。总体来看，我国银行业的资本充足率水平一直呈现稳中有升的态势①，而且各层次资本充足率水平均明显高于《商业银行资本管理办法（试行）》规定的最低标准②。

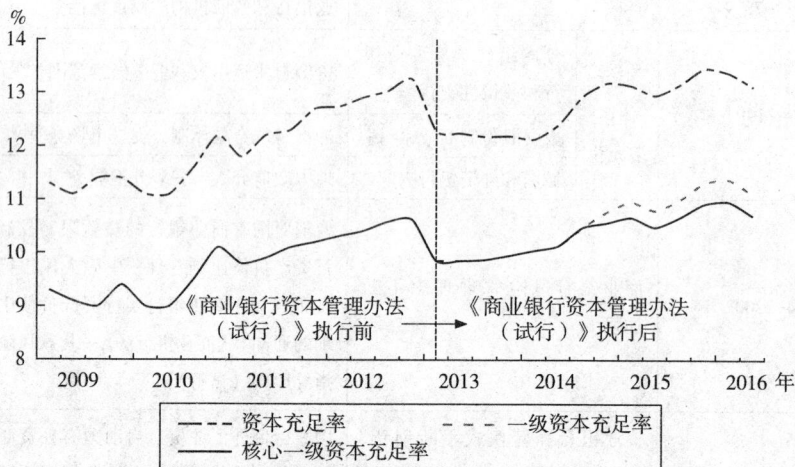

注：作者根据 Wind 数据库相关资料整理绘制而成。

图 4.1　中国商业银行各级资本充足率指标

值得注意的是，自 2008 年国际金融危机爆发以来，逆周期宏观审慎调控理念迅速走向各国监管实践的前台。中国银监会也适时将逆周期调节纳入到资本监管中，我国银行业的资本监管也由过去静态的要求银行资本规模达标转向了根据经济金融形势动态调节资本规模的时代。表 4.2 显示了自本轮国际金融危机以来，中国银监会几次适时依据客观形势动态调节银行资本充足率监管标准的主要内容。在后金融危机和经济新常态两大国际、国内背景下，中国经济金融形势不容乐观，银监会多次主动进行逆周期资本调节，旨在防控银行信贷

---

　　①　由于我国自 2013 年 1 月 1 日起施行《商业银行资本管理办法（试行）》，原《商业银行资本充足率管理办法》同时废止，而《商业银行资本管理办法（试行）》下资本充足率的计算方法更趋严格，比如新增操作风险资本要求、对合格资本工具采用更严格定义、对信用风险权重进行调整、取消市场风险的计算门槛等因素，按《商业银行资本管理办法（试行）》计算的各层次资本充足率在 2013 年出现了整体性下降。

　　②　《商业银行资本管理办法（试行）》规定：资本充足率不低于 8%、一级资本充足率不低于 6%、核心一级资本充足率不低于 5%。此外，商业银行应当在最低资本要求的基础上计提储备资本，储备资本要求为风险加权资产的 2.5%，由核心一级资本来满足；特定情况下，商业银行应当在最低资本要求和储备资本要求之上计提逆周期资本，逆周期资本要求为风险加权资产的 0～2.5%，由核心一级资本来满足；在最低资本要求、储备资本和逆周期资本要求之外，系统重要性银行还应当计提附加资本，国内系统重要性银行附加资本要求为风险加权资产的 1%，由核心一级资本满足。

风险过度集聚。

表 4.2 　　　　　　　　中国银监会动态资本要求一览表

时间	政策内容	执行文件	出台背景
2009 年	提出到 2010 年，商业银行应在 8% 的最低资本充足率基础上增加逆周期资本缓冲（大型银行增加 3%、中小银行增加 2%）	《中国银监会关于完善商业银行资本补充机制的通知》	2008 年爆发全球金融危机，国内商业银行信贷扩张过度、风险持续积聚
2011 年	提高资本充足率监管标准（正常条件下系统重要性银行不低于 11.5%、非系统重要性银行不低于 10.5%，若出现系统性的信贷过快增长，商业银行需计提逆周期超额资本）	《关于中国银行业实施新监管标准的指导意见》	推动中国银行业实施国际新监管标准，增强银行体系稳健性和国内银行的国际竞争力
2012 年	变相提高资本充足率标准（取消对中央政府投资公共企业的风险权重优惠、引入操作风险资本要求等）	《商业银行资本管理办法（试行）》	遏制公共基础设施等具有政府平台融资背景的企业过度扩张

注：作者根据银监会网站和廖岷等（2014）的相关资料整理而成。

在此过程中，差别化调控和定向调控的特征不断凸显，例如按照银行的资产规模大小和系统重要性程度来差别制定相应的逆周期资本缓冲计提标准，通过取消对中央政府投资公共企业的风险权重优惠来定向收紧信贷投放。此外，2012 年发布的《商业银行资本管理办法（试行）》也特别将商业银行对小微企业债权的风险权重降至 75%，对一般性企业债权的风险权重仍维持在 100%，这同样是一种定向调控。创新这种差别或定向调控工具的主要目的在于缓解中国广大中小微企业面临的严峻的融资约束问题，即通常所讲的"融资难、融资贵"。其背后的激励机制通常是：通过运用这种差别监管或定向监管工具，降低以服务"三农"或小微企业为主的地区性中小银行的信贷资产风险权重和一般商业银行投放于中小微企业的信贷资产风险权重，从而在投放相同规模信贷量的条件下，使风险资产总规模得以下降，进而提高本行的资本充足率。借由上述机制，监管当局可合理引导商业银行将信贷资金更多地投放于适应国民经济发展需要的领域，同时商业银行也能以此来缓解本行的资本充足率压力。

第二节　中国货币政策转型：目标扩张和工具创新

从历年货币政策调控的目标指向和工具选择来看，中国货币政策具有两大基本特征：一是在稳定物价和促进经济增长两大最终目标之间不断权衡取舍，导致货币政策基调频繁转向；二是调控方式由指令性计划转向市场化操作，由此导致货币政策的中介目标不断丰富、操作工具日趋多样。

就货币政策的最终目标来看，保持物价稳定和促进经济增长是中国货币政策的两大核心目标。图 4.2 显示了中国的产出与价格变化趋势，可以看到产出增长与价格变化的同向性很高，这反映出在增长情结的缠绕下，抑制通胀势必带来产出增长下滑，继而导致货币政策在紧缩与放松之间徘徊不定。[①] 从直观上看，可以将 1992 年以来的经济变化分为三个时期：一是经济体制初步改革以来的经济快速发展时期，二是出口和投资拉动为主的新一轮快速增长时期，三是金融危机后的投资拉动和新常态以来的增长动力转换时期。

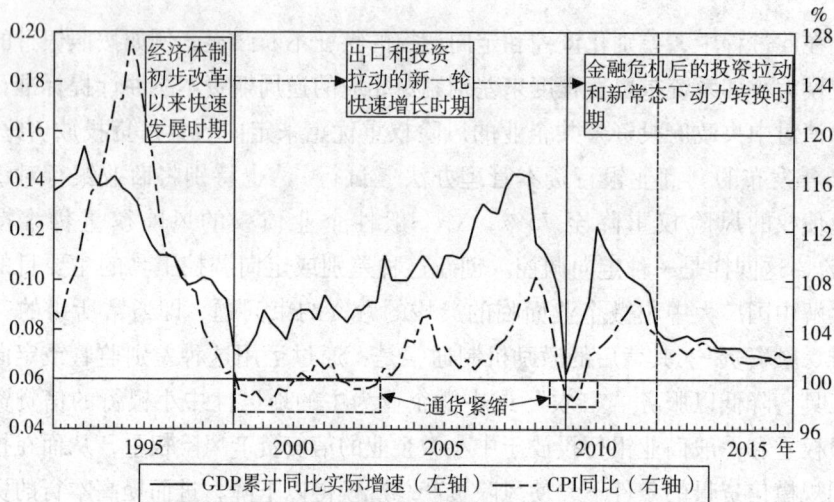

注：作者根据中经网统计数据库相关资料整理绘制而成。

图 4.2　中国产出变化与价格变化的趋势

[①] 囿于数据的可得性，图 4.2 所示样本仅从 1992 年第一季度开始，在下文描述中，以 1985 年为分析起点。

　　受制于保增长和稳物价的双重目标，中国货币政策自实施以来一直在紧缩与扩张之间频繁转换，但并未从根本上消除双重目标带来的矛盾。表 4.3 对 1992—2016 年中国的产出与价格变化做了一个简单的相关性分析。由表 4.3 可知：中国的产出增长与价格变化之间存在较高的正相关性，平均达到 0.6223，尤其在 1998—2008 年，这一相关系数高达 0.7046，二者之间的高度正相关关系意味着宏观调控当局在促进经济增长和维护价格稳定方面必然面临权衡与取舍。

表 4.3　　　　　　　　　　　　产出与价格的相关性分析[①]

	全样本	分阶段子样本		
	1992Q1—2016Q3	1992Q1—1997Q4	1998Q1—2008Q4	2009Q1—2016Q3
产出与价格的相关系数	0.6223	0.5205	0.7046	0.5862

　　注：表中结果由作者根据 Eviews9.0 软件计算得出。

　　表 4.4 进一步分析了不同阶段产出与价格的 Granger 因果关系。由表 4.4 可知：（1）1992—1997 年，产出波动是导致价格波动的原因而价格波动并非产出波动的原因，彼时经济市场化改革刚刚起步，压抑已久的经济发展冲动得到释放，经济快速增长导致通胀高企，在超过宏观调控当局一定的容忍度以后，货币政策不得不暂时性收紧，以缓解通胀，因此在这一时期，通胀高企是经济追求快速发展的结果而非原因，货币政策的目标实则是在容忍一定通胀水平的条件下尽可能追求产出增长。（2）1998—2008 年，产出波动与价格波动互为因果，加入 WTO 后经济开放程度得到质的提升，价格波动同时包含了国内因素与国外因素，出口对产出的拉动效应十分明显，因此价格波动开始对产出波动主动产生影响，由于两者的相关性更高、关系更为复杂，货币政策越发注重价格稳定，此时的货币政策最终目标应该是同时确保产出波动与价格波动维持在合理、适度范围内。（3）2009 年至今，价格波动成为产出波动的原因而产出波动不再是价格波动的原因，随着人口红利逐渐消减、劳动力成本显著上升，加之其他国内外因素影响，价格波动显著影响到产出波动，考虑到经济转型升级的要求和金融风险集聚的约束，宏观调控当局对产出增长放缓有了更大的容忍区间，这一时期货币政策可能同时兼顾了更多考量，包括金融稳定、

　　① 表中的产出变量为实际 GDP 季度累计同比数据，价格变量为 CPI 季度同比数据。由于 1997 年的亚洲金融危机和 2008 年的国际金融危机均发生于下半年，对于当年中国经济波动的影响并不显著，因此在做相关性分析时，相应子样本分别从 1998 年和 2009 年开始。

化解产能过剩、提振中小企业发展活力等，通过精准、定向的局部操作逐步化解经济发展中长期存在的痼疾，力图从根源上重塑经济增长与价格稳定的和谐关系。

表 4. 4   产出（Y）与价格（P）的分阶段 Granger 因果关系检验

时间区间	原假设	χ^2 统计量	自由度	P 值
1992Q1—1997Q4	P 不是 Y 的 Granger 原因	1. 9426	2	0. 3786
	Y 不是 P 的 Granger 原因	10. 5158	2	0. 0052
1998Q1—2008Q4	P 不是 Y 的 Granger 原因	5. 4744	1	0. 0193
	Y 不是 P 的 Granger 原因	16. 6478	1	0. 0000
2009Q1—2016Q3	P 不是 Y 的 Granger 原因	42. 3939	1	0. 0000
	Y 不是 P 的 Granger 原因	3. 6853	2	0. 1584

注：表中结果由作者根据 Eviews9.0 软件计算得出。由于使用的数据是季度时间序列，为避免季节因素对变量趋势变化造成的可能影响，利用 X12 季节调整方法剔除两列数据的季节影响，通过滞后长度准则确定各阶段的滞后阶数分别为 2、1、2。

此外，在 2008 年国际金融危机与经济新常态的双重背景下，金融稳定也逐渐进入货币政策的目标篮子，这无疑进一步加大了货币政策调控的难度。[①]

就货币政策的调控方式来看，中国经历了由直接调控向间接调控转型的重要改革，主要标志是从 1998 年 1 月 1 日起取消对国有商业银行贷款规模的指令性计划，改为指导性计划[②]。贷款规模控制指中央银行通过下达指令性计划指标直接控制贷款增加量上限和安排商业银行贷款结构。在过去金融结构单一、市场机制尚未健全的条件下这一政策安排对中央银行有效控制货币供应量和调整经济结构发挥了重要作用。

彼时，国有商业银行贷款是全社会资金融通最主要的渠道，以国有商业银行的信贷规模作为货币政策中介目标的覆盖面足够宽广。但是随着股票市场、

---

① 1993 年 12 月发布的《国务院关于金融体制改革的决定》提出："人民银行货币政策的最终目标是保持货币的稳定，并以此促进经济增长。"1995 年发布、2003 年修正的《中国人民银行法》第一章第三条规定："货币政策目标是保持货币币值的稳定，并以此促进经济增长。"2015 年"十三五"规划纲要首次明确将"防控风险"纳入宏观调控目标体系，2016 年中国人民银行工作会议明确要求："继续实施稳健的货币政策，优化增量，保持灵活适度，大力推动金融改革开放，切实防范化解金融风险。"可见价格稳定和经济增长是货币政策的核心最终目标，此外，金融稳定正逐步成为中央银行的又一个重要的最终目标。

② 指导性计划一般通过中央银行的窗口指导来实施，窗口指导是指中央银行通过劝告和建议来影响商业银行信贷行为的一种温和的、非强制性的货币政策工具，是一种劝谕式监管手段，当前，央行的窗口指导对象不仅包括国有商业银行，也包括了股份制商业银行等其他银行业金融机构。

债券市场以及股份制商业银行、政策性银行等其他融资主体的不断兴起，继续坚持对国有商业银行的贷款限额控制不仅难以反映全社会的真实资金规模，而且也不利于国有商业银行真正实现市场化经营。

此后的指导性计划转向在确定全年各层次货币供应量目标的基础上对商业银行新增年度贷款提供指导和参考，货币供应量由此取代信贷规模成为中央银行的重点调控对象。1994 年中央银行首次公布货币供应量指标，1996 年开始正式把货币供应量作为货币政策的中介目标。[①] 但是，随着金融创新的不断涌现和资金空转现象日趋频繁，近年来货币供应量与实体经济的关联度正逐渐弱化，"中国价格之谜"[②] 对货币供应量作为货币政策适宜中介目标的地位提出了严峻挑战。

为分析各层次货币供应量与产出和价格目标之间的关系，参照范从来（2004）的研究方法，选取 1996 年第一季度至 2015 年第四季度国内生产总值（GDP）、居民消费价格指数（CPI）以及各层次货币供应量 M_0、M_1、M_2，对 GDP 和 M、CPI 和 M 分别进行多元线性回归分析。分析结果见表 4.5 和表 4.6。

由表 4.5 可知，拟合最好的是 M_1 – GDP，其次是 M_0 – GDP。可以看到 GDP 对来自 M_1（–1）、M_0（–1）的作用能产生显著反应，而对其他各期和 M_2 的反应不显著。

表 4.5　　GDP 增长率与滞后货币供应量增长率的回归结果

$\Delta GDP = a + b_1 \Delta M（-1）+ b_2 \Delta M（-2）+ b_3 \Delta M（-3）+ b_4 \Delta M（-4）$ （1997. Q1—2015. Q4　total：76）								
自变量	系数	P 值	自变量	系数	P 值	自变量	系数	P 值
a	0.0733	0.0000	a	0.0700	0.0000	a	0.0512	0.0000
M_0（–1）	0.1674	0.0624	M_1（–1）	0.1679	0.0284	M_2（–1）	0.1589	0.2262
M_0（–2）	0.1192	0.2319	M_1（–2）	0.0610	0.5814	M_2（–2）	0.1033	0.5963
M_0（–3）	–0.0018	0.9856	M_1（–3）	–0.0684	0.5409	M_2（–3）	0.0205	0.9162

续表

自变量	系数	P 值	自变量	系数	P 值	自变量	系数	P 值
M_0 （ -4）	-0.1003	0.2709	M_1 （ -4）	0.0029	0.9704	M_2 （ -4）	-0.0275	0.8251
Ad R^2	0.161		Ad R^2	0.297		Ad R^2	0.217	
F 值	3.415		F 值	7.515		F 值	4.914	
D - W	0.336		D - W	0.325		D - W	0.293	

注：数据来自《中国人民银行统计季报》，表中结果由作者根据 Eviews9.0 软件计算得出，其中各层次货币供应量已消除季节因素，GDP 按可比价格计算，GDP 和 CPI 增长率为同比增长率，下同。

由表 4.6 可知，三个方程中仍是 M_1 – CPI 拟合最好，其中 CPI 对滞后一期的 M_1 变动的反应比较敏感，其他几期 M_1 与 CPI 的关系不显著。M_0 和 M_2 各滞后期与 CPI 的关系显著性较弱，解释能力不强，但是与 M_1 相似之处在于，各层次货币供应量与 CPI 之间在某些滞后期中均存在负向关系，这与目前学术界广泛关注的我国货币信贷加速扩张的同时价格总水平却较为稳定的"中国价格之谜"有相似之处，在一定程度上表明货币供应量目标与价格总水平之间的稳定关系正在不断弱化。

表 4.6　　　　CPI 与滞后货币供应量增长率的回归结果

$\Delta CPI = a + b_1 \Delta M（-1）+ b_2 \Delta M（-2）+ b_3 \Delta M（-3）+ b_4 \Delta M（-4）$								
（1997. Q1—2015. Q4　total：76）								
自变量	系数	P 值	自变量	系数	P 值	自变量	系数	P 值
a	1.1249	0.0000	a	1.1384	0.0000	a	1.1723	0.0000
M_0 （ -1）	-0.6670	0.4565	M_1 （ -1）	-1.6690	0.0452	M_2 （ -1）	-1.7709	0.1990
M_0 （ -2）	0.0996	0.9207	M_1 （ -2）	1.7574	0.1479	M_2 （ -2）	1.0755	0.5992
M_0 （ -3）	-1.0356	0.3002	M_1 （ -3）	-0.0235	0.9846	M_2 （ -3）	0.7297	0.7211
M_0 （ -4）	0.8497	0.3538	M_1 （ -4）	-0.7213	0.4016	M_2 （ -4）	-0.8230	0.5288
Ad R^2	0.045		Ad R^2	0.062		Ad R^2	0.032	
F 值	0.836		F 值	1.170		F 值	0.596	
D - W	2.037		D - W	1.961		D - W	1.978	

注：数据来自《中国人民银行统计季报》，表中结果由作者根据 Eviews9.0 软件计算得出。

上述结果表明，自 1996 年确立货币供应量目标以来，相对于 M_0 和 M_2，M_1 与 GDP、CPI 之间的相关性相对更高，但整体来看各层次货币量与 CPI 之间的稳定关系正不断弱化。一方面，这支持了中央银行将 M_1 明确为货币政策中介目标的选择，另一方面也反映出货币供应量目标与最终目标的稳定关系正逐渐减弱。而在相同的分析方法下，范从来（2004）基于 1994—2002 年样本

得出的结果表明 M_2 与 GDP、CPI 的关联性更强而且十分显著。这表明近年来，M_1 与最终目标之间的关联度反而超过了 M_2，说明狭义货币 M_1 承担了主要的交易功能，而准货币（$M_2 - M_1$）更多地承担了资产功能，导致其与实体经济的联系不断弱化。由此说明，作为数量型的货币政策中介目标，并非其涵盖的社会资金规模越广，其与最终目标之间的相关性也越高。一方面，随着金融创新不断涌现、融资渠道不断拓宽，能够涵盖更广范围资金流动的数量型指标似乎更能体现金融与实体的关系；另一方面，在近年来中国资产短缺现象越发突出的大背景下，资产价格泡沫高涨，许多资金出现"脱实就虚"倾向，这反而可能导致覆盖面更广的数量型中介目标与最终目标之间的关系不断弱化。

因此，未来中国货币政策中介目标的发展不应停留在寻找比 M_2 口径更宽的数量型指标上。自 2010 年以来，各年政府工作报告均提及社会融资规模，社会融资规模虽然比 M_2 能更加全面地反映全社会的真实资金规模，但其本质仍只是"加强版的 M_2"（陈小亮，2016），最多充当的是货币政策数量型中介目标转型过程中的过渡目标角色。[①] 如果不能疏通金融与实体的良性互动机制、避免本应投资于实体经济的资金大规模涌向虚拟经济，那么任何宽口径的数量型目标都将难以真实反映金融对实体的支持力度。

相关理论研究和国际经验都已表明：随着利率市场化不断推进，货币供应量等数量型中介目标将逐渐失效，利率将是更为有效的价格型中介目标[②]。在当前直接融资和各类金融创新日趋活跃的背景下，商业银行与证券、保险、信托等其他金融机构的业务交叉和融合越发深入，现行的分业监管体制决定了中央银行无法独立有效地监管各类金融主体，从而对资金的数量控制能力不断下

---

① 2012 年 9 月发布的《金融业发展与改革"十二五"规划》明确提出："在继续关注货币供应量、新增贷款等传统中间目标的同时，发挥社会融资规模在货币政策制定中的参考作用，推进货币政策从以数量型调控为主向以价格型调控为主转型。"由此可见，在目前我国尚不具备以价格型中介目标为主进行调控的情况下，继续保留数量型中介目标并不断调整优化，是我国货币政策转型的必由之路。

② 适宜的货币政策中介目标一般要满足三个标准：可测性、可控性和相关性。随着金融发展的不断深化，数量型中介目标会面临可测难度大大增加和可控性不断变弱的弊病，进而导致指标失效、与最终目标的相关性越来越弱。而价格型中介目标更加透明、可测性和可控性更强，能更好地传递信息并具有引导公众预期的作用（卞志村和胡恒强，2015）。就美国来看，其利率市场化改革始于 1970 年，1979 年美联储开始以 M_1 为中介目标，1987 年改为 M_2，进入 20 世纪 90 年代以后，货币供应量目标与最终目标的关系显著弱化，遂于 1993 年宣布废弃 M_2 目标，此后虽然没有公布替代指标，但形成了以公开市场操作调控联邦基金利率进而影响市场利率，最终实现控制通胀和促进就业的目标，因此利率可以视为美国货币政策事实上的中介目标。欧洲央行在中介目标选择上采取的是价格型和数量型并重的混合模式，短期通过构建利率走廊锚定利率中介目标，中长期则更加关注 M_3 这一数量型中介目标（张前荣，2016）。

降。因此加快培育符合中国国情的市场化基准利率、构建适宜中国经济环境的价格型中介目标应成为未来货币政策转型的重要方向。

货币政策要向价格型转型，基本前提是存在可供中央银行调节、由市场自主决定的利率体系，因此必须实现利率市场化。事实上，中国早在 1996 年就已开启利率市场化进程，首先将银行间同业拆借利率这一金融市场重要基础利率放开，到 2015 年贷款利率完全放开，中国的利率市场化在形式上基本完成。不过，虽然已经取消了利率管制，但利率的市场化定价尚未完全建立、利率的传导渠道也存在梗阻，因此中国真正意义上的利率市场化并未完成。在传统的数量型中介目标逐渐失效、以利率为代表的价格型中介目标尚未真正建立的情况下，中央银行一方面通过引入社会融资规模这一过渡指标来配合货币供应量继续发挥货币政策数量型中介目标的职能，另一方面不断通过创新货币政策工具来培育符合中国国情的市场化利率体系。

表 4.7   **中央银行主要货币政策工具一览**

创设年份	名称	功能
1986	再贴现工具	满足商业银行流动性需求，影响市场利率
1984	存款准备金工具	通过存款准备金率调节货币供应量和信贷规模，通过存款准备金利率调节货币市场利率水平
2004	差额存款准备金工具	抑制资本充足率较低且资产质量较差的金融机构盲目扩张贷款，防止金融宏观调控中出现"一刀切"
2014	定向降准工具	对满足审慎经营要求且"三农"或小微贷款达标的银行实施优惠准备金率，并根据银行"三农"或小微贷款投放情况，动态调整其准备金率，引导银行优化信贷结构、增强对"三农"和小微企业的支持
1994	外汇公开市场操作	调节基础货币供应量、引导市场利率水平
1996	国债公开市场操作	
2002	央票公开市场操作	
2013	短期流动性调节工具（SLO）	公开市场操作的补充，在银行体系流动性出现临时性波动时相机使用
2013	常备借贷便利（SLF）	央行正常的流动性供给渠道，主要功能是满足金融机构期限较长的大额流动性需求、探索发挥利率走廊上限的作用
2014	抵押补充贷款（PSL）	基础货币投放的新渠道，影响商业银行通过抵押资产获得的融资利率来引导中期利率
2014	中期借贷便利（MLF）	提供中期基础货币、加大对小微企业和"三农"等重点领域和薄弱环节的支持力度

注：作者根据中国人民银行网站、范方志和赵明勋（2005）相关资料整理绘制而成。

表 4.7 列示了我国中央银行的几种主要货币政策工具，其具体特征可以概括为以下三点：（1）货币政策工具箱的扩充速度加快，除再贴现、存款准备金和公开市场操作这三大传统货币政策工具外，近年来又陆续新增了短期流动性调节工具、常备借贷便利等新型工具；（2）货币政策工具设计更加注重差别化，如差别存款准备金工具、定向降准工具，为中央银行实施精准调控、避免总体调控的"一刀切"提供了便利；（3）货币政策工具如 SLF、PSL、MLF 等肩负职能多元化，既要发挥对利率和货币供应量的价量调节功能、维持金融体系的适度流动性，又要支持经济结构调整①，一方面既显示出货币政策由数量型向价格型过渡时期的多元特征，另一方面也暗示了中央银行在权衡"保增长、稳物价、控风险、促转型"等多重目标时疲于应对、捉襟见肘的困境。

第三节　资本监管与货币政策：国际经验

一、资本监管

（一）巴塞尔协议

资本监管是银行审慎监管的核心，无论对于单个银行还是整个银行体系，资本充足率都是最重要的衡量指标。在战后全球金融监管的发展过程中，巴塞尔协议无疑是其中最受关注的国际准则之一②。

1988 年，巴塞尔银行监管委员会公布的资本协议是促进全球银行业迈向统一监管的里程碑，即巴塞尔协议 I。彼时，布雷顿森林体系崩溃不久、国际货币体系尚待更迭，导致世界范围内的统一货币锚暂时迷失、汇率出现异常波动，加之当时西方各主要国家经济萎靡不振，促使商业银行向海外转移过剩资

---

① 2015 年央行曾明确提出我国未来的政策利率体系：加强运用短期回购利率和常备借贷便利（SLF）利率，以培育和引导短期市场利率的形成，发挥再贷款、中期借贷便利（MLF）、抵押补充贷款（PSL）等工具对中期政策利率的调节功能，引导和稳定中长期市场利率。但是不可否认，这些新工具诞生的大背景来自 2012 年第四季度以来，中国新增外汇占款规模开始呈趋势性下降，央行为替代以外汇占款为主的基础货币发行通道进行增设的动机十分明显，此外利用新工具促进经济结构调整（如支持棚户区改造和"三农"）的政策意图亦跃然纸上。因此，在工具职能界定模糊的条件下，能在多大程度上有效引导各层次利率值得怀疑。

② 巴塞尔协议是国际清算银行（BIS）下设的巴塞尔银行业条例和监督委员会的常设委员会——"巴塞尔委员会"从 1988 年 7 月开始，在瑞士的巴塞尔陆续通过的一系列关于国际银行业资本监管标准的统称。

本，由此拉开了金融全球化的序幕。与此同时，Goldsmith（1969）、McKinnon（1973）、Shaw（1973）等一批学者在金融领域也相继掀起了一阵放松金融管制、促进金融自由化的理论热潮。在上述背景之下，美国、日本、德国、新加坡、韩国等纷纷开始逐步取消利率管制、外汇管制，放松银行的业务经营约束。但是，银行业在获得快速发展的同时，蕴藏的风险也不断增加。以美国为例，自20世纪80年代以来，银行的倒闭数量呈现出井喷式增加。而1974年，德国赫斯塔特银行、纽约富兰克林国民银行等的倒闭则直接促成了巴塞尔银行监管委员会的诞生，金融自由化带来的风险呼吁金融监管。

可以说，20世纪70年代以来的金融全球化和金融自由化浪潮是孕育巴塞尔协议Ⅰ的摇篮。在1975年和1983年制定和完善的基础上，巴塞尔协议Ⅰ的最终版本于1988年颁布，即《关于统一国际银行的资本计算和资本标准的协议》。与之后的巴塞尔协议Ⅱ相比，巴塞尔协议Ⅰ的规定要相对简单得多，核心是提出了8%的最低资本充足率和4%的核心资本充足率要求，并且将资产按风险分为5级，分别赋予0、10%、20%、50%和100%的风险权重。

这一协议现在看来虽然十分粗糙，但在当时具有重要意义。首先，巴塞尔协议Ⅰ的出台为统一全球银行业的资本监管标准、促进商业银行公平经营提供了契机；其次，对银行资本吸收损失的能力进行了初步区分，为后续完善监管制度打下了基础。但同时应该看到，巴塞尔协议Ⅰ的缺陷也十分明显，最关键的是对风险的覆盖范围规定过于狭窄，只包括了信用风险。

经过1996、1997、1999、2001年的反复修订，2004年颁布的《资本计量和资本标准的国际协议：修订框架》，即巴塞尔协议Ⅱ（也称新资本协议），第一次在世界范围内明确了资本监管的基本框架，其具体监管构架如图4.3所示。

相比于前一版协议，巴塞尔协议Ⅱ将资本要求的覆盖范围从信用风险拓展至市场风险和操作风险，除了最低资本要求外，还提出了监督检查和市场纪律两大监管支柱，同时允许银行采用内部模型计量风险，以提高资本对风险变化的敏感程度。

巴塞尔协议Ⅱ尽管在资本监管规则的确立上取得了突破，但也埋下了许多监管隐患：第一，允许银行采用内部模型计算风险资产使得相互间的可比性下降，而且可能产生道德风险；第二，其认定的一些可以吸收损失的附属资本工具在危机真正来临时完全发挥不了作用；第三，针对信用风险估值所提出的内部评级法（IRB）具有明显的顺周期性，可能加剧经济波动，这也是2008年国际金融危机之后逆周期宏观审慎政策被迅速推行的重要原因；第四，对系统

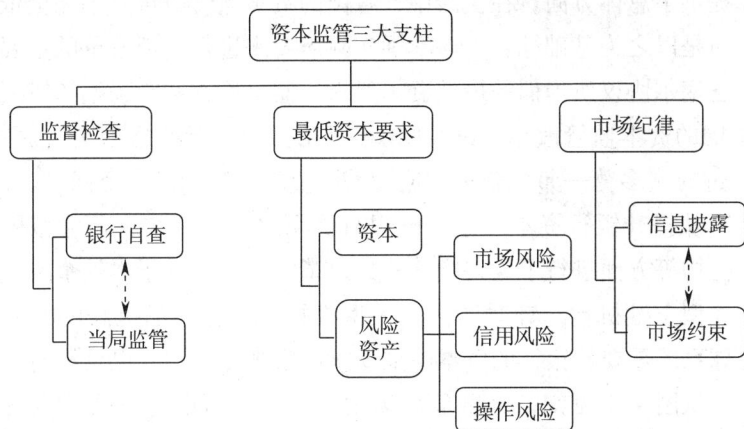

注：作者根据刘仁伍（2012）、王兆星（2013）相关资料整理绘制而成。

图 4.3　巴塞尔协议 Ⅱ 的监管框架

性风险的关注不够，存在对银行表外业务、复杂证券化等衍生品风险的低估倾向，2007 年突然爆发的美国次贷危机就是例证。

本轮金融危机的发生，暴露了很多新的问题，国际金融监管面临深度改革。巴塞尔委员会也适时推出第三版巴塞尔协议，并于 2010 年对协议内容达成基本一致。针对上一版协议遗留的重大缺陷，巴塞尔协议 Ⅲ 做了诸多改进，当然效果如何还需等待时间的检验。新增举措主要包括：（1）着重强调资本对损失的吸收能力，虽然维持了 8% 的总资本充足率要求，但增加了 4.5% 的核心一级资本充足率监管指标，以提高普通股、股本溢价和股本留存收益的抵御作用[1]，一级资本充足率也从 4% 提高至 6%；（2）建立逆周期资本缓冲机制，银行体系的顺周期在危机中暴露无遗，为此巴塞尔协议 Ⅲ 首次提出 2.5% 的留存缓冲资本要求以及 0～2.5% 的逆周期缓冲资本要求；（3）提高对系统重要性机构的监管力度，相应提出 1%～2.5% 的额外资本要求；（4）简化风险资本计提方式，以降低模型计量错误的风险和人为道德风险，为此，引入了不经风险权重调整的杠杆率监管指标。

（二）主要经济体的资本监管实施状况

巴塞尔资本协议虽然并不具有法律上的强制地位，但为世界范围内的资本

---

[1]　根据刘仁伍（2012）的资料显示，雷曼兄弟倒闭前资本充足率很高，其中一级资本充足率达到 11%，远远高于监管要求，看似十分安全。但由于资本中混入了过多具有资本属性的次级债券和资产证券化产品，使得资本对危机的抵御能力大大降低。

监管改革提供了总体方向。在实践中，各国的资本监管改革并不完全依据巴塞尔协议，而是以之为基础综合考虑本国实际需要来进行，但改革的主要方向仍然沿袭了巴塞尔协议所提倡的最低资本要求、监督检查和市场纪律三大支柱。

1. 美国的资本监管改革。继 1993 年《格拉斯—斯蒂格尔法》颁布之后，2010 年通过的《多德—弗兰克法》成为美国金融监管的又一个标尺。《多德—弗兰克法》从提升银行资本质量、解银行倒闭之倒悬、扩大监管范围、改造监管常设机构等方面进行了大刀阔斧式的改革。此外，鉴于本轮金融危机发源于美国的大型金融机构，针对国内的大型银行，还提出了提高资本充足率要求、对全球系统重要性银行的资本附加要求、宏观压力测试以及针对流动性风险等举措。从图 4.4 可知，金融危机爆发以后，美国银行业的不良贷款率飙升，但随着资本监管改革等一系列金融改革的及时跟进，使得银行业的资本充足水平得到大幅提升，增强了抗风险能力，2009 年后，不良贷款率旋即下降。

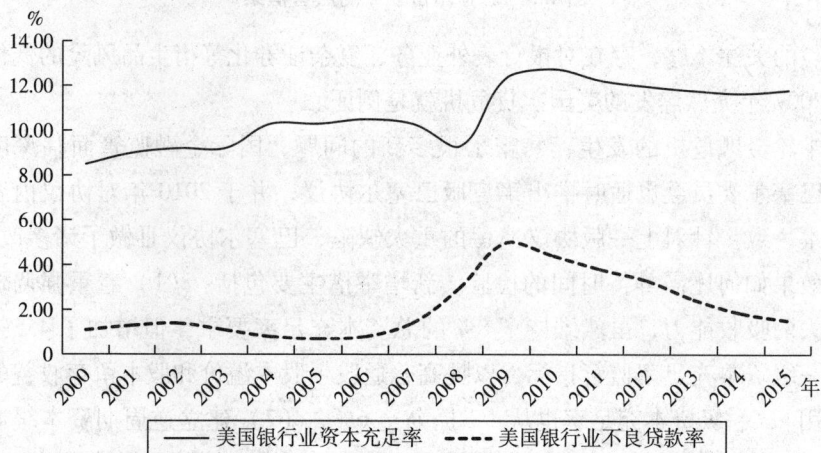

注：作者根据 Wind 数据库相关资料整理绘制而成。

图 4.4　2000 年以来美国银行业的资本充足率和不良贷款率情况

2. 欧盟的资本监管改革。本轮金融危机发生以来，欧洲银行业危机和主权债务危机次第爆发，恶性循环愈演愈烈，导致系统性风险不断蔓延。所以，欧盟资本监管乃至整个金融监管改革的核心目标就是防止和消除危及金融稳定的系统性风险。鉴于欧盟体制的特殊性，2013 年于卢森堡正式通过了欧盟的单一监管机制（Single Supervisory Mechanism，SSM）计划，为建立欧盟内部新的银行监管机制和框架迈出了重要一步。SSM 要求所有在欧元区成立的银行都将纳入单一监管机制，系统重要性银行将由欧洲央行直接监管，以维护监管的统一性，避免重复监管。在具体监管中，欧盟系统性风险理事会（ESRB）专门针对银行业，制定了一整套宏观审慎政策框架，最突出的是围绕金融稳定设置了四个中介目标及一系列政策工具，具体见表 4.8。

表4.8　　　　　**ESRB 针对银行业的宏观审慎调控目标和工具安排**

中介目标	政策工具
1. 降低信贷的过度增长和杠杆率过高	逆周期资本缓冲、（行业）资本要求、杠杆率工具、贷款收入比、贷款价值比等
2. 遏制资金期限过度错配、防止市场流动性不足	流动性比率调节工具、融资的宏观审慎限制措施、保证金要求等
3. 限制直接和间接的风险敞口集中度	大额风险敞口限制、中央对手方清算要求等
4. 纠正不当激励和道德风险	系统重要性机构的资本附加要求等

注：作者根据 ESRB（2013）、李达和陈颖（2015）相关资料整理而成。

其中，在资本监管方面，欧盟不仅保留了巴塞尔协议所提倡的逆周期资本缓冲和系统重要性机构资本缓冲，还依据自身情况独具匠心地创设了系统性风险缓冲工具。但是须注意的是，系统性风险缓冲和系统重要性机构资本缓冲工具不能叠加使用，二者同时实施时，只采用比率高的缓冲类型。

3. 日本的资本监管改革。与美欧不同，日本银行业受 2008 年金融冲击的影响相对较小，从日本银行业的资本充足率和不良贷款率来看，2008 年前后几乎没有出现明显变化，明显的变化发生在 2001—2002 年（见图 4.5）。彼

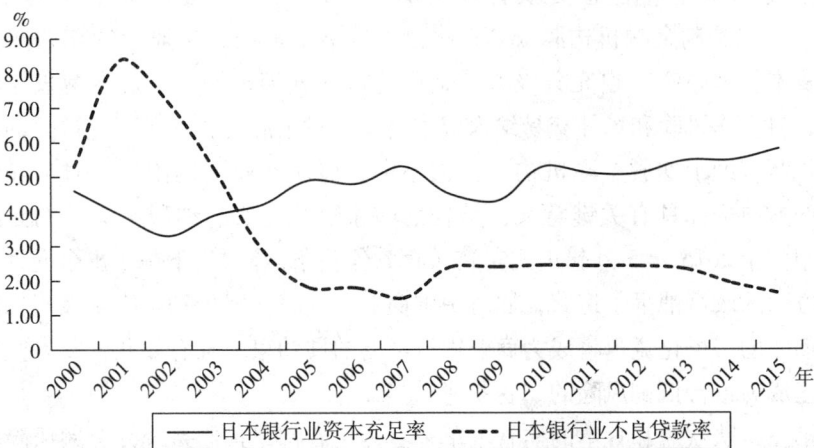

注：作者根据 Wind 数据库相关资料整理绘制而成。

图 4.5　2000 年以来日本银行业的资本充足率和不良贷款率情况

时，资产价格泡沫和金融机构过度重组招致系统性金融风险，银行体系堆积了巨额不良贷款，由此，日本银行和金融厅开始实施一项名为"金融再生计划"的方案，以求在金融体系快速发展的同时能有效控制系统性风险。在这项计划中，评估特定时间点上金融机构之间的交叉风险以及金融体系随时间变化的累积风险两项举措现在看来是十分超前的，基本体现了宏观审慎监管对金融体系的共同风险敞口与顺周期性两大基本方面进行调控的精髓。特别是，为有效抑制金融体系的顺周期性，日本监管部门特别重视逆周期资本缓冲的有效执行，严格执行现场检查和非现场监管以确保机构信息披露的准确性。

以上对巴塞尔资本协议的演变以及关于美、欧、日资本监管改革的概述对中国资本监管改革具有重要的启发和借鉴意义。

第一，从巴塞尔协议 I 到巴塞尔协议 II，资本监管多了监督检查和市场纪律两大支柱，说明有效的资本监管不应停留在对资本要求的明文约束上。在实践中，必须综合依靠金融机构自查、监管部门监督和市场约束来共同保障资本监管得到有效执行。2003 年，中国银监会成立时，全国 130 家银行中只有 8 家小型银行满足 8% 的最低资本充足率要求，在严格扣除拨备后，全行业的资本充足率竟为负数（王兆星，2014）。资本监管之乏力程度可见一斑！

第二，美国在监管中扩大对衍生品的监测范围以及允许大型机构破产的做法也具有积极意义。对于前者，可以提高资本约束的有效性，防止银行通过表外衍生交易变向降低资本计提水平，对此，中国人民银行从 2016 年起将差别准备金动态调整和合意贷款管理机制"升级"为"宏观审慎评估体系"（MPA），以抑制金融机构腾挪资产、规避监管。同时，银监会颁布的《商业银行资本管理办法》也充分吸取了金融危机的教训，扩大了资本覆盖风险的范围，将操作风险和场外交易纳入资本监管。对于后者，完善商业银行的破产退出机制有助于摆脱金融机构"大而不倒、僵而不死"的困局，对消除金融机构的逆向选择具有关键意义，是告别国家财政兜底、纳税人买单的必经之路。中国于 2015 年 5 月起正式实施《存款保险条例》，为下一步出台允许银行破产方面的政策铺平了道路，届时中国商业银行将正式告别国家隐性担保的福利，彻底的市场化竞争将成为商业银行经营的硬约束，唯有如此，资本监管才能真正成为银行抵御风险的"保护伞"。

第三，从欧盟和日本的监管改革来看，两者都以抑制系统性金融风险为核心。明确有限监管目标是构建金融监管框架的逻辑起点，决定了整个监管框架的价值取向。但是，在中国的资本监管实践中，除金融稳定目标外，引导银行业服务实体经济也是一个重要目标。如在银行信贷的投放中，调低小微企业风险暴露的权重；又如 2014 年在调整贷存比考核口径时，通过将支农再贷款和"三农"专项金融债所对应的涉农贷款从计算贷存比的分子项中剔除，以削弱资本监管对银行涉农信贷的约束作用。目标多元化势必影响资本监管的有效性，本书第三章的分析表明农业的不良贷款率非常高，小微企业事实上也面临同样的问题，是否应该为引导银行信贷向这些实体经济的薄弱环节倾斜而人为改变资本监管的计算准则有待商榷。通过货币政策、财税政策等实现上述目标、资本监管专注于金融风险可能是更好的选择。

二、货币政策

（一）货币政策目标演变

2008 年国际金融危机爆发以前，西方经济普遍呈现出低通胀和平稳产出缺口并存的特点，Bernanke（2004）、Stock 和 Watson（2005）因此将这一现象称为西方经济的"大缓和"时期（The Great Moderation）。在实体经济平稳有序发展的表象下，金融失衡不断加剧并积累了大量风险，但并未引起中央银行的足够重视。其中一个关键原因在于，货币政策的首要甚至唯一目标是维持低水平的稳定通胀已成为普遍共识，价格稳定可以确保产出稳定乃至金融稳定的信念深入人心。

价格稳定与产出稳定目标一致性关系的理论依据可通过一个简单的推导来说明。首先，构建新凯恩斯菲利普斯曲线：

$$\pi_t = \beta E_t \pi_{t+1} + \kappa x_t \tag{4.1}$$

其中，$x_t = \hat{y}_t - \hat{y}_t^f$ 表示实际产出与灵活价格均衡产出之间的缺口。对式（4.1）向前滚动 i 期：

$$\pi_{t+1} = \beta E_{t+1} \pi_{t+2} + \kappa x_{t+1} \tag{4.2}$$

$$\pi_{t+2} = \beta E_{t+2} \pi_{t+3} + \kappa x_{t+2} \tag{4.3}$$

$$\cdots$$

$$\pi_{t+i} = \beta E_{t+i} \pi_{t+i+1} + \kappa x_{t+i} \tag{4.4}$$

将式（4.2）至式（4.4）代入式（4.1），得到

$$\pi_t = \kappa \sum_{i=0}^{\infty} \beta^i E_t x_{t+i} \tag{4.5}$$

由式（4.5）可知，只要将当期和预期的未来产出保持在灵活价格均衡水平上，则对任意 i 来说，$E_t \hat{x}_{t+i}$ 均为 0，此时通货膨胀也保持为 0。中央银行的产出稳定目标与价格稳定目标是一致的，不存在取舍关系，Blanchard 和 Gali

（2007）将这一现象称为"神圣巧合"或"天赐的巧合"。因此，稳定价格的
货币政策可以同时实现产出缺口稳定，从而使产出围绕自然水平增长。

但是注意到，如果将扰动项加入式（4.1），则通货膨胀调整方程变为

$$\pi_t = \beta E_t \pi_{t+1} + \kappa x_t + e_t \tag{4.6}$$

继续按照上述向前滚动求解的计算方法，可得

$$\pi_t = \kappa \sum_{i=0}^{\infty} \beta^i E_t x_{t+i} + \sum_{i=0}^{\infty} \beta^i E_t e_{t+i} \tag{4.7}$$

由式（4.7）可知，如果 $\sum_{i=0}^{\infty} \beta^i E_t e_{t+i} \neq 0$，那么任何旨在使 $\sum_{i=0}^{\infty} \beta^i E_t x_{t+i} = 0$
的产出稳定化政策都将无法确保通货膨胀为 0，此时产出稳定与价格稳定目标
之间不再具有一致性。

而事实上，现实经济总会不可避免地受到各种外生扰动的影响，并且人们
的预期也是有限理性的，不可能对外生冲击作出准确预测。因此，来自需求面
和供给面的非预期冲击经常会改变通货膨胀的动态路径，货币政策在稳定价格
的同时可能无法确保产出缺口稳定，由此导致真实产出偏离自然水平。

从价格稳定与金融稳定的关系来看，Schwartz（1995）、Bernanke 和 Mish-
ikin（1997）、Issing（2003）、Poole（2007）等众多学者都认为价格稳定与金
融稳定这两个目标是一致的，货币政策盯住价格稳定有助于维护金融稳定。实
践中，1996 年，美联储提出了"杰克逊霍尔共识"，认为货币政策的目标只包
含维持物价稳定。但是本轮金融危机已经深刻表明价格稳定并不能保证金融稳
定，在某些情况下，基于价格稳定的政策目标事实上造成了整个金融体系的不
稳定。

由此，价格稳定与金融稳定的背离使得货币政策必须反思是否应该将金融
稳定纳入最终目标，以及应该赋予金融稳定目标多大权重。事实上，从社会福
利最大化的角度来看，如果中央银行对金融稳定作出反应，会降低产出和通货
膨胀波动并提高社会福利（Christiano et al.，2008；Bauducco et al.，2008；
Cúrdia & Woodford，2010）。而且，经验证据也发现，在本轮国际金融危机期
间，许多国家的中央银行确实对金融稳定作出了积极反应（Cecchetti & Li，
2008；Bulír & Cihák，2008；Baxaet al.，2013）。

（二）货币政策调控模式演变

20 世纪 80 年代以前，西方主要国家的金融市场化程度尚处于较低阶段，
货币供应量与价格之间的关系较为稳定。因此，中央银行通常将操作目标设定
为基础货币、中介目标设定为货币供应量。但是，进入 20 世纪 80 年代，金融

市场化程度迅速提高，市场利率出现过度波动使得货币需求难以预测，货币供应量与价格之间的关系不再稳定。由此，中央银行开始将操作和中介目标分别设定为短期和中长期利率。在货币政策目标体系从数量型转变为价格型后，政策工具也相应从存款准备金等数量型工具向基准利率等价格型工具转变（范从来，2017）。

20 世纪 70 年代，主要国家的中央银行提出货币供应量目标制规则来设定货币供应量中介目标的水平值。这一规则是建立在货币数量论基础上，在假定货币需求较为稳定，货币流通速度可预测的情况下，通过设定稳定的货币供应量增长率目标，进而实现价格稳定目标，参考张勇和范从来（2017），具体如式（4.8）所示：

$$\hat{M} = \pi^* + \hat{Y}^{pot} - \hat{V}^{trend} \tag{4.8}$$

其中，$\hat{M}$ 为货币供应量增长率，π^* 为通胀目标值，$\hat{Y}^{pot}$、$\hat{V}^{trend}$ 分别为潜在经济增长率和货币流通速度长期趋势值。不难看出，在货币流通速度保持稳定的情况下，中央银行能够通过设定货币供应量增长率来实现既定的通胀目标值。

进入 20 世纪 80 年代，由于金融市场化程度的不断提高使得货币需求难以预测，中央银行精确控制货币供应量并不能实现价格稳定目标，在此情况下，利率渠道成为占主导地位的传导机制，由此，各国中央银行按照泰勒规则来设定短期利率操作目标的水平值，具体如式（4.9）所示：

$$i_t - \pi_t = \bar{r} + \alpha(\pi_t - \pi^*) + \beta\left(\frac{Y_t - Y^*}{Y^*}\right) \tag{4.9}$$

其中，i_t 为短期利率，π 为通胀，$\bar{r}$ 为中性实际短期利率，也即使得总需求处于潜在产出时的实际利率，π^* 为通胀目标值，Y^* 为潜在产出，$\pi - \pi^*$ 和 $\frac{Y_t - Y^*}{Y^*}$ 则分别表示为通胀缺口和产出缺口，α、β 分别为利率对通胀缺口和产出缺口反应系数且均大于零。可见，泰勒规则是依托于 IS – LM – AS 模型，通过调控短期利率使得其实际值处于中性水平，进而实现通胀和产出目标。[①]

（三）世界各主要经济体的货币政策实施现状

在 2008 年国际金融危机以前，西方发达国家的货币政策通常以维护价格稳定为目标，以利率调控为手段。但危机发生以后，各国中央银行为拉动经济

---

① 值得说明的是，国际金融危机爆发之后，在美联储对短期利率调控过程中，由标准泰勒规则得到的利率拟合值与实际值存在差距，由此也有文献提出修正泰勒规则和伊文思规则，这些规则应该都是在危机状态下对标准泰勒规则的补充（刘杰，2016）。

走出泥潭，货币政策纷纷转向极度宽松，并大量运用非常规货币政策工具。事实上，大规模使用这些政策在危机前是难以想象的，Blanchard 等（2010）甚至认为这场危机已经构成了人们对传统货币政策基本信条的深刻怀疑。

危机前，以价格稳定为核心目标、利率调控为主要手段的货币政策框架简单、清晰，非常适合运用于传导机制畅通的平稳经济。但是，这一政策在拉动经济走出危机方面面临显著约束。一方面，在金融危机中，刺激产出增长和维护金融稳定相比价格目标显得更为迫切；另一方面，任何依赖于利率调节的货币政策框架都有一个前提，即存在一个可供央行调节、以实现目标的政策利率。

就货币政策目标来看，危机后，美国将单一通胀目标扩展为保持合理适度的低通胀和充分就业，通过表 4.9 显示的美国货币政策在前瞻性指引操作中的描述可窥一斑。自 2012 年 12 月以来，美国前瞻性指引操作中对货币政策目标的表达十分明确，即以失业率不高于 6.5% 和通胀稳定在 2% ~ 2.5% 为最终目标。而关于金融稳定，美联储主席耶伦（2014）表示，目前不需要为解决金融稳定性而修改美联储的货币政策目标，利率不应成为保证金融稳定性的主要工具，宏观审慎才是主要工具。可见，美国货币政策并不以金融稳定为目标。

表 4.9　　　　　　　　　　美国货币政策前瞻性指引中的目标表达

时间	对前瞻性指引的描述
2008 年 12 月	经济疲软，联邦基金利率将继续维持极低水平
2009 年 3 月	经济疲软，超低利率将继续维持
2010 年 9 月	综合检测经济前景和金融发展，随时准备额外流动性，以支持经济复苏和通胀回归目标水平
2011 年 8 月	超低利率至少维持到 2013 年中
2012 年 1 月	超低利率至少维持到 2014 年末
2012 年 9 月	超低利率至少维持到 2015 年中
2012 年 12 月	如失业率高于 6.5%、未来 1 ~ 2 年内通胀预期低于 2.5%，则继续维持抄底联邦基金利率水平
2013 年 12 月	即使失业率回归到 6.5% 以内，但通胀预期在 2% 以下，则仍将维持超低利率
2014 年 3 月	综合评价 2% 的通胀目标和就业状况，决定是否调整当前的超低利率
2015 年 4 月至 10 月	未来经济如果恢复增长、就业明显改善以及通胀回到 2% 左右时，会提高利率

注：资料来自《期货日报》2016 年 8 月 23 日，网址 http://www.qhrb.com.cn/2016/0823/201804.shtml。

根据 1992 年《马斯特里赫特条约》第一百零五条的规定，欧洲中央银行体系的主要目标是维持欧元区的价格稳定，同时兼顾欧盟整体目标，即提高经济增长和就业水平。在稳定价格上，欧洲央行认为为了更好地保持价格的长期稳定，在短期内必须对资产价格波动作出及时监测和应对。其推出的"双支柱战略"（Two Pillar Strategy）除了突出稳定通胀预期这一首要任务之外，还明确强调基于货币分析的金融稳定目标对维护价格稳定的辅助作用，这与美国货币政策的调控取向存在差异。货币政策关注金融稳定的理由在于，如果资产价格变化对长期价格稳定构成压力，那么货币政策适度维护金融稳定就具有合理性。Borio 和 Lowe（2002）、Borio 等（2003）提出的"新环境假说"（New Environment Hypothesis）就认为，货币政策过于关注价格稳定会引发市场对未来经济平稳运行的过分乐观，从而造成资产价格错位，进而诱发金融不稳定。Trichet（2005）也认为，稳定物价的货币政策致使价格上涨压力从实际经济转向了金融领域，使部分国家的资产价格泡沫在物价相对稳定时发生，他将这种情况称作"央行信誉悖论"（Paradox of Central Bank Credibility）。

日本银行的货币政策表述除了"通过实现物价的稳定，进而促进国民经济健康的发展"，还提及要确保日本银行与金融机构之间资金结算的顺利进行，以维护金融体系的稳定。表明日本央行明确以维护金融稳定作为货币政策的目标之一，这一点与欧洲央行的目标取向有一定的相似之处。

综合美、欧、日的货币政策目标来看，稳定价格无疑是核心目标，但经济增长、充分就业、金融稳定等也是重要目标。在常态经济下，货币政策可能更加注重对价格的调控；但是一旦经济发生危机，刺激经济增长和保证就业可能就会暂时取代价格目标的首要地位；而危机的发生通常最先表现在金融领域，但是有关货币政策是否应该以金融稳定为目标还存有较大争议，在各国的货币政策实践中，金融稳定是否被纳入货币政策目标也不尽相同。而中国货币政策目标在明文上，是以保持币值稳定和促进经济增长为主，但金融危机后，从国家到央行层面曾多次表示货币政策要确保不发生系统性金融风险，并且央行在2016 年推出"宏观审慎评估体系"（Macro‐Prudential Assessment，MPA）①，金融稳定事实上已成为中国货币政策一个新的重要目标。

就货币政策调控工具来看，在 2008 年国际金融危机发生之前，利率触及零下界（Zero Lower Bound，ZLB）只被认为在理论上存在，直到危机发生后

---

① MPA 体系从资本和杠杆、资产负债、流动性、定价行为、资产质量、跨境融资风险、信贷政策执行情况等七个方面引导银行业金融机构加强自我约束和自律管理。这是中国央行为解决金融混业经营背景下，信贷政策约束效力下降、银行经营风险加剧而提出的"宏观审慎管理＋广义货币政策"新框架，是中国货币政策肩负金融稳定职能的有力体现。

才引起各国关注。彼时，危机的严重性迫使许多发达经济体采取强力的宽松政策，刺激经济走出泥潭。为此，中央银行不断调低短期政策利率，直至在零附近徘徊，有些国家如日本，甚至已经跌破零界，进入负利率区间。

零利率下限约束使危机中传统货币政策的调控空间锐减、面临失效可能，金融危机发生后，西方世界迅速兴起了非常规货币政策的实践浪潮。影响最大的，当属美国和欧洲采取的数轮量化宽松政策（Quantitative Easing，QE）。量化宽松属于非常规的数量型货币政策工具，通过大规模买入政府债券及各种形式的抵押债券，向经济注入巨额流动性，以刺激信贷、投资，促进就业和经济增长。危机期间，加拿大银行、美联储、日本银行、英格兰银行和欧洲央行还针对利率迫近零下界可能导致的负向效应，相继实施了所谓的前瞻性指引措施（IMF，2013）。[①] 这一政策的核心目的在于维持市场对持续超低利率的预期，避免市场因利率迫近零下界而产生加息预期。此外，2011 年美联储时隔 50 年第二次启用扭转操作（Operation Twist）。扭转操作的核心是通过买入长期债券并卖出等额短期债券，压低长期国债收益率，刺激和长期利率挂钩的贷款利率，降低企业和公众的借贷成本并促进中小企业融资（刘元春和李舟，2016），亦属于非常规货币政策。

总之，正如一句俗语所言，"非常时期，当用非常办法"。危机时期，适度运用非常规货币政策可能带来奇效，但对于正常时期的成熟经济体，常规性货币政策仍然是宏观调控的主旋律。未来，加快完善以利率调控为主的价格型货币政策框架、逐步降低或退出非常规货币政策的使用，是中国货币政策迈向成熟的重要步骤。

三、资本监管与货币政策协调的制度安排

肇始于 2008 年的国际金融危机从政策层面产生了两个基本问题：（1）既有货币政策框架如何调整？（2）既有微观监管体系如何改革？前者主要涉及货币政策与金融稳定的关系问题，后者则牵涉在微观审慎监管之外开辟宏观审慎监管的话题，而两个问题的焦点就落在金融稳定上。尽管有的国家的中央银行在危机后仍然声称并不以金融稳定为目标，但在实践中，却纷纷对协调货币政策与以资本监管为代表的金融监管进行了相应的制度安排，构建了应对系统

---

① 前瞻指引政策（Forward Guidance）是指央行通过作出在相当长的一段时间内保持低利率的承诺，进而引导未来预期通胀的上升和产出缺口的下降。早在 1999 年，日本央行就率先使用了前瞻性指引这一非常规货币政策引导市场。

性风险的宏观审慎管理体系。这一体系的核心目的就是有效监测和应对系统性风险，避免重蹈 2008 年国际金融危机的覆辙，事实上承认了中央银行的金融稳定职能。

美国的宏观审慎管理体系。2010 年 7 月正式签署的《多德—弗兰克法》在维持美国原有多头监管格局的基础上，突出了美联储对系统重要性金融机构的监管职权，赋予其"主要系统性风险监管者"的角色，并要求其他监管部门在进行微观审慎监管的同时加强宏观审慎监管。美国宏观审慎管理体系的基本框架如上图 4.6 所示。

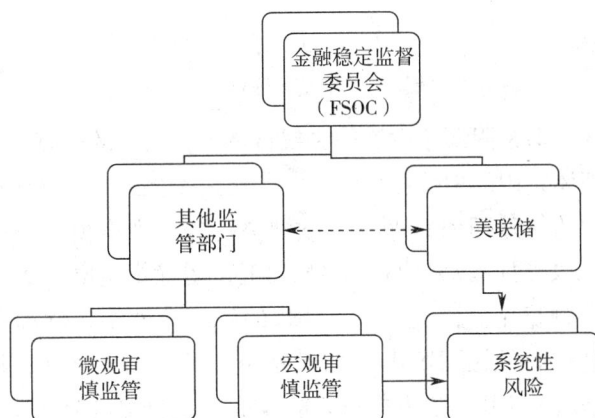

注：作者自己绘制。

图 4.6　美国宏观审慎管理体系的基本框架

在协调机制上，《多德—弗兰克法》授权组建了金融稳定监督委员会（Financial Stability Oversight Council，FSOC），用以协调系统性风险的跨部门监管合作。在组织构架上，《美国金融稳定监督委员会组织规则》规定由财政部部长担任 FSOC 的主席，美联储主席、证券交易委员会主席、联邦存款保险公司总裁、联邦住房金融局局长等担任具有投票权的主要成员。在这一安排中，并未任命美联储主席兼任 FSOC 的主席，有利于发挥 FSOC 对美联储进行系统性风险监管的补充和改进作用，避免单一部门监管可能导致的监管不力。

欧盟的宏观审慎管理体系。危机后，欧盟宏观审慎管理体系的构建主要依据 2009 年 9 月颁布的《欧盟金融监管改革法》。该法要求建立欧洲系统性风险委员会（European System of Risk Board，ESRB），以负责监测欧盟层面的金融系统性风险。欧盟宏观审慎管理体系的基本框架如图 4.7 所示。

与美国不同的是，欧盟系统性风险委员会（ESRB）虽然是负责宏观审慎

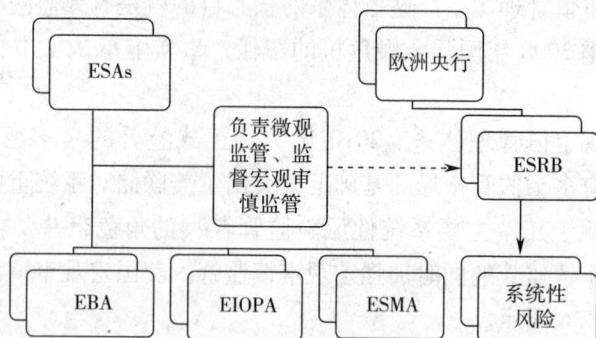

图 4.7　欧盟宏观审慎管理体系的基本框架

管理的专门机构，但是附属于欧洲中央银行体系，而且欧盟赋予欧洲中央银行在宏观审慎管理体系中的地位更加特殊。《关于赋予欧洲中央银行在欧洲系统性风险委员会中的特殊任务》明确了欧洲央行在宏观审慎管理中的绝对领导地位，而且在"双支柱战略"框架的基础上，明确规定欧洲央行的主要职责是维护货币与金融稳定。因此，在 ESRB 的组织框架中，欧洲央行行长兼任 ESRB 主席，同时为了增强 ESRB 在宏观审慎管理中的独立性，财政部门并不直接参与，而是由 ESRB 中没有投票权的经济与金融委员会（EFC）的主席代表财政部门作为 ESRB 会议的观察员。

此外，为打破成员国之间监管割裂的局面、更加有效地从欧盟整体层面开展金融监管，欧盟成立了欧洲金融监管局（ESAs），下设欧洲银行业管理局（EBA）、欧洲保险与职业年金管理局（EIOPA）和欧洲证券与市场管理局（ESMA）。它们的主要职能是实施微观审慎监管，从个体金融机构层面维护金融稳定，同时对欧盟的宏观审慎监管进行监督，与 ESRB 共享信息、互通建议。

英国的宏观审慎管理体系。危机之前，英国的金融监管由金融服务局（Financial Services Authority，FSA）、英格兰银行（Bank of England，BOE）和财政部三家共同负责，其中，FSA 对商业银行、证券、保险等九大金融行业具有统一独立的监管权。但是危机中，FSA 未能及时识别和应对系统性金融风险，而 BOE 虽有金融稳定之职，但无相应之权。2009 年，英国出台《银行法》正式赋予英格兰银行金融稳定的职权，次年颁布的《金融监管新举措：判断、焦点及稳定性》则提出 2012 年取消金融服务局。原先 FSA 的职能由 4 个机构取代，即金融政策委员会（FPC）、审慎监管局（PRA）、消费者保护和市场监管局（CPMA）、经济犯罪局（ECA）。英国宏观审慎管理体系的基本框架如图4.8所示。

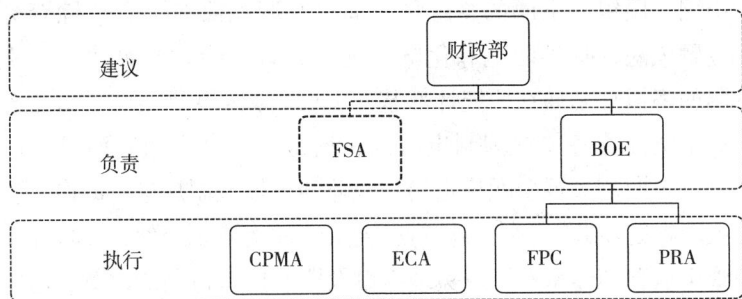

注：作者自己绘制。

图4.8　英国宏观审慎管理体系的基本框架

其中，FPC和PRA隶属BOE，CPMA和ECA为独立机构。宏观审慎监管主要由FPC负责，同时，FPC还需对执行微观监管的PRA进行评估。与欧盟一样，英国财政部也不直接参与监管，但FPC主席（BOE行长兼任）须定期向财政部汇报，并对财政部负有直接责任。而财政部可向FPC提出调整建议，并负责规定PRA的监管范围。可见，英国虽然通过改革大大革除了多头管理的弊病，确立了英格兰银行在宏观审慎管理体系中的主导地位，但同时财政部在这一体系中所处的位置亦十分微妙。相比之下，美国并不排斥财政部在宏观审慎管理体系中占据一定的重要位置，欧盟则明确弱化了财政部在宏观审慎管理中的参与度。相比较中央银行在宏观审慎管理体系中的地位来说，美国的宏观审慎管理体系偏向"分权制"，欧盟的宏观审慎管理体系偏向"集权制"，而英国的宏观审慎管理体系则介于"分权制"与"集权制"之间。

中国金融监管的基本格局是"一行三会"的分业监管体制。相比美、欧、英，中国尚未构建起明确的宏观审慎管理体系，如何划分"一行三会"以及财政部、外管局等部门在应对系统性风险中的权责关系亟待解决。2013年国务院同意建立由中国人民银行牵头的金融监管协调部际联席会议制度，但至今没有再披露这一制度的后续建设情况。不过据此可以推断，中国的宏观审慎管理体系应该是以中央银行为主体，这一点与国际上的发展趋势一致，而对财政部的参与方式没有明确提及，对于什么是"必要"时刻以及财政部将以何种方式介入管理尚不得而知。

2016年，中国人民银行正式推出"宏观审慎评估体系"（Macro - prudential Assessment，MPA），MPA主要针对银行业，其针对商业银行制定的逆周期

资本监管政策与银监会已有的逆周期资本监管之间是什么关系？是否存在政策
冲突或叠加？以及未来两套标准是否会合并处理？等等，都需要进一步厘清。
注意到，中国人民银行下属的金融稳定局在其职能简介中有"综合分析和评
估系统性金融风险，提出防范和化解系统性金融风险的政策建议"表述，而
银监会下属的审慎规制局在原统计部基础上设立，牵头非现场监管工作，统一
负责银行业审慎经营各项规则制定。二者均是针对金融监管而设立的专门机
构，因此可以先期使央行金融稳定局与银监会审慎规制局进行磋商，待在宏观
审慎监管上取得初步共识后，再进行行会层面的沟通。当然，要构建真正行之
有效的宏观审慎管理体系不可避免地会触及既有监管体制的改革，这需要在国
家层面进行调整，但无论如何，厘清宏观审慎管理框架的内在逻辑和各种协调
模式的利弊是进行合理制度安排的基本前提。

第五章

银行资本监管与货币政策协调的实证分析

本章的主要任务是以信贷为支点，通过运用相关计量模型检验资本监管与货币政策对信贷的影响以及信贷对经济的影响，从而提出协调资本监管与货币政策的相关建议。具体思路是：首先，通过信贷量的经济效应分析，识别信贷对产出、价格和风险的影响路径；其次，检验资本监管、货币政策与信贷的关系，辨别两类政策对信贷的具体影响；最后，在厘清政策对信贷的影响以及信贷经济效应的基础上，以抑制经济波动为准绳，提出协调资本监管与货币政策的相关设想或建议。

第一节　总量与结构信贷的经济效应检验

一、总量信贷的经济效应检验

以总量信贷为考察对象，分析并检验信贷的经济效应，这里的经济效应主要是指产出效应、价格效应和风险效应（信贷风险）。由于用于表征信贷风险的商业银行不良贷款率数据在 2008 年第四季度以前多次出现整体性下降，前后数据不具有可比性（见图 5.1），因此样本从 2009 年第一季度开始，至 2016 年第三季度结束①。

————————————

① 1999—2001 年、2004—2005 年、2008 年国有四大商业银行进行了三次较大规模的不良资产剥离，国家财政、外汇资金大量注资，导致这一时期中国的不良贷款率呈现出几次断崖式下跌，因此无法合理反映实际经济运行情况，故样本选取只从 2009 年开始，又由于 GDP 只有季度和年度数据，考虑到样本容量，故使用季度数据。

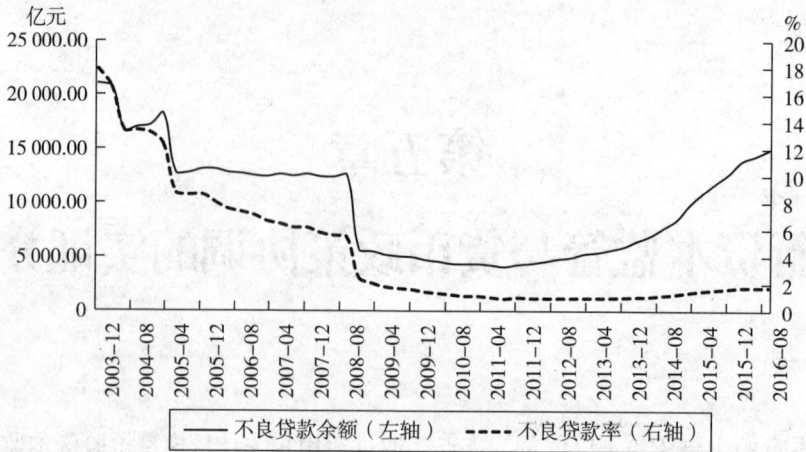

注：作者根据 Wind 数据库相关资料整理绘制而成。

图 5.1　不良贷款余额与不良贷款率趋势

指标选择和处理的具体说明如下：

价格总水平。以消费者价格指数（CPI）代表价格变量，数据来源于中经网统计数据库。以 1990 年 1 月为基期，首先将对应的月度 CPI 水平定基为 1，再使用月度环比 CPI 数据计算出各月份的定基 CPI，这样所得到的定基 CPI 即可视作价格总水平的代理变量。由于以国内生产总值为代表的产出数据只有季度和年度数据，为此将每年 3、6、9、12 月的月度 CPI 作为季度值。

产出总量。以国内生产总值（GDP）代表产出变量，数据来源于中经网统计数据库。通过各季度 GDP 数据，可以得到 2009 年第一季度—2016 年第三季度的季度 GDP 累计数据，由于为名义值，使用对应季度的定基 CPI 进行平减，从而得到实际值。

信贷总量。以金融机构人民币各项贷款余额代表信贷总量，数据来源于 Wind 数据库。与 GDP 数据一样，由于为名义值，使用对应季度的定基 CPI 进行平减，从而得到实际值。

不良贷款率。这里使用不良贷款率而非不良贷款余额的原因是，即使经济中的不良贷款余额上升也无法反映出信贷风险的增加，因为信贷总量可能也在上升，且如果信贷总量上升速度快于不良贷款余额，那么整体的信贷风险反而是降低的，因此使用不良贷款率这一相对指标反映信贷风险更加合适。数据来源于 Wind 数据库。

通常使用的信贷总量、产出总量、价格总水平和不良贷款率都是水平数据，彼此之间的量纲差异很大，放到一起进行统计检验与计量分析并不合适，因此需要将其转换为变化率数据。而且，信贷总量、产出总量、价格总水平和不良贷款率的原始数据包含了大量的噪音，如季节因素，此外稳定的趋势性因素也会干扰分析，必须对此进行适当处理后，才能有效甄别出信贷对产出、价格和风险的真实影响。数据处理的详细过程如下：

第一，剔除变量变化中的季节因素影响。具体使用了 Eviews9.0 软件中的 X-12 季节调整方法，消除季节性变化对经济变量波动的影响有助于观察变量的潜在变化趋势。

第二，剔除变量变化中具有较强稳定性的趋势性因素。由于大多数时间序列数据，自身在随时间变化时具有很强的惯性，这部分变化较为稳定且不容易受到其他变量在短期内的影响，故为分析变量间的短期相互影响，必须将其剔除。具体使用了 HP 滤波方法[①]，将信贷总量、产出总量和价格总水平的长期趋势分离出来，获得变量的周期性波动序列。图 5.2 显示了基于 HP 滤波方法得到的信贷、产出、价格、风险变量的原序列、趋势性成分和周期性成分。

进一步，利用以下公式统一变量的量纲：

$$\hat{X}_t = \frac{X_t - X_{t\_\ trend}}{X_{t\_\ trend}} \tag{5.1}$$

其中，X_t 表示信贷总量、产出总量和价格总水平的原始时序数据，$X_{t\_\ trend}$ 表示利用 HP 滤波方法提取的变量的长期趋势，$\hat{X}_t$ 表示变量对其稳定的长期趋势的偏离，用以反映变量的周期性变化程度。

图 5.3 显示了基于式（5.1）所计算得到的信贷、产出、价格、风险变量对其稳定的长期趋势的偏离程度，这一偏离程度不仅反映了原始序列周期性成分的波动程度，而且剔除了量纲影响，便于变量之间的比较。

由图 5.3 可知，信贷、产出、价格和不良贷款率之间的确存在非常明显的共同趋势。在 2009—2010 年，经济呈现出"高信贷、高不良 + 衰退、通缩"的基本特征，受 2008 年国际金融危机的影响，中国出口锐减、产出下滑严重，经济进入衰退区间，不良贷款率因此恶化，价格也步入通缩区间，此时信贷扩张旨在拉动经济走出衰退，典型的是中国于 2008 年底—2010 年底陆续推出的总规模达 4 万亿元的信贷扩张刺激计划。到 2011—2014 年，经济如期走出衰

---

① HP 滤波全称 Hodrick - Prescott 滤波，是 Hodrick 和 Prescott（1980）提出的用以分离出时间序列数据中的长期趋势的一种方法。Eviews 软件提供了使用该方法所分离出的变量趋势性成分和周期性成分。

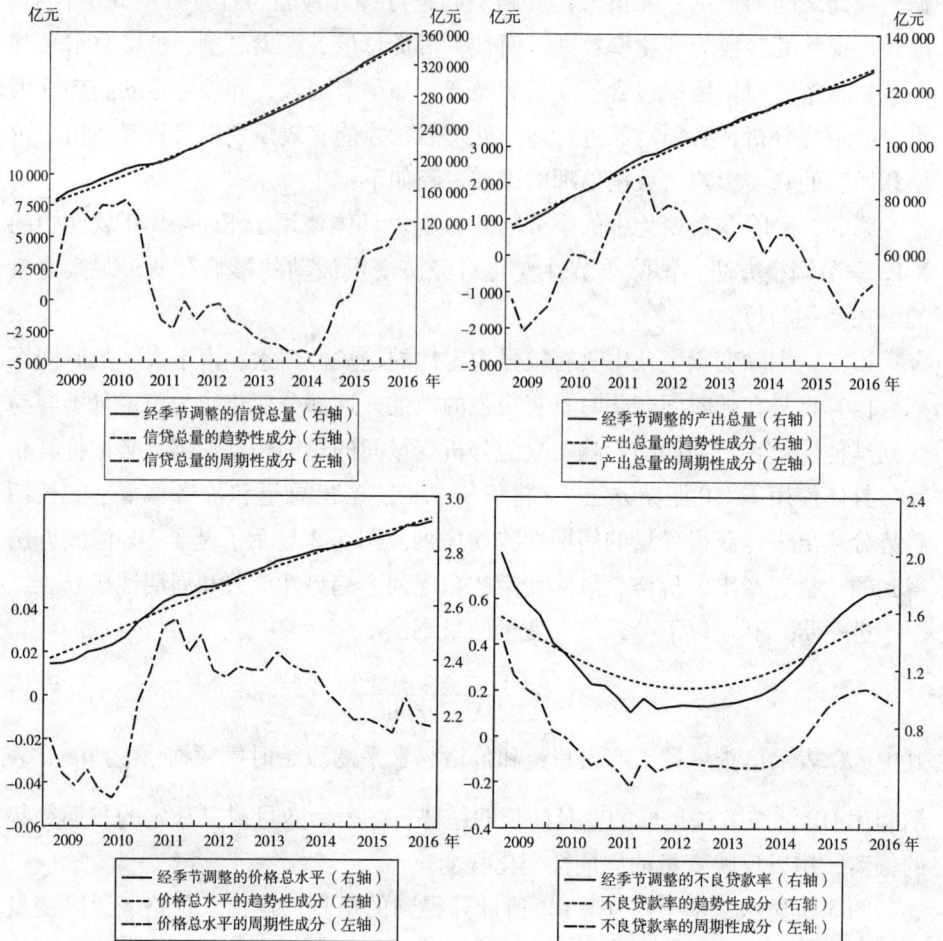

注：作者使用 Eviews9.0 软件绘制得到。

图5.2　信贷、产出、价格、不良贷款率的 HP 滤波分解

退，整体呈现出"低信贷、低不良 + 复苏、通胀"的基本特征，到这一时期，前一阶段大规模的扩张性政策的经济刺激效果得以显现，产出转为正缺口、价格步入通胀区间，与此同时不良贷款率也因为经济复苏得到暂时性缓解。[①] 但是，信贷扩张虽然提振了产出，但产出增长的趋势却是不断减弱的，说明信贷对产出的拉动效应在不断下降。

---

① 由于这里的产出是 GDP 中周期性成分对趋势性成分的比率，因此与产出缺口的含义类似，比率为正表明实际产出高于潜在水平，比率为负表明实际产出低于潜在水平。

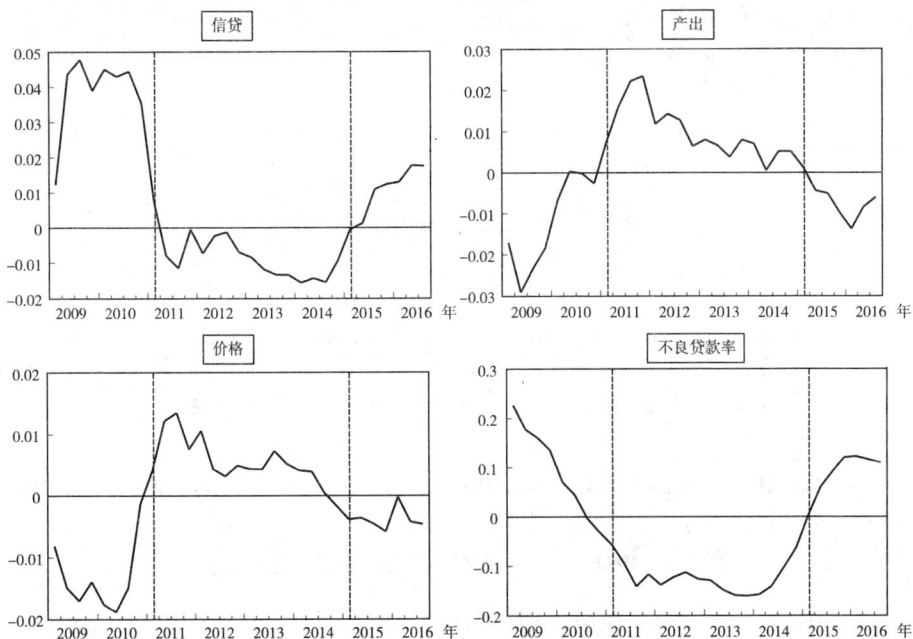

注：作者自己绘制。

图 5.3　信贷、产出、价格、不良贷款率的周期性波动

图 5.4 从一个更长的周期显示了信贷对产出的拉动效果的变化。[①] 由图 5.4 可知，1992—1994 年，中国的产出信贷比是显著上升的；1995—2001 年，产出信贷比显著下降；2002—2008 年，产出信贷比维持了稳中缓升的趋势；2009 年以来，产出信贷比又再次步入下降通道。因此可以说，2009 年以来，中国的信贷规模虽然加速扩张，但对产出的拉动效应是不断下降的。

2015—2016 年，经济再次呈现出"高信贷、高不良 + 衰退、通缩"的特征。信贷对产出拉动作用的不断衰减，导致产出再一次转为负缺口，同时经济再次面临通缩风险，对应地，不良贷款率也再次攀升，信贷亦再次扩张，但作用存在滞后性、效果也可能更加微弱。

通过以上分析可知，中国经济由信贷驱动的特征是十分显著的，"信贷扩张→经济增长、风险缓和、价格上升"的传导路径是多年来金融支持经济发展的核心链条，由于价格目标的存在，宏观调控经常在经济增长和稳定价格之

[①]　以产出总量除以信贷总量（以下简称产出信贷比）这一指标来表征经济中的单位信贷投入所对应的产出水平，结果为利用原始数据计算得到。

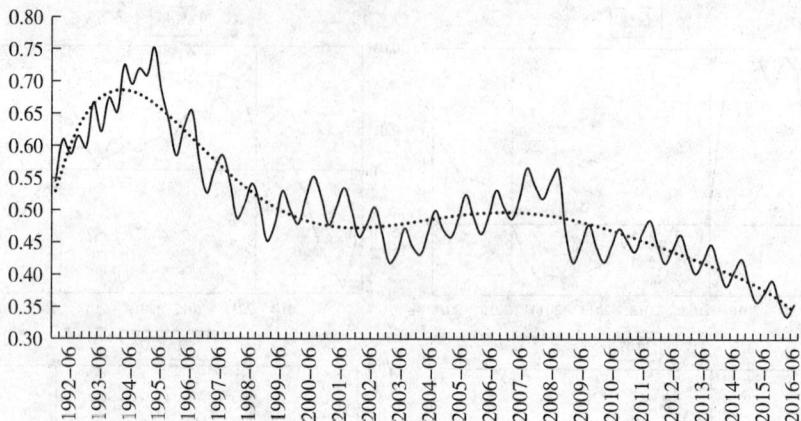

注：作者根据中经网统计数据库和 Wind 数据库相关资料整理绘制而成。图中虚线表示（产出/信贷）变化中的稳定趋势部分。

图 5.4 1992 年以来中国的（产出/信贷）变化趋势

间反复切换，从而加剧了经济波动。但是，进入经济新常态以后，产出的潜在增长动力不断下降，依靠信贷扩张来拉动经济增长的效果可能大打折扣，政策刺激不当反而可能引致价格和信贷风险的上升。为此，一方面需要挖掘新的经济增长动力、发展直接融资，减少经济增长对信贷的过度需求；另一方面，必须更加谨慎、合理地安排信贷资源，在经济增长、稳定价格、抑制风险之间取得动态平衡。

通过对信贷、产出、价格和不良贷款率进行 Granger 因果检验（见表 5.1）。从统计推断来看：信贷是产出和不良贷款率的 Granger 原因，虽然信贷不是价格的 Granger 原因，但其引起的产出是价格的 Granger 原因，因此可以认为信贷是价格的间接 Granger 原因。至于信贷与产出、价格、风险之间更加精确的定量关系如何还需做进一步的计量检验。

表 5.1　　　信贷、产出、价格、不良贷款率的 Granger 因果检验

原假设	观测值	F 统计量	P 值
产出不是信贷的 Granger 原因	29	1.3484	0.2786
信贷不是产出的 Granger 原因	29	7.3184	0.0033
价格不是信贷的 Granger 原因	29	2.3591	0.1160
信贷不是价格的 Granger 原因	29	1.0577	0.3629
不良贷款率不是信贷的 Granger 原因	29	4.2957	0.0254

续表

原假设	观测值	F 统计量	P 值
信贷不是不良贷款率的 Granger 原因	29	5.1926	0.0134
价格不是产出的 Granger 原因	29	12.0246	0.0002
产出不是价格的 Granger 原因	29	3.4228	0.0492
不良贷款率不是产出的 Granger 原因	29	8.5198	0.0016
产出不是不良贷款率的 Granger 原因	29	1.4473	0.2550
不良贷款率不是价格的 Granger 原因	29	3.9975	0.0317
价格不是不良贷款率的 Granger 原因	29	1.3003	0.2910

注：表中结果由作者根据 Eviews9.0 软件计算得到，原始数据用 X-12 方法进行了季节调整。

构建如下向量自回归模型（VAR）：

$$\begin{pmatrix} L_t \\ Y_t \\ P_t \\ NPL_t \end{pmatrix} = \begin{pmatrix} C_1 \\ C_2 \\ C_3 \\ C_4 \end{pmatrix} + \Phi_1 \begin{pmatrix} L_t \\ Y_t \\ P_t \\ NPL_t \end{pmatrix} + \cdots + \Phi_p \begin{pmatrix} L_{t-p} \\ Y_{t-p} \\ P_{t-p} \\ NPL_{t-p} \end{pmatrix} + \begin{pmatrix} \varepsilon_{1t} \\ \varepsilon_{2t} \\ \varepsilon_{3t} \\ \varepsilon_{4t} \end{pmatrix}, t = 1,2,\cdots,T$$

$$(5.2)$$

其中，L_t 为信贷，Y_t 为产出，P_t 为价格，NPL_t 为不良贷款率，C 是 VAR 模型的截距项，Φ 是系数矩阵，ε_t 为模型的扰动项。

首先，对进入 VAR 系统中的变量进行单位根检验，结果见表 5.2。由表 5.2 可知，信贷、产出、价格、不良贷款率序列的 P 值都低于 10%，拒绝存在单位根的假设，表明变量具有显著的平稳性。

表 5.2　　　　　　　　变量的平稳性检验（ADF 方法）

变量	滞后阶数选择准则	滞后阶数	P 值
信贷	SIC	1	0.0151
产出	SIC	0	0.0952
价格	SIC	4	0.0131
不良贷款率	SIC	3	0.0060

注：表中结果由作者根据 Eviews9.0 软件计算得到。

其次，在平稳序列的基础上，可以进行脉冲响应分析。在图 5.5 所示的脉冲响应图中，脉冲响应函数的滞后阶数选择为 2，图 5.5 显示了在一单位标准差的信贷冲击下，产出、价格、不良贷款率的当期变化和累积变化路径。就产出来看：在正向信贷冲击的影响下，产出一开始会经历一个短暂的小幅下调过

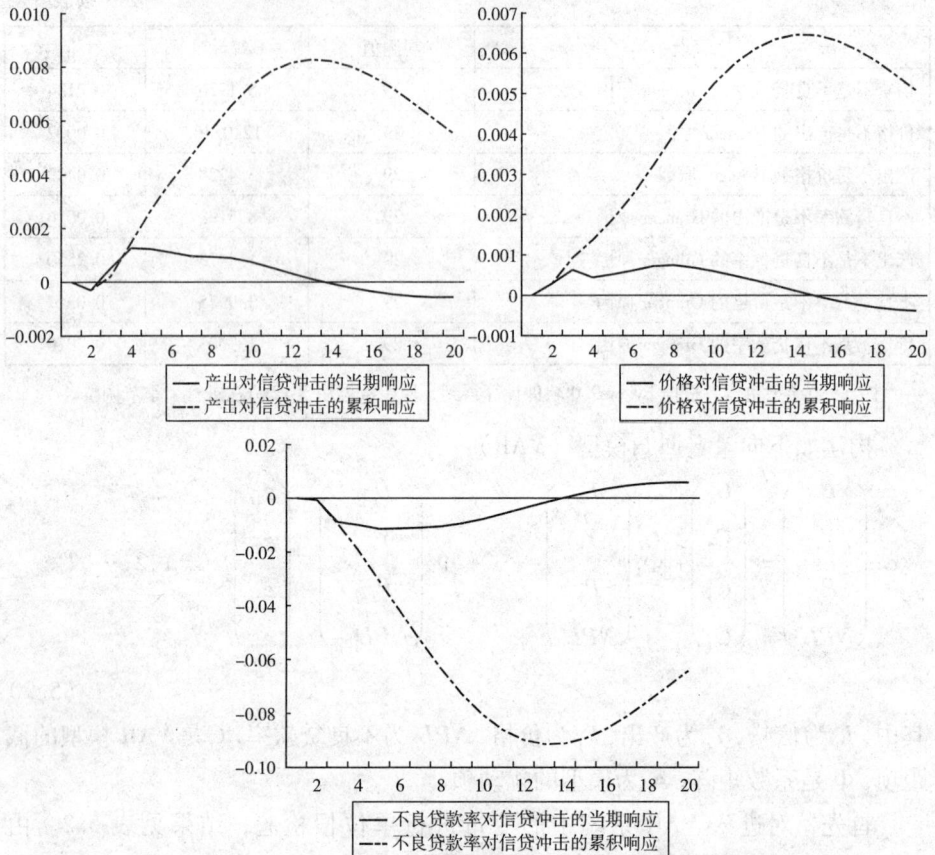

注：作者使用 Eviews9.0 软件绘制得到。

图 5.5　产出、价格、不良贷款率对总量信贷冲击的动态响应路径

程，随后转为持续的增加过程，但增幅会越来越小，最终又进入负向区间，这说明信贷增加对产出的拉动效应是不断衰减的；从累积响应来看，正向信贷冲击对产出的总影响是正的，影响最大的时间节点位于第 13 期左右，即当期信贷扩张的产出拉动效应在 13 个季度后会达到最大。就价格来看：在正向信贷冲击的影响下，价格会不断上升，在经历大约 14 期之后转为负，这一点与产出的响应基本一致；从累积响应来看，正向信贷冲击对价格影响最大的时间节点亦位于第 13 期左右，但受影响程度却不及产出。就不良贷款率来看：在正向信贷冲击的影响下，不良贷款率会持续下降，但最终仍会出现反弹：从累积响应来看，正向信贷冲击对不良贷款率的总影响是负的，影响最大的时间节点也位于第 13 期左右，但其受影响的程度远远高于产出和价格。

二、分期限信贷的经济效应检验

本部分，从期限结构出发，分析不同期限的信贷对经济的影响效果。为分析短期贷款和中长期贷款在经济效应方面的异同，分别将其与产出、价格和不良贷款率进行计量检验。鉴于实证可用的不良贷款率数据从 2009 年开始，因此样本区间设定为从 2009 年第一季度至 2016 年第三季度，信贷和产出数据均经过平减变为实际值，相关数据来源于 Wind 数据库。

首先，对短期信贷和中长期信贷进行季节调整（采用 X－12 方法），在此基础上使用 HP 滤波对序列进行去趋势化处理，原序列及趋势性、周期性成分分解结果见图 5.6。

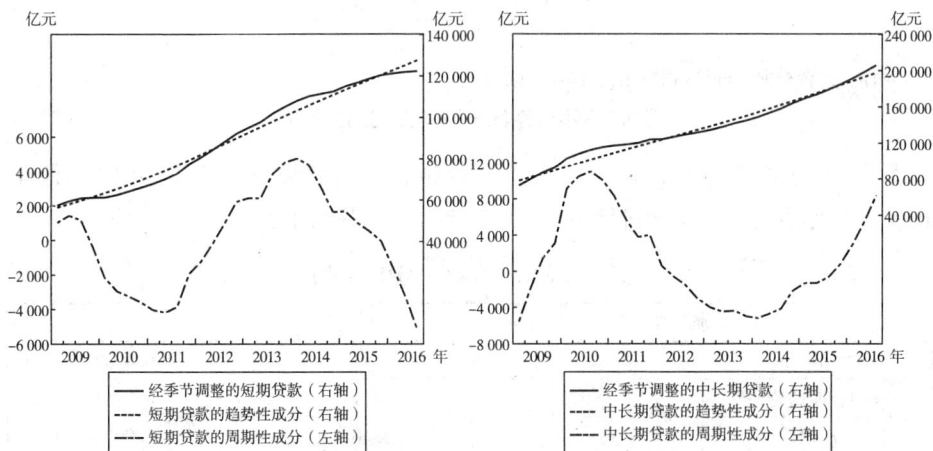

注：作者使用 Eviews9.0 软件绘制得到。

图 5.6　不同期限贷款的趋势性成分和周期性成分 HP 滤波分解

从图 5.6 可知，短期信贷与中长期信贷的周期性成分在 2009—2016 年具有非常明显的负相关性。作为总量信贷的两大组成部分，二者在规模上并非一定是此消彼长的关系。利用公式 5.1 去除量纲的影响后，进一步比较 1994 年以来，短期贷款与中长期贷款的变化。图 5.7 显示了 1994 年以来二者的变化趋势，从直观上可以看到，2009 年以来短期贷款与中长期贷款变化明显背离，且程度越来越高，在 1994—2008 年，二者变动整体上呈正相关，相关系数为 0.3129，而 2009 年以来，二者变动的相关性转为负，且高达 -0.8761。

分别对短期信贷和中长期信贷构建同时包含产出、价格、不良贷款率的四变量 VAR 模型。首先，对进入 VAR 系统中的变量进行单位根检验，结果见

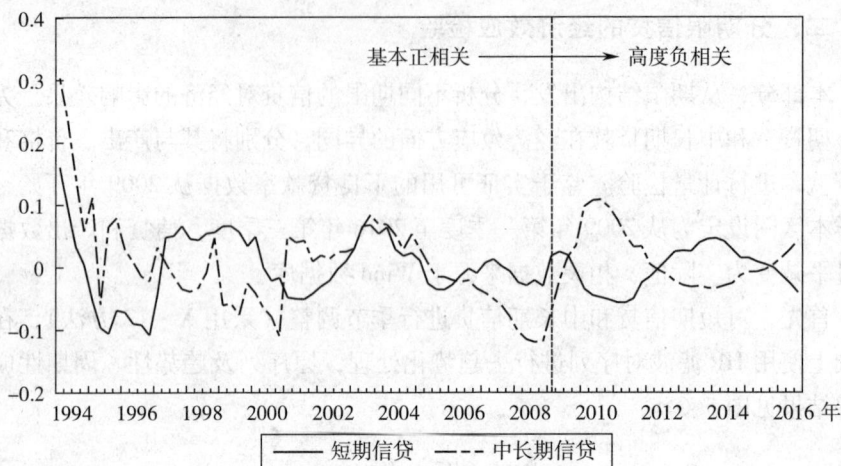

注：作者根据 Wind 数据库相关资料绘制而成。

图 5.7　不同期限信贷的变化趋势比较

表 5.3。由表 5.3 可知，信贷、产出、价格、不良贷款率序列的 P 值都低于 10%，拒绝存在单位根的假设，表明变量具有显著的平稳性。

表 5.3　　　　　　　　　　变量的平稳性检验（ADF 方法）

变量	滞后阶数选择准则	滞后阶数	P 值
短期信贷	SIC	1	0.0289
中长期信贷	SIC	1	0.0704
产出	SIC	0	0.0952
价格	SIC	4	0.0131
不良贷款率	SIC	3	0.0060

注：表中结果由作者根据 Eviews9.0 软件计算得到。

其次，在平稳序列的基础上，分别对两组 VAR 模型进行脉冲响应分析，脉冲响应函数的滞后阶数均为 2。图 5.8 显示了产出、价格、不良贷款率对短期信贷冲击的动态响应路径。从产出来看：正向短期信贷冲击一开始会对产出产生抑制作用，经过一段时期后转为促进作用；从累积脉冲响应来看，正向短期信贷冲击对产出的总体效果是负向的，即短期信贷增加会抑制产出增长。从价格来看：正向短期信贷冲击的影响比较复杂，一开始会助推价格上涨，之后转为抑制，最后又变为促进；从累积脉冲响应来看，正向短期信贷冲击在前期促进了价格提高、在后期抑制了价格提高。从不良贷款率来看：正向短期信贷冲击在前期会提高不良贷款率、在后期会降低不良贷款率；从累积脉冲响应来看，正向短期信贷冲击对不良贷款率的总体影响仍是正的，即短期信贷增加会恶化不良贷款率。

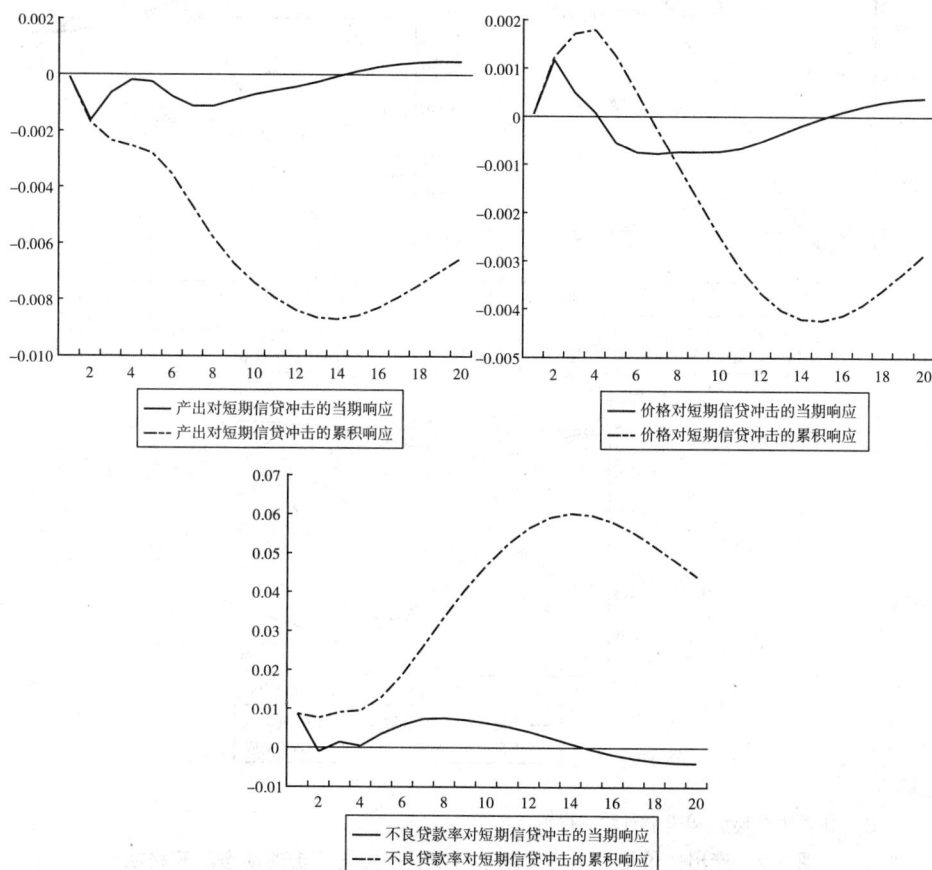

注：作者使用 Eviews9.0 软件绘制得到。

图 5.8　产出、价格、不良贷款率对短期信贷冲击的动态响应路径

图 5.9 显示了产出、价格、不良贷款率对长期信贷冲击的动态响应路径。从产出来看：正向中长期信贷冲击的影响比较复杂，但是与短期信贷不同的是，正向中长期信贷冲击一开始会促进产出增长，之后虽然出现震荡；但从累积脉冲响应来看，正向中长期信贷冲击对产出的影响仍然是正的，即中长期信贷增加有助于产出增长。从价格来看：与短期信贷不同，正向中长期信贷冲击一开始会抑制价格上涨，之后正负回荡；从累积脉冲响应来看，正向中长期信贷冲击在前期显著地抑制了价格上升、在后期小幅促进了价格上升。从不良贷款率来看：正向中长期信贷冲击在前期会降低不良贷款率、在后期会提高不良贷款率；从累积脉冲响应来看，中长期信贷增加有助于改善不良贷款率状况。

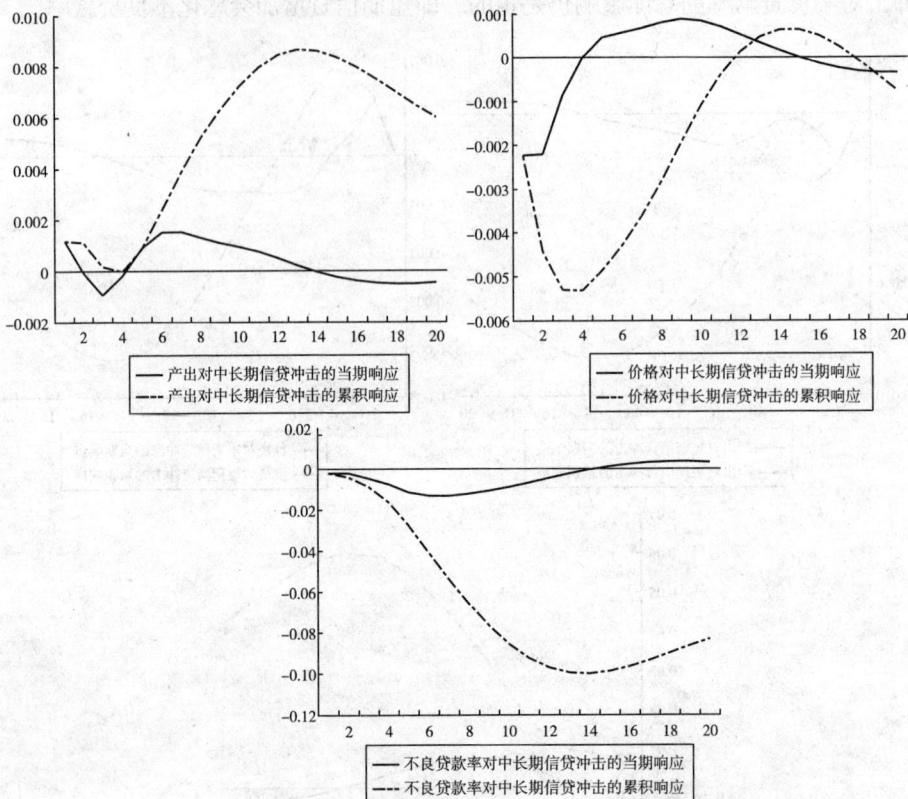

注：作者使用 Eviews9.0 软件绘制得到。

图 5.9　产出、价格、不良贷款率对中长期信贷冲击的动态响应路径

三、分行业信贷的经济效应检验

在 Wind 数据库中，除房地产外，其他行业的信贷数据只有 2010—2014 年的年度数据，样本量太小，难以进行计量检验。为此，采用 16 家上市银行的季度行业信贷数据，通过加总以近似代表总体[①]，房地产行业的信贷数据则直接采用总体数据。其中，部分季度的缺失数据采用线性插值法进行补充，样本区间为 2009 年第一季度至 2016 年第二季度。

────────────

[①]　囿于整体行业信贷数据的可得性，本书采用 16 家上市银行的行业信贷加总数据进行替代分析，这一做法虽然存在一定的误差，但 16 家上市银行的资产规模在中国银行业中占有较大比例、具有较强的代表性，其信贷投放变化在很大程度上可以反映中国银行业整体信贷规模的变动，因此采用 16 家上市银行的加总数据进行计量分析。

Wind 数据库上市银行子库中提供了 11 个大类行业的信贷数据，除房地产外，只有制造业，电力、燃气及水的生产和供应业（以下简称电、燃、水业），交通运输、仓储和邮政业（以下简称交、仓、邮业）这 3 个行业的数据为 16 家上市银行所共有，因此选择以上四个行业进行分析。经季节调整后，四大行业信贷的原序列、趋势性成分、周期性成分如下图 5.10 所示。

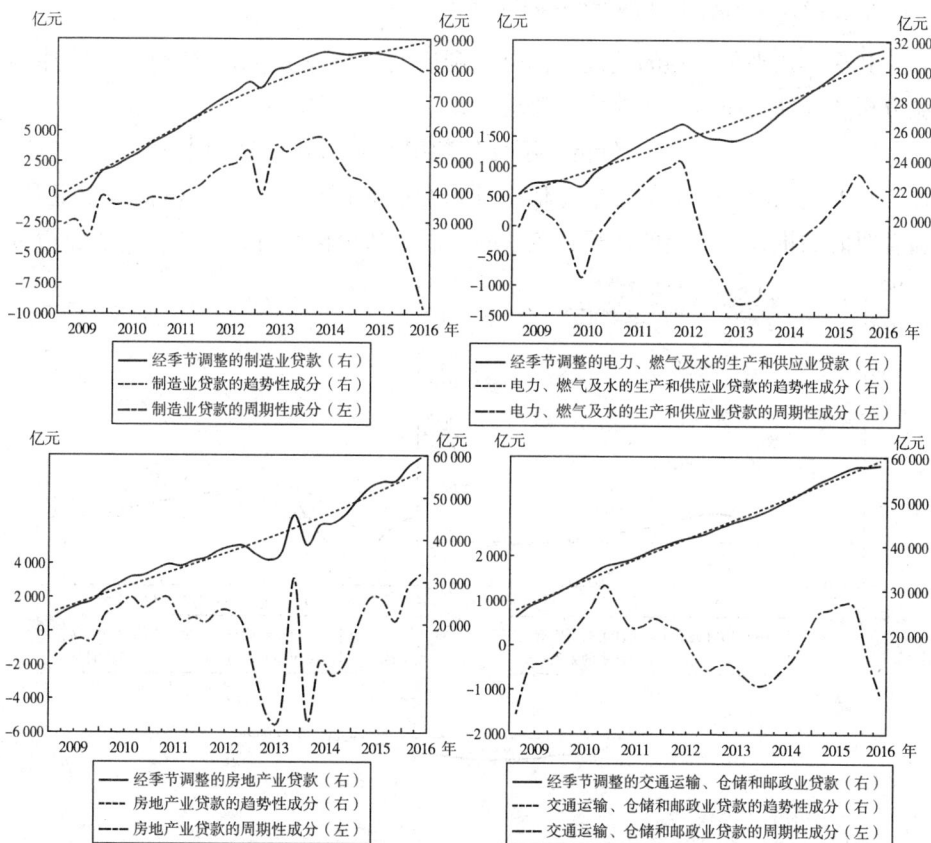

注：作者使用 Eviews9.0 软件绘制得到。

图 5.10　四大行业贷款余额的 HP 滤波分解

再经式（5.1）剔除量纲影响，所得序列的平稳性检验结果如表 5.4 所示。

表 5.4　　　　　　　　　**变量的平稳性检验（ADF 方法）**

变量	滞后阶数选择准则	滞后阶数	P 值
制造业贷款	SIC	0	0.3028
制造业贷款一阶差分	SIC	1	0.0194

变量	滞后阶数选择准则	滞后阶数	P 值
电、燃、水业贷款	SIC	1	0.0076
房地产业贷款	SIC	0	0.0017
交、仓、邮业贷款	SIC	1	0.0686

注：表中结果由作者根据 Eviews9.0 软件计算得到。

其次，在平稳序列的基础上，分别利用四个行业的 VAR 模型进行脉冲响应分析，脉冲响应函数的滞后阶数均为 2。

图 5.11 显示了产出、价格、不良贷款率对制造业信贷冲击的动态响应路径。从产出来看，正向的制造业信贷冲击会引起产出从当期开始就持续上升，随着时间的推移，产出的增长效应不断减弱。从价格来看，正向的制造业信贷

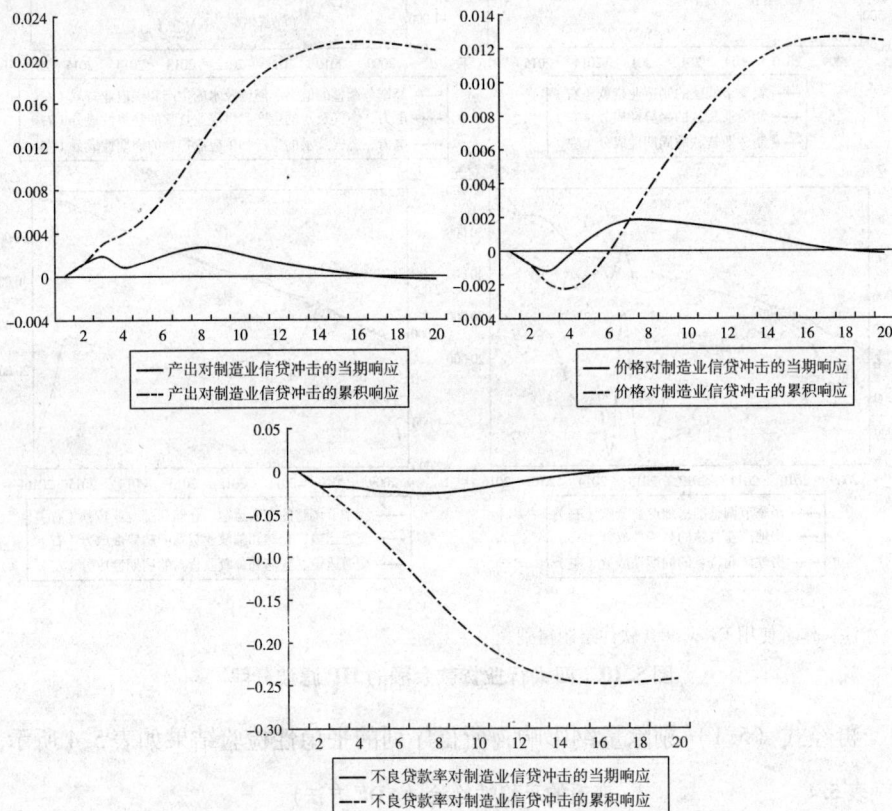

注：作者使用 Eviews9.0 软件绘制得到。

图 5.11　产出、价格、不良贷款率对制造业信贷冲击的动态响应路径

冲击一开始会引起价格下降，从第 5 期开始，价格转向正区间；从累积脉冲来看，正向的制造业信贷冲击对价格的总效应先负后正。从不良贷款率来看，正向的制造业信贷冲击会抑制不良贷款率，有助于改善信贷质量。

图 5.12 显示了产出、价格、不良贷款率对电、燃、水业信贷冲击的动态响应路径。从产出来看，正向的电、燃、水业信贷冲击在初期会促进产出增长，但之后的影响并不稳定，会有一些波动；从累积脉冲来看，正向的电、燃、水业信贷冲击对产出的影响是正向的，但影响效果要弱于制造业信贷。从价格来看，与产出的波动类似，正向的电、燃、水业信贷冲击在初期会提高价格，但之后的影响并不稳定，会有一些波动；从累积脉冲来看，正向的电、燃、水业信贷冲击对价格的影响是正向的，但影响效果同样要弱于制造业信贷。从不良贷款率来看，正向的电、燃、水业信贷冲击在一开始会提高不良贷款率，之后转为抑制；从累积脉冲来看，总效应是先正后负，但总体影响效果

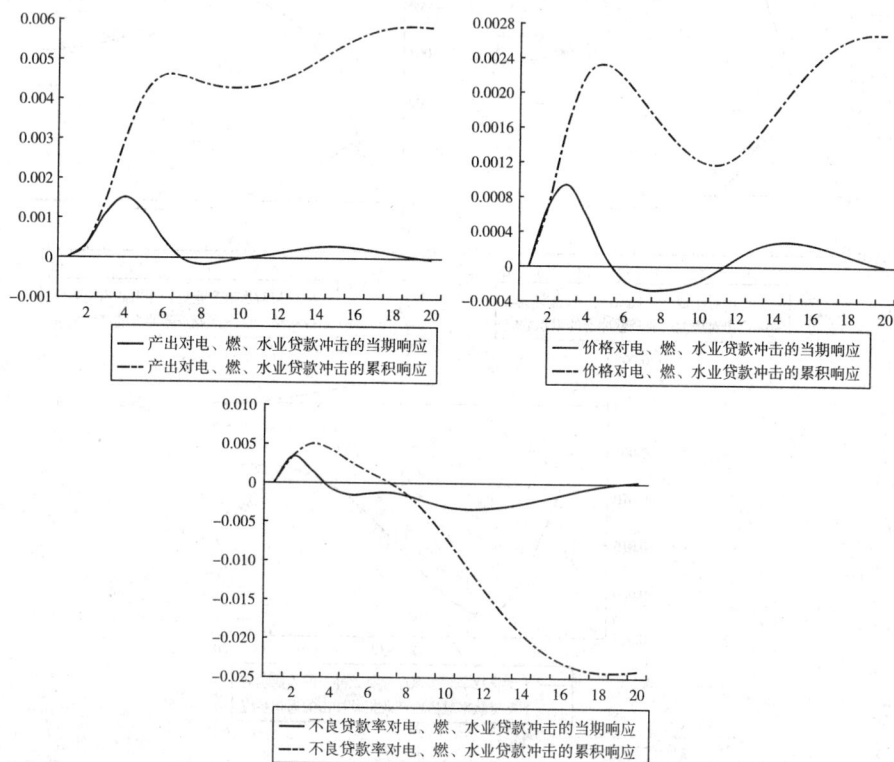

注：作者使用 Eviews9.0 软件绘制得到。

图 5.12 产出、价格、不良贷款率对电、燃、水业信贷冲击的动态响应路径

要明显逊于制造业信贷。

　　图 5.13 显示了产出、价格、不良贷款率对房地产业信贷冲击的动态响应路径。从产出来看，正向的房地产业信贷冲击对产出的影响是先正后负；从累积脉冲来看，总体影响为正，但效果要比制造业信贷和电、燃、水业信贷都要低。从价格来看，其具体响应路径与产出十分相似，正向的房地产业信贷冲击对价格的影响是先正后负；从累积脉冲来看，总体影响为正，但效果要低于制造业信贷而高于电、燃、水业信贷。从不良贷款率来看，与电、燃、水业信贷的影响路径正好相反，正向的房地产业信贷冲击对不良贷款率的影响是先负后正，但累积影响是持续为负的，总体影响效果稍逊于电、燃、水业信贷，但与制造业信贷相差甚远。

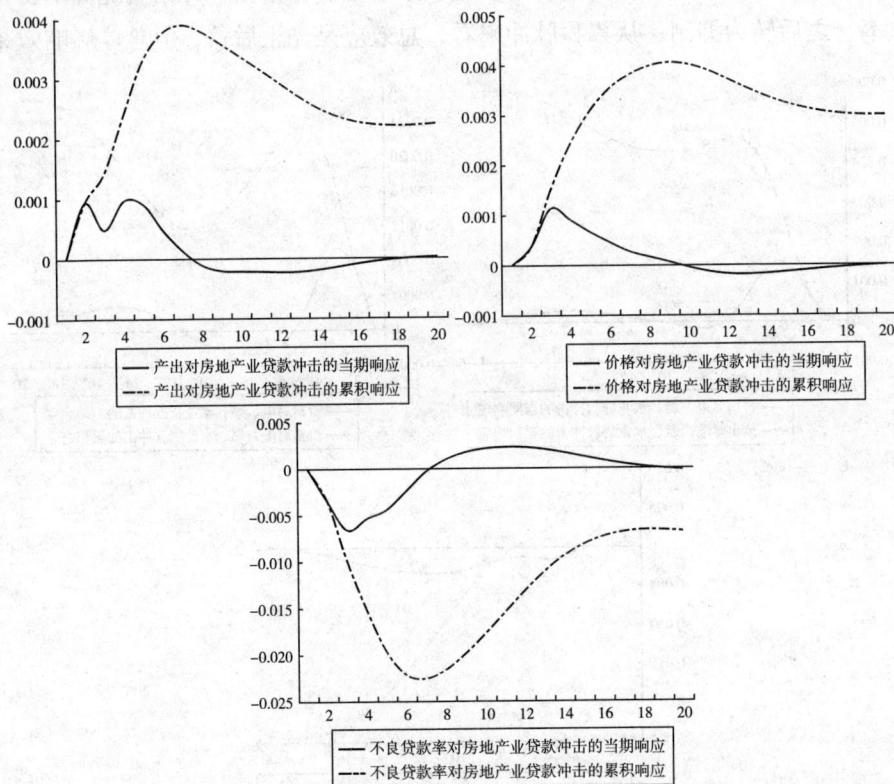

产出对房地产业贷款冲击的当期响应
产出对房地产业贷款冲击的累积响应

价格对房地产业贷款冲击的当期响应
价格对房地产业贷款冲击的累积响应

不良贷款率对房地产业贷款冲击的当期响应
不良贷款率对房地产业贷款冲击的累积响应

注：作者使用 Eviews9.0 软件绘制得到。

图 5.13　产出、价格、不良贷款率对房地产业信贷冲击的动态响应路径

　　图 5.14 显示了产出、价格、不良贷款率对交、仓、邮业信贷冲击的动态

响应路径。从产出来看，其具体响应路径与电、燃、水业信贷类似，正向的交、仓、邮业信贷冲击在初期会促进产出增长，但之后的影响并不稳定，会有一些波动；但从累积脉冲来看，正向的交、仓、邮业信贷冲击对产出的影响是先正后负的，这与其他三个行业的信贷冲击效果存在较大差异，正向的交、仓、邮业信贷冲击对产出的最终累积效果是负的，说明增加交、仓、邮业信贷反而抑制了产出增长。从价格来看，其具体响应路径与产出十分相似，与其他三个行业的信贷冲击效果也存在明显差异。从不良贷款率来看，正向的交、仓、邮业信贷冲击会提高不良贷款率、恶化信贷质量，这与其他三个行业的信贷冲击效果亦不相同。

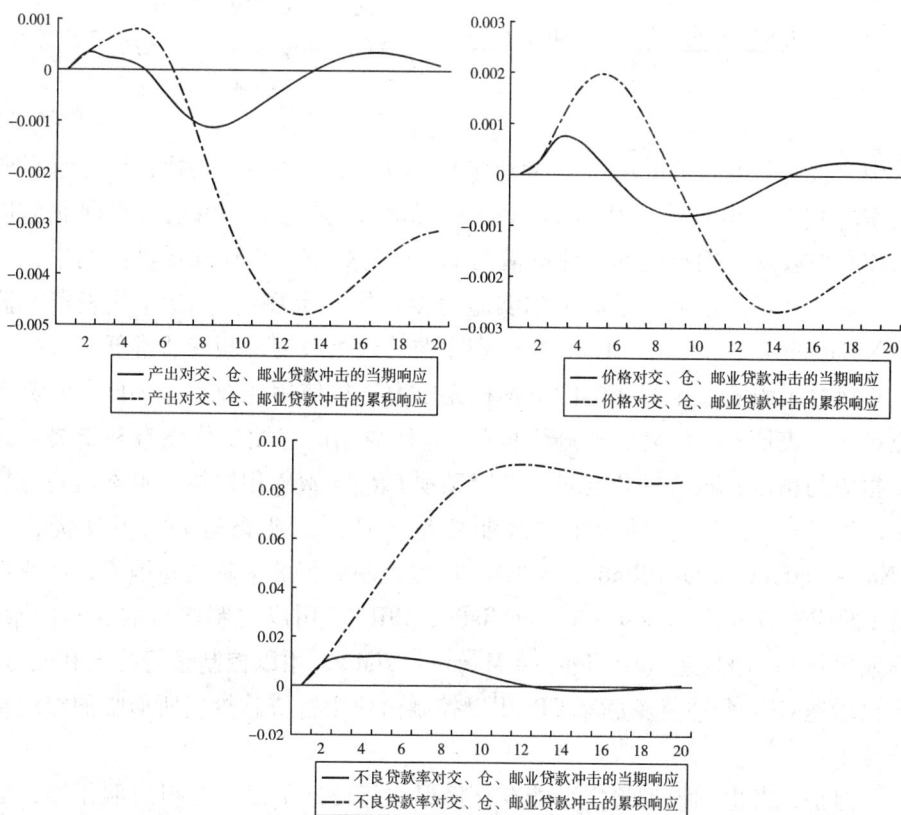

注：作者使用 Eviews9.0 软件绘制得到。

图 5.14　产出、价格、不良贷款率对交、仓、邮业信贷冲击的动态响应路径

第二节　资本监管与货币政策对信贷的影响分析

一、资本监管与货币政策对总量信贷的影响

（一）模型设计

为研究资本监管与货币政策对信贷总量的影响，本书在魏巍等（2016）、李楠等（2013）的基础上，首先设计如下基准模型：

$$\underbrace{Loan_{i,t}}_{\text{被解释变量}} = \underbrace{\beta_1 MP_t + \beta_2 CR_{i,t} + \beta_3 CR_{i,t} \times MP_t}_{\text{核心解释变量}} + \underbrace{\begin{array}{c} \gamma_1 NPL_{i,t} + \gamma_2 CIR_{i,t} + \\ \gamma_3 NIM_{i,t} + \gamma_4 GDP_t + \gamma_5 CPI_t \end{array}}_{\text{控制变量}} + \underbrace{u_i + \varepsilon_{j,t}}_{\text{扰动项}}$$

（5.3）

其中，被解释变量 $Loan_{i,t}$ 代表商业银行 i 的总量贷款余额增速；核心解释变量 MP_t 代表货币政策（Monetary Policy，MP），在此主要用银行间同业拆借隔夜利率表示，银行间的同业拆借利率被认为是市场化程度最高的利率，可以较好地表示价格型货币政策的实施力度；核心解释变量 $CR_{i,t}$ 代表资本监管（Capital Regulation，CR），由于资本监管政策改变的频率非常低，数据变化难以显示出商业银行真实的资本补充压力，故使用商业银行 i 自身的资本充足率来表征资本监管的实施力度[①]，此外数据的连续变化也有利于提高计量检验的精度；核心解释变量中的交叉项 $CR_{i,t} \times MP_t$ 用以捕捉资本监管与货币政策的交互效应。模型中的控制变量包括：商业银行 i 的不良贷款率（Non‑performing Loan Ratio，NPL），用以控制银行的信贷风险因素；商业银行 i 的成本收入比（Cost‑income Ratio，CIR），用以控制银行的成本因素；商业银行 i 的净息差（Net Interest Margin，NIM），用以控制银行的盈利能力；产出增速 GDP 和通货膨胀率 CPI 用以控制商业银行贷款投放所面临的宏观经济环境。

但是，考虑到模型设定可能存在偏误，还设计了以下三组对照模型，以便更加全面、客观地分析资本监管与货币政策对信贷的影响。考虑到信贷是

---

① 通过在控制变量中加入反映商业银行自身特征的变量，以尽可能消除资本充足率监管受银行个体特征的影响。当前，许多文献采用银行实际资本充足率与最低监管要求之差表示商业银行受到的资本监管压力，这与本书的处理没有根本区别，最关键的仍然是通过控制变量来消除资本监管中的银行个体特征因素影响。

推动中国经济的主要金融资源，货币政策无论是使用价格型工具还是数量型工具，无论是借助利率渠道、货币渠道还是信贷渠道等发挥作用，最终都会对信贷产生影响，从而影响价格和产出等最终目标，因此在直觉上，货币政策对信贷的影响应该是比较直接和显著的。而资本监管虽然也会对商业银行的信贷产生影响，但效果可能并不如货币政策那么直接、显著。原因在于，资本监管的根本目标是抑制商业银行的风险，信贷风险只是其中之一，因此资本监管的调整难以直接作用于信贷，商业银行可以通过调整大类资产之间的配置策略来部分规避资本监管，从而可能使资本监管对信贷的直接影响效果大打折扣。另外，资本监管标准的变动又确实会对商业银行的信贷投放等业务经营产生影响，特别是在资本补充压力较大的时候，此时货币政策收紧带来的抑制效果可能会超过商业银行资本相对充足的时期。因此，资本充足率对信贷的影响很可能需要借由货币政策的变动来体现，基于上述考虑，设计模型（5.4）至模型（5.6）以进一步甄别资本监管影响信贷的作用机制。

$$\underset{\text{被解释变量}}{Loan_{i,t}} = \underset{\text{核心解释变量}}{\beta_1 MP_t + \beta_2 CR_{i,t}} + \underset{\text{控制变量}}{\gamma_1 NPL_{i,t} + \gamma_2 CIR_{i,t} + \gamma_3 NIM_{i,t} + \gamma_4 GDP_t + \gamma_5 CPI_t} + \underset{\text{扰动项}}{u_i + \varepsilon_{i,t}}$$

$$(5.4)$$

$$\underset{\text{被解释变量}}{Loan_{i,t}} = \underset{\text{核心解释变量}}{\beta_1 MP_t + \beta_2 CR_{i,t} \times MP_t} + \underset{\text{控制变量}}{\gamma_1 NPL_{i,t} + \gamma_2 CIR_{i,t} + \gamma_3 NIM_{i,t} + \gamma_4 GDP_t + \gamma_5 CPI_t} + \underset{\text{扰动项}}{u_i + \varepsilon_{i,t}}$$

$$(5.5)$$

$$\underset{\text{被解释变量}}{Loan_{i,t}} = \underset{\text{核心解释变量}}{\beta_1 MP_t} + \underset{\text{控制变量}}{\gamma_1 NPL_{i,t} + \gamma_2 CIR_{i,t} + \gamma_3 NIM_{i,t} + \gamma_4 GDP_t + \gamma_5 CPI_t} + \underset{\text{扰动项}}{u_i + \varepsilon_{i,t}} \qquad (5.6)$$

相对于模型（5.3），模型（5.4）剔除了交叉项 $CR_{i,t} \times MP_t$，以考察在排除借由货币政策渠道发挥影响信贷的作用机制后，资本监管独立影响信贷的效果如何。相对于模型（5.3），模型（5.5）保留了交叉项 $CR_{i,t} \times MP_t$，剔除了 $CR_{i,t}$，以考察资本监管如何借助货币政策渠道发挥影响信贷的作用机制。模型（5.6）的核心解释变量只保留了 MP_t，目的在于与模型（5.4）、模型（5.5）进行比较，探讨资本监管的不同引入方式对货币政策调控信贷的具体影响。

（二）样本与指标选取

1. 样本选取。本书选择中国16家上市银行（中国工商银行、中国农业银行、中国银行、中国建设银行、交通银行、招商银行、中信银行、民生银行、浦发银行、北京银行、华夏银行、光大银行、平安银行、兴业银行、南京银行、宁波银行）时间跨度为 2008 年第一季度至 2016 年第三季度的季度面板数据。

样本筛选遵循如下数据可得性和数据代表性原则：上述 16 家上市银行均为全国性的大中型商业银行，各行资产规模在整个银行业中均名列前茅，总资产规模在全部银行业资产规模中占有较大比重，具有较高的代表性，并且由于均为上市银行，相关数据可得性相对较强，这些也是当前众多关于银行业研究的文献经常使用 16 家上市银行数据的重要原因；此外，国有大型商业银行在 2007 年前后通过剥离不良资产和资本补充等手段，先后成功上市，许多财务指标出现了剧烈变化，因此使用 2008 年以来的数据可以避免数据的结构性带来的影响。

2. 指标选取

（1）贷款余额增速：通过各家银行的贷款余额存量计算得到，数据来源于 Wind 数据库，其中中国农业银行、兴业银行、招商银行、光大银行、华夏银行、北京银行、南京银行和宁波银行的数据存在少部分缺失，在利用线性插值方法进行合理补充后，剩余缺失数据非常之少，对回归分析基本没有影响。[①]

（2）利率：通过银行间同业拆借隔夜利率的月度数据进行算数平均计算得到，数据来源于中经网统计数据库。银行间市场由于交易规模大、交易频率高、交易自主性强，其形成的利率通常具有很高的市场化水平，货币政策松紧变化往往会造成银行间市场利率出现显著波动，反映了货币政策对各家商业银行流动性以及资金使用成本等的影响，因而银行间市场利率波动可以较好地反映货币政策松紧变化程度[②]。银行间同业拆借利率被认为是目前我国市场化程度最高的利率，而隔夜利率是其中交易规模最大的品种，自 2008 年以来，银行间同业拆借市场上交易期限为 1 天的交易量在大部分时间里都占到总交易量的 80% 以上，最高时突破 90%，最低时也超过了 60%。因此，银行业拆借市场的超短期交易特征十分显著，隔夜利率是能有效反映这一市场交易情况的良好指标。

（3）资本充足率：目前中国银行业的资本充足率计算方法主要依据自

---

① 在使用线性插值方法补充数据的过程中，仅对非连续缺失数据进行插值。以北京银行为例，在 Wind 数据库中该行大部分缺失数据为第三季度值，因此可以通过取当年度第二和第四季度的平均值作为对第三季度的近似代替；而极少部分数据如中国农业银行，存在连续三个季度数据缺失的情况，此时保留缺失值。

② 银行间市场由同业拆借市场、票据市场、债券市场、外汇市场、黄金市场等构成。

2013 年 1 月 1 日起施行的《商业银行资本管理办法（试行）》（简称《新办法》），但由于新规实施的时间太短，无法满足计量分析的需要，因此仍使用 2004 年起施行的原《商业银行资本充足率管理办法》（简称《老办法》）中关于资本充足率的计算方法，数据主要来源于 Wind 数据库，少部分取自同花顺数据库。对于 2013 年以来《老办法》下的资本充足率缺失值，使用《新办法》下的数据近似替代①。对于其他非连续的缺失数据，利用线性插值方法进行合理补充。

（4）不良贷款率：数据来源于 Wind 数据库，数据可得性较高，除了中国农业银行和光大银行在 2008 年和 2009 年缺失部分数据外，数据总体较为完整。

（5）成本收入比：数据来源于 Wind 数据库，数据质量与缺失值分布情况与不良贷款率基本一致。

（6）净息差：数据来源于 Wind 数据库，数据质量与缺失值分布情况与不良贷款率基本一致。

（7）产出增速：使用国内生产总值（GDP）季度环比实际增速表示，数据来源于中经网统计数据库。由于季度 GDP 环比实际增速数据自从 2010 年第四季度起公布，因此利用如下公式补充计算 2008 年第一季度至 2010 年第三季度的缺失数据：

第 Y 年第 Q 季度 GDP 环比增速 = 第 Y + 1 年第 Q 季度 GDP 环比增速 ×
第 Y + 1 年第 Q – 1 季度 GDP 同比增速/第 Y + 1 年第 Q 季度 GDP 同比增速

（8）通货膨胀率：使用居民消费价格指数（CPI）季度环比增速表示，数据来源于中经网统计数据库。由于季度 CPI 环比增速数据只有月度和年度数据，因此需要利用月度数据合成相应的季度数据。具体做法是：将 2007 年 12 月的价格定基为 1，通过月度环比 CPI 数据可以换算得到 2008 年 1 月至 2016 年 9 月的各月定基价格，再计算出每年 3 月、6 月、9 月、12 月的定基价格相对上一个季度末定基价格的变化率，由此即可得到以 2007 年 12 月为基期的 CPI 季度环比增速，以此作为经济中通货膨胀率的代理变量。

3. 回归结果与分析。在控制了个体固定效应和时间固定效应的基础上，对模型（5.3）至模型（5.6）［下文简称模型（1）～（4）］进行回归，具体回归结果见表 5.5。

---

① Wind 数据库给出了部分 2013 年以来按照《老办法》计算得到的资本充足率数据，这又进一步弥补了近似替代所带来的不精确问题。

表5.5 　　　　　　　　资本监管与货币政策对信贷总量影响的回归结果

	模型（5.3）	模型（5.4）	模型（5.5）	模型（5.6）
MP	-0.2524**	-0.2731**	-0.2586**	-0.3101**
	(-2.31)	(-2.43)	(-2.33)	(-2.74)
CR	0.0032	-0.0008		
	(0.70)	(-0.94)		
CR×MP	-0.0019		-0.0007**	
	(-1.02)		(-2.34)	
NPL	-0.0087**	-0.0079*	-0.0084*	-0.0076*
	(-2.52)	(-1.79)	(-2.12)	(-1.84)
CIR	-0.0004	-0.0004	-0.0004	-0.0004
	(-0.68)	(-0.59)	(-0.67)	(-0.62)
NIM	0.0025	0.0027	0.0030	0.0020
	(0.35)	(0.36)	(0.42)	(0.29)
GDP	0.0171	0.0164	0.0162	0.0189*
	(1.62)	(1.56)	(1.48)	(1.79)
CPI	0.4913*	0.4774*	0.4741*	0.5001*
	(1.93)	(1.85)	(1.81)	(1.97)
个体固定效应	已控制	已控制	已控制	已控制
时间固定效应	已控制	已控制	已控制	已控制
组内 R^2	0.5046	0.5011	0.5028	0.5007

注：表中结果由作者使用 Stata14.0 软件得出，少部分系数由于在保留四位有效数字后显示为相同，实际上仍存在差别，特此说明；另外，表中括号内为对应变量前面系数的 t 值，＊＊＊、＊＊、＊分别代表 1%、5%、10% 的显著性水平；下同。

从模型（5.3）的回归结果来看：货币政策对信贷具有显著负向影响，货币政策紧缩 1 个单位会导致信贷相应收缩 0.2524 个单位，原因在于货币政策紧缩提高了银行间市场的利率水平，从而增加了商业银行的资金使用成本，在提供相同水平的贷款时，商业银行会索取更高的利率以弥补成本提高带来的影响，导致信贷供给曲线收缩，均衡信贷水平下降；而资本监管、资本监管与货币政策的交互项对信贷的影响并不显著，这一方面可能表明资本监管对信贷的影响并不那么具有显著效果，另一方面也不能排除是由于模型设定的原因，因此还需要进行模型间的比对分析；从控制变量来看，不良贷款率、成本收入比、净息差、产出增速以及通货膨胀率对信贷的影响方向与预期的完全一致，其中不良贷款率和通货膨胀率的影响系数还较为显著。

从模型（5.4）的回归结果来看：货币政策对信贷的负向影响的程度和显著性水平都比模型（5.3）更高，这可能是由于剔除了资本监管与货币政策的交互项的结果，虽然两者的交互效应在模型（5.3）中并不显著但系数仍为负，剔除这一机制所遗漏的信息很可能转移到了货币政策的系数上；而资本监管对信贷的影响依旧不显著；控制变量方面的表现与模型（5.3）基本一致。

从模型（5.5）的回归结果来看：货币政策对信贷的负向影响依旧显著；同时资本监管与货币政策的交互项对信贷的影响也变得显著且方向为负，通过与模型（5.3）、模型（5.4）进行比较，可知资本监管强化了货币政策的信贷调控效果，可以认为资本监管更多的是借由货币政策来发挥其对信贷的影响，即随着资本监管标准的不断提高，货币政策紧缩带来的信贷收缩效果越发强烈，这是因为资本监管压力的提高在促使商业银行采用"分母策略"的同时还会增加"分子策略"的使用，即直接补充资本金，导致商业银行的可贷资金减少，资金的相对使用成本就更加高昂，由此进一步强化了货币政策紧缩带来的效果①；控制变量方面的表现与模型（5.3）和模型（5.4）基本一致。

从模型（5.6）的回归结果来看：货币政策对信贷的负向影响的程度和显著性水平在所有模型中都是最高的，货币政策紧缩1个单位会导致信贷相应收缩0.3101个单位，这是因为模型剔除了资本监管的影响，从而强化了货币政策对信贷的影响效果，这从侧面也反映出资本监管对信贷应该具有负向影响，通过与模型（5.5）进行比对，进一步证实了资本监管会强化紧缩性货币政策导致的信贷收缩效果这一观点；在控制变量方面，模型（5.6）的整体表现比模型（5.3）、模型（5.4）、模型（5.5）更好一些，主要表现在产出增速前的系数变得显著。

综合上述分析，可以发现货币政策与资本监管都会对信贷产生负向影响，但是两者的作用方式存在明显区别。紧缩性的货币政策可以直接引发信贷收缩，而资本监管标准的提高无法直接、显著地作用于信贷，必须借由货币政策变动才能发挥效果。因此，可以认为在中国，货币政策是更有效的调节信贷的工具，货币政策紧缩可以直接、显著地促使信贷收紧，而独立使用资本监管工具来抑制信贷投放的效果并不显著，在使用货币政策的同时配合使用资本监管

---

① "分母策略"是指，从资本充足率计算公式的分母角度，通过降低风险资产总额来达到提高资本充足率的目的。主要手段是优化资产结构，降低风险权重高的资产在总资产中所占比重，还可以从压缩资产规模的角度来着手。"分子策略"是指，从资本充足率计算公式的分子角度，通过直接增加资本来达到提高资本充足率的目的。主要手段包括内源融资和外源融资，内源融资主要通过利用未分配利润来转增资本，外源融资主要通过发行普通股、优先股、资本型票据等来增加资本。

工具，可以起到强化调控效果的作用。

4. 稳健性检验。本部分的任务是对上述模型的回归结果进行稳健性检验，主要是在回归分析中对核心变量货币政策和资本监管的代理变量进行替换。

对于货币政策，上文采用的是银行间同业拆借隔夜利率，在稳健性检验中将其替换为银行间隔夜买断式回购利率，数据来源于 CCER 经济金融数据库。与银行间拆借市场一样，银行间回购市场的交易规模和交易频率也十分可观，对货币政策的松紧变化十分敏感。一般认为银行间隔夜质押式回购利率是回购利率中的基准性利率，但是限于 CCER 经济金融数据库提供的银行间隔夜质押式回购利率缺失值较多，因此采用银行间隔夜买断式回购利率作为货币政策的代理变量，通过简单的统计分析，发现银行间隔夜买断式回购利率水平整体上要略高于银行间隔夜质押式回购利率，但是二者的变动趋势十分相似，相关系数高达 0.9726，因此可以替代。采用银行间回购利率作为货币政策代理变量的稳健性检验结果见表 5.6。

表 5.6　　　　　　　　　　稳健性检验 I：银行间回购利率

	模型（1）	模型（2）	模型（3）	模型（4）
MP	−0.0234 ***	−0.0225 ***	−0.0232 ***	−0.0223 ***
	（−5.43）	（−6.33）	（−6.06）	（−6.09）
CR	0.0011	−0.0008		
	（0.42）	（−0.96）		
$CR \times MP$	−0.0008		−0.0005 **	
	（−1.01）		（−2.23）	
NPL	−0.0082 **	−0.0077 *	−0.0082 *	−0.0074 *
	（−2.21）	（−1.77）	（−2.11）	（−1.82）
CIR	−0.0004	−0.0004	−0.0004	−0.0004
	（−0.64）	（−0.55）	（−0.64）	（−0.58）
NIM	0.0030	0.0029	0.0032	0.0023
	（0.41）	（0.40）	（0.44）	（0.33）
GDP	0.0574 **	0.0463 **	0.0529 ***	0.0503 ***
	（2.87）	（2.93）	（3.28）	（3.19）
CPI	−0.5050	−0.3906	−0.4602	−0.4436
	（−1.28）	（−1.14）	（−1.34）	（−1.22）
个体固定效应	已控制	已控制	已控制	已控制
时间固定效应	已控制	已控制	已控制	已控制
组内 R^2	0.5050	0.5032	0.5047	0.5028

注：表中结果由作者使用 Stata14.0 软件得出。

　　将表5.6与表5.5的结果进行比对，可以发现所有核心解释变量和大部分控制变量前面的系数的方向和显著性水平都基本没有发生变化，这在一定程度上表明了前文的回归结果是比较稳健的。

　　对于资本监管，上文采用的是资本充足率指标，在稳健性检验中将其替换为核心资本充足率（又称一级资本充足率），数据来源于 Wind 数据库和同花顺数据库，对于非连续缺失的数据，使用线性插值方法进行合理补充。核心资本是银行资本中最重要的组成部分，由于核心资本充足率监管对商业银行的权益性资本和公开储备具有很高要求，因此核心资本充足率变化对商业银行的盈利水平和竞争力的影响要高于一般的资本充足率，也更能刻画商业银行的资本补充压力。采用核心资本充足率作为资本监管代理变量的稳健性检验结果见表5.7。

表 5.7　　　　　　　　　　稳健性检验 II：核心资本充足率

	模型（1）	模型（2）	模型（3）	模型（4）
MP	-0.3586** (-2.72)	-0.3662** (-2.69)	-0.3494** (-2.63)	-0.3101** (-2.74)
CR	0.0044 (0.93)	-0.0008 (-0.66)		
$CR \times MP$	-0.0026 (-1.31)		-0.0009** (-2.88)	
NPL	-0.0105** (-2.59)	-0.0085 (-1.62)	-0.0098* (-1.96)	-0.0076* (-1.84)
CIR	-0.0004 (-0.66)	-0.0004 (-0.58)	-0.0004 (-0.61)	-0.0004 (-0.62)
NIM	0.0013 (0.13)	0.0035 (0.33)	0.0042 (0.41)	0.0020 (0.29)
GDP	0.0213 (1.67)	0.0176 (1.46)	0.0172 (1.38)	0.0189* (1.79)
CPI	0.7537*** (3.04)	0.6782** (2.94)	0.6665** (2.79)	0.5001* (1.97)
个体固定效应	已控制	已控制	已控制	已控制
时间固定效应	已控制	已控制	已控制	已控制
组内 R^2	0.5129	0.5056	0.5089	0.5007

注：表中结果由作者使用 Stata14.0 软件得出。

与表 5.6 相似,将表 5.7 与表 5.5 的结果进行比对,可以发现所有核心解释变量和大部分控制变量前面的系数的方向和显著性水平亦都基本没有发生变化,这在一定程度上也证实了前文的回归结果是比较稳健的。

进一步,将货币政策和资本监管的代理变量同时替换,进行稳健性分析。表 5.8 的结果显示所有核心解释变量和大部分控制变量前面的系数的方向和显著性水平基本没有发生明显变化,再次支持了前面的回归结果。

表 5.8   稳健性检验Ⅲ:银行间回购利率和核心资本充足率

	模型(1)	模型(2)	模型(3)	模型(4)
MP	− 0.0127 * (− 1.94)	− 0.0224 *** (− 8.15)	− 0.0171 *** (− 4.44)	− 0.0223 *** (− 6.09)
CR	0.00173 (0.65)	− 0.000853 (− 0.72)		
CR × *MP*	− 0.00116 (− 1.41)		− 0.000690 ** (− 2.45)	
NPL	− 0.00958 * (− 2.13)	− 0.00842 (− 1.62)	− 0.00943 * (− 1.94)	− 0.00742 * (− 1.82)
CIR	− 0.000358 (− 0.56)	− 0.000332 (− 0.52)	− 0.000351 (− 0.54)	− 0.000355 (− 0.58)
NIM	0.00282 (0.28)	0.00385 (0.36)	0.00412 (0.41)	0.00225 (0.33)
GDP	− 10.43 (− 0.92)	− 10.38 (− 0.93)	− 10.09 (− 0.86)	− 10.19 (− 1.25)
CPI	− 146.6 (− 0.91)	− 145.8 (− 0.92)	− 141.7 (− 0.86)	− 143.1 (− 1.25)
个体固定效应	已控制	已控制	已控制	已控制
时间固定效应	已控制	已控制	已控制	已控制
组内 R^2	0.5114	0.5078	0.5104	0.5028

注:表中结果由作者使用 Stata14.0 软件得出。

二、资本监管与货币政策对分期限信贷的影响

与上一部分不同的是,由于无法获得上市银行的短期贷款和中长期贷款数据,因此无法运用面板数据模型对相关问题进行分析。[①] 鉴于分期限信贷变量与

---

① Wind 数据库上市银行子库中只提供了工商银行、建设银行和农业银行的短期贷款与中长期贷款数据,由于样本量太少,不具有代表性,因此不使用上市银行面板数据模型来分析问题。

货币政策变量均为时间序列数据，而资本监管变量既有面板数据也有时间序列数据，因此采用时间序列模型分析资本监管与货币政策对分期限信贷的影响。

（一）模型设计

为分析资本监管与货币政策对不同期限信贷的具体影响，分别以短期信贷和中长期信贷为被解释变量，以货币政策变量和资本监管变量为主要解释变量。另外，参考盛天翔和范从来（2012）的设置，将滞后一期的信贷作为解释变量纳入回归方程。回归模型的设计分为两个部分：首先，构建固定系数模型，利用 OLS 和 GMM 方法估计系数，从整体上判断货币政策与资本监管对样本期内信贷的影响效果；其次，构建时变系数模型，通过表示成状态空间模型的形式以利用 Kalman 滤波方法估计时变系数，进一步分析货币政策与资本监管对信贷的影响效果在样本期内随时间变化的趋势。

1. 固定系数模型：采用多元线性回归方程模型表示。具体设定形式如下：

$$\begin{cases} Sloan_t = C_1 + \alpha_{1t} \times Sloan_{t-1} + \alpha_{2t} \times MP_t + \alpha_{3t} \times CR_t + \varepsilon_{1t} \\ Lloan_t = C_2 + \beta_{1t} \times Lloan_{t-1} + \beta_{2t} \times MP_t + \beta_{3t} \times CR_t + \varepsilon_{2t} \end{cases} \quad (5.7)$$

其中，$Sloan_t$ 表示短期信贷，$Lloan_t$ 表示长期信贷，MP_t 表示货币政策，CR_t 表示资本监管，C 是截距项，ε_t 为扰动项。

2. 时变系数模型：采用状态空间模型方程表示，表示成这种形式的好处在于可以运用 Kalman 滤波对时变参数进行求解[①]。状态空间模型在形式上由信号方程和状态方程构成，其中信号方程也叫做量测方程，用于反映被解释变量与解释变量之间的关系，设定与相应的固定系数模型类似，状态方程用来刻画信号方程中被解释变量前面系数的依时间变化过程，一般设定为服从一阶Markov 过程。具体设定形式如下：

$$\begin{cases} 信号方程: Sloan_t = C_1 + \alpha_{1t} \times Sloan_{t-1} + \alpha_{2t} \times MP_t + \alpha_{3t} \times CR_t + \varepsilon_{1t} \\ 状态方程: \alpha_{it} = C_{i1} + \eta_i \times \alpha_{it-1} + [var = \exp(\mu_{it})], i = 1,2,3 \\ 信号方程: Lloan_t = C_2 + \beta_{1t} \times Lloan_{t-1} + \beta_{2t} \times MP_t + \beta_{3t} \times CR_t + \varepsilon_{2t} \\ 状态方程: \beta_{it} = C_{i2} + \phi_i \times \beta_{it-1} + [var = \exp(\nu_{it})], i = 1,2,3 \end{cases}$$

$$(5.8)$$

其中，α_{it} 和 β_{it} 均为信号方程（主回归方程）中随时间变化的系数，通过获取这些系数的依时间变化走势可以更加精确地判断解释变量在样本区间内对被解

---

① Kalman 滤波可在任意时刻，基于所有可得到的信息来计算状态向量，并根据样本信息的逐渐增加，对状态向量进行连续修正，具体原理可参考高铁梅《计量经济分析方法与建模（第二版）》。

释变量的具体影响，这是使用时变系数模型相对固定系数模型的一大优势，η_i 和 ϕ_i 均为状态方程中一阶 Markov 过程的自回归系数，$[\text{var} = \exp(\mu_{it})]$ 和 $[\text{var} = \exp(\nu_{it})]$ 为状态方程中扰动项的方差设定。

（二）样本选取

模型涉及的变量主要包括短期信贷、中长期信贷、货币政策与资本监管。短期信贷与中长期信贷数据来源于 Wind 数据库，货币政策使用银行间同业拆借加权平均利率表示，数据来源于中经网统计数据库，资本监管使用银行业整体资本充足率表示，数据来源于 Wind 数据库。信贷和产出数据均经过平减变为实际值。由于资本充足率数据只从 2009 年开始，且为季度数据，因此样本区间为 2009 年第一季度至 2016 年第三季度。

与前面一样，在进行回归分析前，使用 X-12 方法对变量进行季节调整，再使用 HP 滤波方法剔除变量波动的趋势性成分，并运用式（5.1）去除量纲影响。变量的描述性统计结果如表 5.9 所示。

表 5.9 变量的描述性统计

	短期信贷	中长期信贷	货币政策	资本监管
平均数	0.0002	$-9.57\text{E}-05$	-0.0257	$-6.23\text{E}-05$
中位数	0.0032	-0.0065	-0.0641	0.0014
最大值	0.0870	0.0868	0.4082	0.0620
最小值	-0.0613	-0.1177	-0.3732	-0.0495
标准差	0.0389	0.0433	0.2320	0.0298

注：表中结果由作者根据 Eviews9.0 软件计算得到。

对变量进行单位根检验，结果见表 5.10。由表 5.10 可知，短期信贷、中长期信贷、产出、价格序列的 P 值都低于 10%，拒绝存在单位根的假设，表明变量具有显著的平稳性，可以进行回归分析。

表 5.10 变量的平稳性检验（ADF 方法）

变量	滞后阶数选择准则	滞后阶数	P 值
短期信贷	SIC	1	0.0036
中长期信贷	SIC	3	0.0018
产出	SIC	0	0.0068
价格	SIC	0	0.0129

注：表中结果由作者根据 Eviews9.0 软件计算得到。

（三）回归结果与分析

1. 表5.11显示了固定系数模型的回归结果①。在 GMM 估计中，工具变量集分别为滞后二期的短期信贷、滞后一期的货币政策、滞后一期的资本监管和滞后二期的中长期信贷、滞后一期的货币政策、滞后一期的资本监管。由表5.11可知：（1）中长期信贷的惯性程度低于短期信贷，体现在中长期信贷的一期滞后系数小于短期信贷一期滞后系数，说明中长期信贷对外部力量干预更加敏感；（2）货币政策与资本监管对短期信贷的影响系数均为正，且资本监管的影响力度更大，说明货币政策收紧（提高利率）和资本监管趋严（提高资本充足率）的政策操作反而会引起短期信贷增加，而且提高资本充足率的效果要强于提高利率；（3）货币政策与资本监管对中长期信贷的影响系数均为负，且资本监管的影响力度更大，说明货币政策收紧（提高利率）和资本监管趋严（提高资本充足率）的政策操作会引起中长期信贷减少，而且提高资本充足率的效果要强于提高利率。

表 5.11　　　　　　　　　固定系数模型回归结果：OLS 和 GMM

被解释变量	短期信贷		中长期信贷	
估计方法 主要解释变量	OLS	GMM	OLS	GMM
滞后一期短期信贷	0.9806 (0.0000)	1.1134 (0.0000)		
滞后一期中长期信贷			0.8362 (0.0000)	0.8841 (0.0000)
货币政策	0.0296 (0.0090)	0.0757 (0.0005)	− 0.0400 (0.0053)	− 0.0607 (0.0317)
资本监管	0.1436 (0.0772)	0.3424 (0.0442)	− 0.2931 (0.0066)	− 0.2765 (0.0485)
调整后的 R^2	0.8958	0.7615	0.8273	0.8003

注：表中结果由作者根据 Eviews9.0 软件计算得到，括号内为对应系数的 P 值。

通过上述结果可以发现：同样面临紧缩性政策，短期信贷和中长期信贷的反应方向完全相反；同样是紧缩性政策，货币政策与资本监管的影响力度也存在显著差别。分析原因可能在于：（1）拆借利率提高会增加商业银行维持流

① 在表5.11中，无论是基于 OLS 估计还是 GMM 估计，各主要变量的 P 值都明显低于10%的显著性水平，调整后的拟合优度均达到80%左右，说明模型的整体效果较好、结论比较稳定。

动性的成本，从而迫使商业银行减少中长期信贷投放、增加短期信贷，与此同时，流动性成本增加也间接引起经营成本增加，从而会激励商业银行增加中长期信贷投放以抵补利润的损失，尽管两种力量完全相反，但最终结果表明前者的影响是主要的。（2）资本充足率要求提高迫使商业银行要么提高资本要么减小风险资产权重，根据流动性升水理论，中长期信贷的流动性低于短期信贷，因此相应的风险权重更高，故商业银行可能通过减少中长期信贷、增加短期信贷的方式来降低风险加权资产，当然资本充足率的提高也会增加商业银行的经营成本，从而鼓励商业银行通过承担更高风险来获得更多收益的可能，但实证结果仍然支持第一种渠道的影响。（3）从政策的实施频率上看，资本监管要大大低于货币政策，因而商业银行对资本监管政策的变动可能更加敏感；从政策的针对性来看，资本监管强于货币政策，资本监管立足商业银行的经营风险，而信贷是商业银行最主要的经营资产，货币政策变动受国际、国内各种因素的影响，包括汇率、大宗商品价格冲击、通货膨胀、经济增长、金融稳定等，其针对性明显低于资本监管；从有效性看，商业银行应对货币政策收紧的途径也要多于应对资本监管收紧，由此导致货币政策效应的漏损要多于资本监管。

2. 表 5.12 显示了时变系数模型的回归结果。由表 5.12 可知，两组时变参数模型中主要变量前的系数都十分显著，表明模型的拟合效果不错。

表 5.12　　　　　　　　　　时变系数模型回归结果

	α_{1t}	α_{2t}	α_{3t}	β_{1t}	β_{2t}	β_{3t}
末位状态系数	2.1737 (0.0000)	0.0307 (0.0000)	0.1103 (0.0111)	-1.4392 (0.0000)	0.0347 (0.0000)	-1.6023 (0.0000)
对数似然值	55.3051			9.4948		

注：表中结果由作者根据 Eviews9.0 软件计算得到，括号内为对应系数的 P 值，末位状态系数为样本区间内最近一个时间点对应的系数值。

图 5.15 反映了样本区间内各个时点上，货币政策与资本监管对短期信贷的时变影响系数。由图 5.15 可知：（1）货币政策对短期信贷的影响先负后正，转变的节点是在 2012 年第四季度，在此之前，货币政策对短期信贷的影响力度逐渐减弱，在此之后，力度逐渐增强；（2）资本监管对短期信贷的影响始终为正，但影响力度在不断减弱；（3）从数值上判断，资本监管对短期信贷的影响力度明显高于货币政策。

图 5.16 反映了样本区间内各个时点上，货币政策与资本监管对中长期信

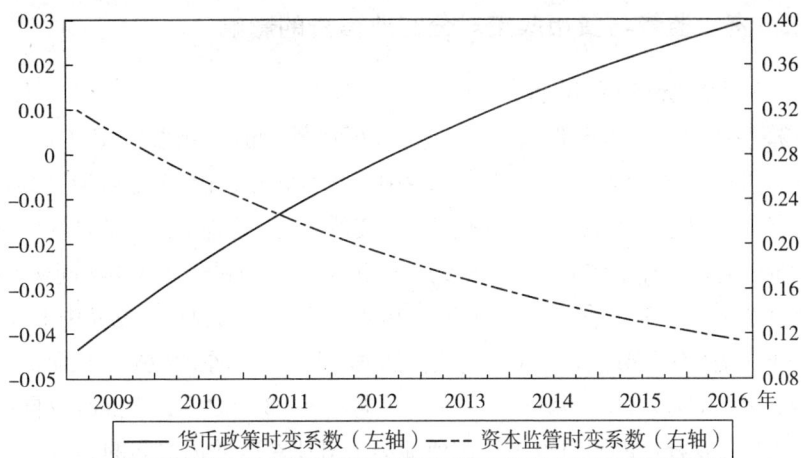

注：作者使用 Eviews9.0 软件绘制得到。

图 5.15　货币政策与资本监管对短期信贷的时变影响

贷的时变影响系数。由图 5.16 可知：（1）货币政策对中长期信贷的影响亦先负后正，但在整个样本区间内显示为负，而对短期信贷的总体影响则为正；（2）资本监管对中长期信贷的影响先正后负，在整个样本区间内显示为负，而对短期信贷的总体影响则为正；（3）从数值上判断，资本监管对短期信贷的影响力度明显高于货币政策。

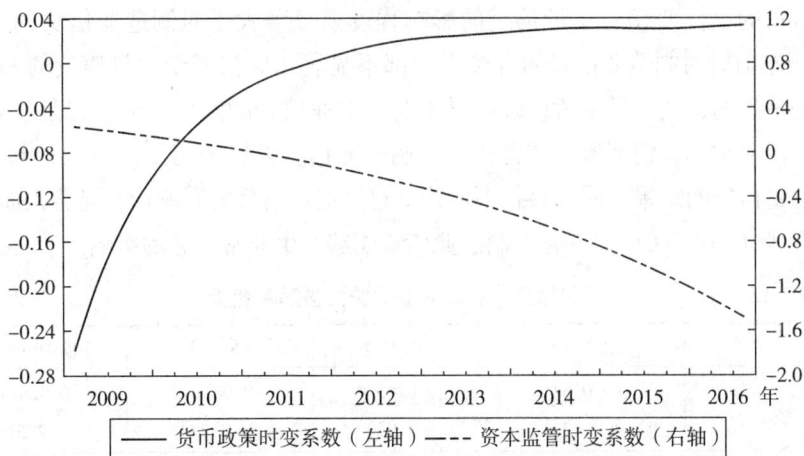

注：作者使用 Eviews9.0 软件绘制得到。

图 5.16　货币政策与资本监管对中长期信贷的时变影响

三、资本监管与货币政策对分行业信贷的影响

(一) 模型和样本说明

在模型选择上，为确保实证结果具有可比性，仍然采取模型 (5.3) 至模型 (5.6) 进行计量分析。在样本对象选取中，与本章第一节一致，选取制造业，电力、燃气及水的生产和供应业，房地产业，交通运输、仓储和邮政业这 4 个行业的信贷为分析对象，样本数据与前文一致，取自 16 家上市银行。样本区间从 2008 年第一季度至 2016 年第二季度①。需要说明的是，Wind 上市银行数据库中 16 家银行大多公布的是半年度数据，本书通过线性插值将其转换为季度数据，从而扩大样本量、增加估计的有效性，毕竟模型的解释变量有 6 ~ 8 个之多，以此减少自由度的损失。当然，这样做的同时也不可避免地会平滑掉季度数据之间的异质性波动信息，虽然样本量得到大大增加，但仍然无法完全吸收所有的真实信息。此外，可能受到外部冲击以及内部经营战略调整或组织架构变动等因素影响，部分银行的相关行业信贷波动十分剧烈，其中的噪音十分显著，从而对回归分析造成影响，为此本书有针对性地提取其波动中变化较为稳定的部分进行估计。

(二) 回归结果与分析

表 5.13 显示了基于制造业信贷的回归结果。从表 5.13 中可以看出：(1) 货币政策收紧对制造业信贷紧缩具有显著影响，这与基于总量信贷的考察结果是一致的，但是要看到，无论基于模型 (1) 至模型 (4) 中的哪一个，结果都显示货币政策的单位变化对总量信贷的影响程度要显著大于对制造业信贷的影响；(2) 资本监管对制造业信贷的直接影响都不显著，这与基于总量信贷的考察结果也是一致的，而其借由货币政策渠道对制造业信贷的间接影响虽然是显著的，但系数值非常小，说明资本监管变化对制造业信贷的影响力度并不大；(3) 与基于总量信贷的结果不同，银行个体特征对制造业信贷的影响均不显著，而宏观经济形势（GDP、CPI）变化对制造业信贷能够产生非常显著的影响。

表 5.13　　　　　　　　回归结果 I：制造业信贷为被解释变量

	模型 (1)	模型 (2)	模型 (3)	模型 (4)
MP	- 0.0187 (- 0.72)	- 0.0269 * (- 1.93)	- 0.0319 ** (- 2.23)	- 0.0281 ** (- 2.57)

---

① 部分行业或银行的样本区间可能略有增、减；样本数据中也存在一些缺失值，对于非连续的缺失数据，采用线性插值法进行补充，对于连续缺失数据，予以保留，因此为非平衡面板。

续表

	模型（1）	模型（2）	模型（3）	模型（4）
CR	0.00277 (0.74)	0.00132 (0.82)		
CR × MP	− 0.000694 * (− 1.68)		0.000378 * (1.89)	
NPL	− 0.00715 (− 1.04)	− 0.00682 (− 0.98)	− 0.00690 (− 0.97)	− 0.00747 (− 1.14)
CIR	− 0.00108 (− 1.26)	− 0.00105 (− 1.25)	− 0.00108 (− 1.25)	− 0.00115 (− 1.25)
NIM	− 0.00387 (− 0.49)	− 0.00373 (− 0.47)	− 0.00341 (− 0.44)	− 0.00314 (− 0.42)
GDP	0.0350 *** (6.36)	0.0347 *** (6.47)	0.0347 *** (6.31)	0.0351 *** (6.56)
CPI	0.911 *** (5.22)	0.903 *** (5.24)	0.901 *** (5.15)	0.910 *** (5.31)
个体固定效应	已控制	已控制	已控制	已控制
时间固定效应	已控制	已控制	已控制	已控制
组内 R^2	0.6410	0.6402	0.6386	0.6374

注：表中结果由作者使用 Stata14.0 软件得出。

表 5.14 显示了基于电、燃、水业信贷的回归结果。与制造业完全不同的是，货币政策与资本监管对电、燃、水业信贷虽然表现出负向影响，但系数都不显著，说明电、燃、水业信贷变化几乎不受外部政策的影响。而 GDP 和 CPI 前的系数大多比较显著，说明相比于短期调控政策，电、燃、水业信贷受宏观经济形势变化的影响要更加明显。直观上看，电、燃、水业主要为资源和资本密集型的自然垄断行业，其发展关乎国计民生，因而银行对这些行业的信贷投放相对来说刚性较强，不容易受到货币政策和资本监管等短期稳定化政策的影响。

表 5.14　　　　　回归结果 Ⅱ：电、燃、水业信贷为被解释变量

	模型（1）	模型（2）	模型（3）	模型（4）
MP	0.149 (0.95)	− 0.0576 (− 0.57)	− 0.101 (− 0.83)	− 0.0760 (− 0.69)
CR	0.0412 (1.20)	0.00985 (1.34)		

	模型（1）	模型（2）	模型（3）	模型（4）
$CR \times MP$	-0.0153		0.00254	
	（-1.15）		（1.30）	
NPL	-0.0338	-0.0338	-0.0366	-0.0397
	（-1.36）	（-1.23）	（-1.21）	（-1.23）
CIR	-0.000802	-0.000522	-0.000496	-0.000565
	（-0.57）	（-0.35）	（-0.33）	（-0.38）
NIM	0.0242	0.0260	0.0286	0.0309
	（0.75）	（0.84）	（0.90）	（0.93）
GDP	0.0598**	0.0580**	0.0561**	0.0546**
	（2.72）	（2.58）	（2.35）	（2.16）
CPI	1.464*	1.432*	1.372*	1.316
	（2.01）	（1.95）	（1.84）	（1.73）
个体固定效应	已控制	已控制	已控制	已控制
时间固定效应	已控制	已控制	已控制	已控制
组内 R^2	0.4198	0.3889	0.3725	0.3649

注：表中结果由作者使用 Stata14.0 软件得出。

表5.15 显示了基于房地产业信贷的回归结果。可以看出：（1）货币政策收紧对房地产业信贷紧缩具有显著影响，这与基于总量信贷和制造业信贷的考察结果是一致的，但是要注意，无论基于模型（1）至模型（4）中的哪一个，结果都显示货币政策的单位变化对房地产业信贷的影响程度要大于制造业信贷，但仍然显著低于总量信贷；（2）资本监管对房地产业信贷的直接影响都不显著，这与基于总量信贷和制造业信贷的考察结果也是一致的，而其借由货币政策渠道对房地产业信贷的间接影响虽然是显著的，但系数值相对货币政策来说要小很多，表明资本监管不如货币政策对房地产业信贷的影响力度大，这一点与总量信贷和制造业信贷的结果是一致的；（3）与制造业的结果类似，银行个体特征对房地产业信贷的影响均不显著，而宏观经济形势（GDP、CPI）变化对房地产业信贷能够产生非常显著的影响。

表5.15   **回归结果Ⅲ：房地产业信贷为被解释变量**

	模型（1）	模型（2）	模型（3）	模型（4）
MP	-0.0222	-0.0619*	-0.0568*	-0.0619*
	（-0.46）	（-2.10）	（-1.92）	（-2.10）

续表

	模型（1）	模型（2）	模型（3）	模型（4）
CR	0.00726 (1.14)	0.000505 (0.23)		
CR × MP	− 0.00323 * (− 1.71)		− 0.000426 ** (− 2.49)	
NPL	− 0.00246 (− 0.32)	− 0.00125 (− 0.17)	− 0.00212 (− 0.27)	− 0.00151 (− 0.21)
CIR	0.000641 (0.56)	0.000691 (0.58)	0.000609 (0.51)	0.000664 (0.58)
NIM	− 0.0125 (− 1.30)	− 0.0118 (− 1.17)	− 0.0111 (− 1.08)	− 0.0115 (− 1.13)
GDP	0.0289 *** (3.19)	0.0281 *** (2.99)	0.0285 *** (3.07)	0.0282 *** (3.05)
CPI	1.192 *** (4.28)	1.167 *** (4.10)	1.167 *** (4.18)	1.166 *** (4.12)
个体固定效应	已控制	已控制	已控制	已控制
时间固定效应	已控制	已控制	已控制	已控制
组内 R^2	0.3523	0.3366	0.3377	0.3362

注：表中结果由作者使用 Stata14.0 软件得出。

表 5.16 显示了基于交、仓、邮业信贷的回归结果。与电、燃、水业相似的是，货币政策与资本监管对交、仓、邮业信贷的影响都不显著，而且银行个体特征对其信贷的影响也都不显著；唯一有显著影响的是 GDP。但是要注意，虽然货币政策与资本监管对交、仓、邮业信贷的影响都不显著，但其影响系数却是正的，这与电、燃、水业存在明显差异。

表 5.16　　　　回归结果Ⅳ：交、仓、邮业信贷为被解释变量

	模型（1）	模型（2）	模型（3）	模型（4）
MP	0.0190 (0.37)	0.00307 (0.06)	0.0133 (0.21)	0.00289 (0.05)
CR	0.00120 (0.18)	− 0.00152 (− 0.39)		

续表

	模型（1）	模型（2）	模型（3）	模型（4）
$CR \times MP$	−0.00130 （−0.78）		−0.000833 （−0.60）	
NPL	−0.0157 （−1.75）	−0.0153 （−1.65）	−0.0157 （−1.71）	−0.0145 （−1.71）
CIR	0.00158 （1.17）	0.00160 （1.20）	0.00158 （1.18）	0.00167 （1.24）
NIM	−0.0111 （−0.65）	−0.0108 （−0.65）	−0.0108 （−0.66）	−0.0119 （−0.74）
GDP	0.0281 * （1.88）	0.0277 * （1.88）	0.0279 * （1.92）	0.0278 * （1.82）
CPI	1.086 （1.60）	1.076 （1.60）	1.080 （1.64）	1.090 （1.65）
个体固定效应	已控制	已控制	已控制	已控制
时间固定效应	已控制	已控制	已控制	已控制
组内 R^2	0.3084	0.3073	0.3083	0.3058

注：表中结果由作者使用 Stata14.0 软件得出。

综上所述，可以发现：（1）货币政策与资本监管对不同行业的信贷存在明显的异质性影响，其对制造业信贷和房地产业信贷具有显著的负向影响，而对电、燃、水业信贷和交、仓、邮业信贷缺乏显著影响，并且房地产业信贷受到的影响比制造业信贷更大；（2）货币政策对行业信贷的影响是直接的，而资本监管的直接影响不显著，其主要借助货币政策渠道对行业信贷产生影响，这一点与基于总量信贷的分析是一致的；（3）相比于货币政策和资本监管等短期稳定化调控政策，宏观经济形势（GDP、CPI）对制造业信贷、电、燃、水业信贷和房地产业信贷的影响更加显著、强烈，而银行个体特征的影响几乎都不显著，这些与基于总量信贷的分析存有一定的差别；（4）虽然货币政策与资本监管对制造业信贷和房地产业信贷具有显著影响，但其影响程度几乎都要明显小于总量信贷。

（三）稳健性检验

本部分的任务是对上述模型的回归结果进行稳健性检验，与本章第二节第一部分一样，主要是在回归分析中对核心变量货币政策和资本监管的代理变量进行替换，分别将银行间同业拆借利率和资本充足率替换为银行间回购利率和核心资本充足率。

在稳健性检验中，本书并不讳言，针对货币政策代理变量的稳健性检验并未取得预期的良好效果，主要表现为制造业信贷和房地产业信贷对货币政策与资本监管的反应系数虽然方向与基准分析一致，但均不显著，因此不再单独列示相应的检验结果。此外，也一并取消针对货币政策与资本监管代理变量同时替换的稳健性检验。而单独针对资本监管代理变量的稳健性检验结果与预期的基本一致，具体结果如表 5.17 所示①。由表 5.17 可知，基于核心资本充足率的稳健性检验所显示的结果与上文的基准结果基本一致，在一定程度上支持了计量分析结论的可靠性。

同时也要看到，包括本书在内，绝大多数论文的实证分析结果都不可能具备完全意义上的稳健性。稳健程度只能是一个相对的概念，或是对模型的适度变换，或是对变量的合理更迭，抑或是提高数据频率等。

对于本书在货币政策代理变量稳健性检验方面的失效，可能有以下三个原因：（1）模型设定可能存在一定的偏误，须知任何模型都不可能完全映射现实，而只能是对现实的高度简化和接近，模型设定上的可能偏误也许会引起稳健性检验的失效；（2）由于原始的行业信贷数据量太少，通过平滑处理虽然获得了双倍的数据量，但也可能使数据相对失真，此外原始数据中还存在不少缺失值，样本信息量的不足也可能导致稳健性检验失效；（3）替代指标变化相对于基准指标的变异程度较大，这其中的变异信息可能影响了模型的估计，经过计算，核心资本充足率与资本充足率变化的一致性程度要明显高于银行间回购利率与拆借利率，前面二者的相关系数高达 0.9391、后面二者的相关系数仅为 0.7811，这在一定程度上可以解释为何基于资本监管的稳健性检验比较成功、而基于货币政策的稳健性检验却失效了。

---

① 需要说明的是：由于版面限制，表 5.17 中的系数只保留到小数点后的 3 位，且不再显示对应的 t 值。

表 5.17 稳健性检验：核心资本充足率

	制造业				电、燃、水业				房地产业				交、仓、邮业			
	模型(1)	模型(2)	模型(3)	模型(4)	模型(1)	模型(2)	模型(3)	模型(4)	模型(1)	模型(2)	模型(3)	模型(4)	模型(1)	模型(2)	模型(3)	模型(4)
MP	-0.039	-0.047*	-0.047*	-0.028*	0.196	0.044	-0.052	-0.076	-0.083*	-0.113*	-0.106**	-0.062**	0.057	0.053	0.062	0.003
CR	0.003	0.001			0.041	0.017			0.008	0.001			-0.002	-0.002		
$CR \times MP$	-0.001*		0.000***		-0.013		0.006		-0.003*		-0.000*		-0.000		-0.001	
NPL	-0.008	-0.007	-0.007	-0.007	-0.035	-0.032	-0.034	-0.040	-0.006	-0.004	-0.005	-0.002	-0.022**	-0.021**	-0.022**	-0.015
CIR	-0.001	-0.001	-0.001	-0.001	0.000	0.000	0.000	-0.001	0.001	0.001	0.001	0.001	0.002*	0.002*	0.002*	0.002
NIM	0.002*	0.003*	0.004*	-0.003	0.004	0.009	0.016	0.031	-0.021	-0.018	-0.016	-0.012	0.006	0.006	0.005	-0.012
GDP	0.039***	0.038***	0.037***	0.035***	0.086***	0.081***	0.073***	0.055***	0.048***	0.044***	0.044***	0.028***	0.020	0.019	0.021	0.028*
CPI	1.140***	1.105***	1.086***	0.910***	2.466***	2.341***	2.162***	1.316	1.729***	1.630***	1.590***	1.166***	0.825	0.813	0.855	1.090
个体固定效应	已控制	已控制	已控制	已控制	已控制	已控制	已控制	已控制	已控制	已控制	已控制	已控制	已控制	已控制	已控制	已控制
时间固定效应	已控制	已控制	已控制	已控制	已控制	已控制	已控制	已控制	已控制	已控制	已控制	已控制	已控制	已控制	已控制	已控制
组内 R^2	0.6473	0.6451	0.6437	0.6374	0.5042	0.4824	0.4478	0.3649	0.3705	0.3503	0.3491	0.3362	0.5728	0.5725	0.5721	0.3058

第三节　资本监管与货币政策协调的结论与建议

本节的主要任务是在总结前面两节分析结论的基础上，提取出协调资本监管与货币政策的相关建议。

一、基于"信贷→经济"链条的实证分析结论归纳

（一）总量信贷

研究显示，中国经济运行中存在显著的"总量信贷扩张→经济增长、风险缓和、价格上升"的传导链条。但是，进入经济新常态以后，潜在产出增长动力不断下降，依靠信贷扩张来拉动经济增长的效果大打折扣，政策刺激不当反而可能招致价格和信贷风险上升。具体结论如下：

1. 产出：总量信贷扩张对产出总体上存在正向影响。

2. 价格：总量信贷扩张对价格总体上存在正向影响。

3. 风险：总量信贷扩张对不良贷款率总体上存在负向影响，但影响程度远远高于产出和价格。

（二）分期限信贷

2009 年以来短期贷款与中长期贷款变化明显背离，且程度越来越高，在1994—2008 年，二者变动整体上呈正相关，相关系数为 0.3129；而 2009 年以来，二者变动的相关性转为负，且高达 −0.8761。二者的经济效应也存在明显不同，具体结论如下：

1. 产出：（1）短期信贷扩张对产出的总体影响为负，即短期信贷增加会抑制产出增长；（2）而中长期信贷扩张有助于产出增长。

2. 价格：（1）短期信贷扩张在前期会提高价格、在后期则会抑制价格；（2）而中长期信贷扩张在前期会显著抑制价格、在后期则小幅促进价格上升。

3. 风险：（1）短期信贷扩张对不良贷款率的总体影响为正，即短期信贷增加会恶化不良贷款率，且影响程度要明显超过产出和价格；（2）而中长期信贷扩张总体上有助于降低不良贷款率，其影响程度同样超过了产出和价格。

（三）分行业信贷

研究发现，不同行业的信贷扩张所导致的经济效应存在很大不同，具体结论如下：

1. 产出：（1）制造业信贷扩张对产出有正向影响；（2）电、燃、水业信

贷扩张对产出有正向影响，但效果要弱于制造业信贷；（3）房地产业信贷扩张对产出有正向影响，但程度要比制造业信贷和电、燃、水业信贷都低；（4）交、仓、邮业信贷扩张对产出的影响是先正后负，这与其他三个行业存在较大差异。

2. 价格：（1）制造业信贷扩张对价格的总体影响是先负后正；（2）电、燃、水业信贷扩张对价格的影响为正，但效果要弱于制造业信贷；（3）房地产业信贷扩张对价格的总体影响为正，但程度要低于制造业信贷，而高于电、燃、水业信贷；（4）交、仓、邮业信贷扩张对价格的影响是先正后负，这与其他三个行业同样存在较大差异。

3. 风险：（1）制造业信贷扩张会抑制不良贷款率，有助于改善信贷质量；（2）电、燃、水业信贷扩张对不良贷款率的总体影响先正后负，但程度要明显逊于制造业信贷；（3）房地产业信贷扩张对不良贷款率的总体影响是负的，效果稍逊于电、燃、水业信贷，但与制造业信贷相去甚远；（4）交、仓、邮业信贷扩张会提高不良贷款率、恶化信贷质量，与其他三个行业亦存在区别；（5）四个行业信贷扩张对不良贷款率的影响程度都要明显超过产出和价格。

二、基于"政策→信贷"链条的实证分析结论归纳

（一）总量信贷

研究发现货币政策与资本监管都会对总量信贷产生负向影响，但是两者的作用方式存在明显区别：

（1）紧缩性的货币政策可以直接引发信贷收缩。

（2）资本监管标准的提高无法直接、显著地作用于信贷，必须借由货币政策变动才能发挥效果。

因此，货币政策是更有效的调节信贷的工具，货币政策紧缩可以直接、显著地促使信贷收紧，而独立使用资本监管工具来抑制信贷投放的效果并不显著，在使用货币政策的同时配合使用资本监管工具，可以起到强化调控效果的作用。

（二）分期限信贷

1. 根据固定系数模型的分析发现

（1）中长期信贷波动的惯性程度低于短期信贷，说明中长期信贷对外部因素的干扰更加敏感。

（2）货币政策与资本监管对短期信贷的影响系数均为正，且资本监管的

影响力度更大，说明货币政策收紧（提高利率）和资本监管趋严（提高资本充足率）的政策操作反而会引起短期信贷增加，而且提高资本充足率的效果要强于提高利率。

（3）货币政策与资本监管对中长期信贷的影响系数均为负，且资本监管的影响力度更大，说明货币政策收紧（提高利率）和资本监管趋严（提高资本充足率）的政策操作会引起中长期信贷减少，而且提高资本充足率的效果要强于提高利率。

2. 根据时变系数模型的分析发现

（1）短期信贷：①货币政策对短期信贷的影响先负后正，转变的节点是在 2012 年第四季度，在此之前，货币政策对短期信贷的影响力度逐渐减弱，在此之后，力度逐渐增强；②资本监管对短期信贷的影响始终为正，但影响力度在不断减弱；③从数值上判断，资本监管对短期信贷的影响力度明显高于货币政策。

（2）中长期信贷：①货币政策对中长期信贷的影响先负后正，但在整个样本区间内为负，而对短期信贷的总体影响则为正；②资本监管对中长期信贷的影响先正后负，在整个样本区间内为负，而对短期信贷的总体影响则为正；③从数值上判断，资本监管对短期信贷的影响力度明显高于货币政策。

（三）分行业信贷

货币政策与资本监管对不同行业信贷的影响存在显著的异质性，具体如下：

1. 货币政策与资本监管对制造业信贷和房地产业信贷具有显著的负向影响，而对电、燃、水业信贷和交、仓、邮业信贷缺乏显著影响，并且房地产业信贷受到的影响比制造业信贷更大。

2. 货币政策对行业信贷的影响是直接的、显著的，而资本监管的直接影响不显著，其主要借助货币政策渠道对行业信贷产生影响，这一点与基于总量信贷的分析结果一致。

3. 相比于货币政策和资本监管等短期稳定化调控政策，宏观经济形势（GDP、CPI）对制造业信贷、电、燃、水业信贷和房地产业信贷的影响更加显著、强烈，而银行个体特征的影响几乎都不显著，这与基于总量信贷的分析结果存在一定的差异。

4. 虽然货币政策与资本监管对制造业信贷和房地产业信贷具有显著影响，但其影响程度几乎都要明显小于总量信贷。

三、"政策→信贷→经济"视角下资本监管与货币政策的协调

（一）基于总量信贷与分期限信贷的分析

表5.18显示了基于总量信贷与不同期限信贷的"政策→信贷→经济"传导链条的内部具体影响路径。

表5.18　　　　　　　　"政策→信贷→经济"：基于总量与期限信贷

影响变量 ＼ 被影响变量	总量信贷	短期信贷	中长期信贷
货币政策	（－）	（＋）	（－）
资本监管	（－）	（＋）	（－）

影响变量 ＼ 被影响变量	产出	价格	风险
总量信贷	（＋）	（＋）	（－）
短期信贷	（－）	（－）	（＋）
中长期信贷	（＋）	（－）	（－）

注：作者根据相关实证结果绘制而成。表中小括号内的符号表示样本期内的平均影响方向，短期信贷和中长期信贷对价格均为负效应而总量信贷对价格为正效应，是由于冲击分析中时间窗口设置较窄所致，时间窗口充分延长后，短期信贷的价格效应变为正，而资本监管的影响为交叉渠道作用的结果，其中，"＋"为正向影响，"－"为负向影响，下同。

根据表5.18的结果，本书提出如下几点建议：

1. 总量信贷扩张在促进产出的同时会提高价格、降低风险，因此产出增长与价格稳定目标不可兼得，而维持必要产出是抑制风险的重要保障，因此尽管稳定价格是宏观调控的传统核心目标，但在当前形势下，却不宜罔顾经济增长，否则如果为了稳定价格，而紧缩信贷，则产出势必放缓，不良贷款率会出现更大幅度的恶化。因此，促进产出合理适度增长以确保不发生系统性金融风险应当成为目前金融宏观调控的底线思维。

2. 中长期信贷在平衡产出、价格、风险方面的表现是最好的，但其增长必须根据实际经济发展需要，否则为信贷长期化而长期化，反而容易招致金融风险，须知商业银行资金期限错配可能加剧潜在的金融风险。而短期信贷无助于产出、价格、风险目标，应在必要的资金需求之外尽量压缩。

3. 应慎用紧缩性货币政策。因为货币政策紧缩使总量信贷减少，从而降低产出、放大风险，具体的还会使短期信贷增加、中长期信贷减少，而短期信贷增加会抑制产出、放大风险，中长期信贷减少同样会抑制产出、放大风险，

二者对紧缩性货币政策抑制产出、放大风险有叠加效果；反之，货币政策亦不宜过分宽松，否则信贷期限错配会更加严重，隐藏的金融风险更大，这是本书使用不良贷款率所无法测度到的。

4. 资本监管对总量信贷和不同期限信贷的影响方向完全一致，但其影响力度较之货币政策更强，因此使用也要更加谨慎，以防止信贷过度波动。

5. 在当前经济下行和金融风险积聚的大背景下，为有效提振经济，可适度放宽货币政策，促进产出增加、抑制风险积聚。在这一过程中，信贷期限错配会隐藏大量潜在的金融风险，因此，建议适当强化对中长期信贷的监管，可适当调高中长期信贷资产的风险权重，以发挥资本监管对中长期信贷过快增长的抑制作用，但要注意调节力度不宜太大，因为资本监管对信贷的影响比货币政策更加强烈。

6. 当前"保增长、稳物价、控风险"成为金融宏观调控的重要目标，但是三者的变化关系并不完全相容。为此，一方面如前所述必须更加谨慎地推出政策调控组合以合理安排信贷资源，在经济增长、稳定价格、抑制风险之间取得动态平衡，另一方面仍需要挖掘新的经济增长点、发展直接融资，减少经济增长对信贷的过度需求。前者属于短期需求管理，后者则立足长期结构优化。

（二）基于总量信贷与分行业信贷的分析

表 5.19 显示了基于总量信贷与不同行业信贷的"政策→信贷→经济"传导链条的内部具体影响路径。

表 5.19　　　　　　"政策→信贷→经济"：基于总量与行业信贷

影响变量 ＼ 被影响变量	总量信贷	制造业信贷	电、燃、水业信贷	房地产业信贷	交、仓、邮业信贷
货币政策	（－）	（－）	无	（－）	无
资本监管	（－）	（－）	无	（－）	无

影响变量 ＼ 被影响变量	产出	价格	风险
总量信贷	（＋）	（＋）	（－）
制造业信贷	（＋）	（＋）	（－）
电、燃、水业信贷	（＋）	（＋）	（－）
房地产业信贷	（＋）	（＋）	（－）
交、仓、邮业信贷	（－）	（－）	（＋）

注：作者根据相关实证结果绘制而成。

根据表 5.19 的结果，本书提出如下几点建议：

1. 不同行业信贷的经济效应存在力度和方向上的区别，宏观调控在注重优化经济结构的同时也要注意防范行业风险。（1）在本书选取的 4 个行业中，制造业信贷、电、燃、水业信贷和房地产业信贷对产出、价格、风险的影响方向与总量信贷是一致的，而交、仓、邮业信贷扩张对产出和价格有负向影响、对风险有正向影响，这与其他三个行业完全相反。（2）根据国家统计局公布的国民经济行业分类（GB/T 4754—2011）指引可知，交、仓、邮业包括了公、铁、水、空等运输业以及仓储、物流等行业，应该说是中国目前正致力于重点发展的一些行业，但实证结果显示在目前条件下，这些行业的信贷扩张往往会抑制整体产出和价格水平而同时增加信贷风险，因此货币政策、资本监管等金融宏观调控政策必须在促进经济结构优化和维护宏观经济稳定之间找到平衡点，否则可能导致过度维稳而错失发展良机，亦可能在过快追求转型发展中引酿经济动荡。（3）此外，不同行业信贷扩张的经济效应大小也不尽相同，货币政策和资本监管在致力于稳定宏观经济的过程中应该充分利用行业信贷经济效应的异质性，确保产出、价格、风险在合理区间内运行。（4）值得注意的是，4 个行业的信贷扩张对不良贷款率的影响程度都要明显超过产出和价格，因此在宏观调控中要合理把握对各目标的追求程度，防止政策力度过大引起信贷风险过度波动，从而影响金融稳定。

2. 货币政策和资本监管对总量信贷的影响力度均高于四大行业。一方面，这是由于本书选取的行业较少，如果进一步分析其他行业，那么分行业影响力度应该会围绕平均影响上下波动；另一方面，如图 5.17 所示，制造业产值占 GDP 比重超过 30%，为各行业之最，无疑是中国经济的命脉，自然成为宏观调控的重点关注对象，但实证发现货币政策与资本监管对制造业信贷的影响却不及总量信贷，因此货币政策和资本监管等传统的"一刀切"模式可能已并不适合当前的经济发展形势，这可能导致宏观调控难以有效实现既定目标，同时总体调控还会对其他经济部门带来显著的负外部性。因此，必须创新和完善货币政策的定向调控和资本监管的差别化调控机制。比如，商业银行可依据不同行业的资本持有结构、贷款风险、行业生命周期等因素，创新多样化的贷款投放机制、丰富贷款利率的定价内涵和品种，使货币政策的利率调控更具针对性，同时适时调整商业银行持有不同行业资产的风险权重，提高资本监管的差别化调控水平。

此外，货币政策与资本监管对电、燃、水等基础性行业的信贷影响不显著也比较好理解。这些行业事关国计民生，基本都是国有企业，得到国家的重点支持，因此商业银行对这些行业的信贷投放往往具有极强的刚性，不易受到经济周期的影响。而货币政策和资本监管等政策多依据经济周期的波动进行短期调节，因此难以对这些行业的信贷造成显著影响。但是，在确保这些行业获得必要信贷资源、稳步发展的基础上，也应该考虑适度放开资本准入限制、增强行业的竞争程度，以避免金融资源在这些行业被低效率的配置，同时也能增强这些行业对政策调整的敏感程度，以利于提高宏观调控的有效性。

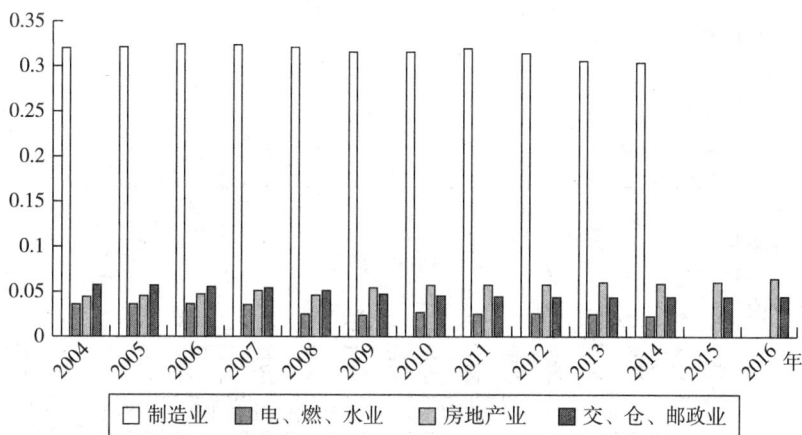

注：作者根据中经网统计数据库相关资料绘制而成，其中部分数据缺失。

图 5.17　4 个行业的增加值占 GDP 比重

3. 本书的研究还发现房地产业信贷扩张对价格的总体影响为正，但程度却要低于制造业信贷和整体信贷，似乎与当前"房地产过热、房价过高"的直觉相悖，这是由于本书使用的价格代理变量为 CPI①，而其中并未直接包含房价波动的信息，由此导致房地产信贷扩张对价格的推动作用在几个大类行业中并不十分突出。通过对比房价指数和 CPI 指数，可以发现，前者的波动幅度远远高于后者，这暗示以 CPI 衡量的价格指标不能有效吸收房地产信贷对房价的影响。此外，PPI 指数的波动也明显强于 CPI 指数，具体见图 5.18。上游 PPI 的大幅波动未能明显影响到下游 CPI，表明中国产业链条的上下游价格传导存在梗阻，这也是制造业、电、燃、水业等信贷变化对 CPI 价格未能起到显

① 根据国际惯例，中国没有将房地产价格直接纳入 CPI 之中，而是采用租赁价格与虚拟租金相结合的方法，主要以居民住房的房租、水、电、燃料、购买商品住宅贷款利率、住房维护修理费用、建房及装修材料等商品和服务价格的变动，特别是房租的变动，来反映居民住房消费价格变动的情况。但中国 CPI 中居住类价格的权重只占 13.2%，远低于 30% 的国际平均水平（加拿大为 36%，美国为42.1%）。

著影响的重要原因。价格稳定作为传统的核心目标，是引发宏观调控政策调整的重要动力，但目前来看既有的 CPI 指标却不能担当起有效衡量总体价格的重任，其既存在统计内涵上的不足，亦有与其他价格间传导不畅的问题，因此必须对其进行修正，以免引起货币政策、资本监管等政策的调节失误。

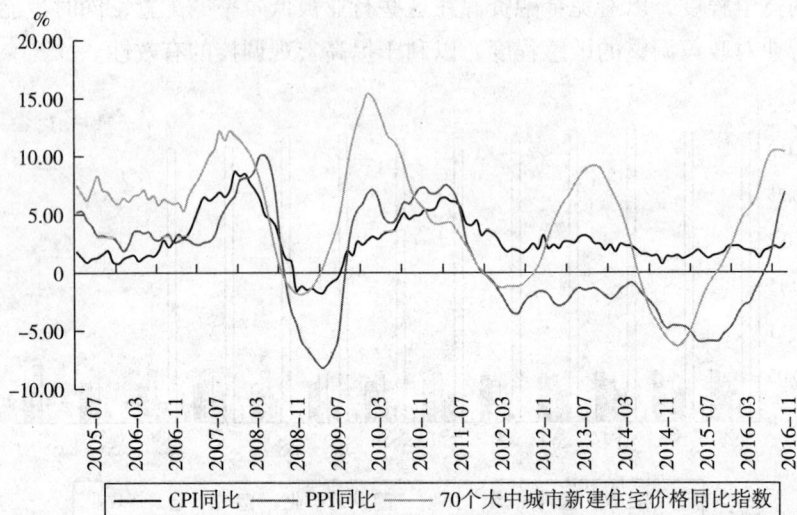

注：作者根据 Wind 数据库相关资料绘制而成。

图 5.18　CPI、PPI 与住宅价格指数

4. 无论是基于对总量信贷还是分行业信贷的考察，都表明货币政策是调节信贷更有效的工具，而资本监管单独发挥调节信贷的功能十分有限，必须借助于货币政策发挥作用。随着资本监管标准的不断提高，货币政策紧缩带来的信贷收缩效果越发强烈，这是因为资本监管压力提高在促使商业银行采用"分母策略"的同时还会增加"分子策略"的使用，即直接补充资本金，导致商业银行的可贷资金减少，资金的相对使用成本就更加高昂，由此进一步强化了货币政策紧缩带来的效果；而独立使用资本监管时，商业银行可能仅仅通过调整风险资产的配置结构即"分母策略"就能化解资本充足率压力。因此，本书提出货币政策应成为调节信贷的主要工具，但资本监管应与之配合。"双管齐下"可以避免货币政策调整幅度过大，毕竟货币政策面临着多目标的调控任务，以更小的调节力度换来同样的效果无疑可以增强货币政策在应对其他目标时的操作弹性，但也切忌独立使用资本监管，资本监管单独使用不仅难以取得显著效果，还可能会提高金融体系的不稳定性。

第六章

银行资本监管与货币政策
最优协调的模拟分析

本章构建了包含银行部门和监管部门在内的 DSGE 模型，系统分析了金融风险引致的金融冲击如何影响宏观经济金融波动，以"保增长、稳物价、控风险"三重目标为评价标准，定量评判货币政策与资本监管的配合效应，并甄别货币政策与资本监管的最优协调模式。

第一节　研究基础

如前所述，信贷是推动中国经济增长的主要金融资源。经济发展进入新常态以来，中国产出增速持续下滑，与此同时，作为信贷资源主要供给方的银行，蕴藏的风险却不断上升。产出增速与银行风险的此消彼长为新常态下金融宏观调控带来了巨大挑战。金融宏观调控必须从过去的抑制经济过热和防止局部金融风险转向从宏观整体层面稳定物价、控制风险并维持合理适度增长。与过去相比，新常态下的经济波动成因更加复杂，金融冲击的影响力越发显著，同时多目标管理势必产生一定的取舍和权衡问题，由此对金融宏观调控的整体应对能力及有效性提出了更高要求。前文图 1.1 和图 6.1 共同显示了新常态以来有关产出、物价、银行利润与监管现状的典型事实。可以看到，除产出增速下滑和银行不良贷款率攀升的趋势十分明显以外，作为银行防范信贷风险的两道主要闸口，资本充足率虽然不断提高，但拨备覆盖率却持续下降[1]，尽管目

---

[1] 在参照巴塞尔协议 II 和巴塞尔协议 III 并结合中国国情的基础上，新《商业银行资本管理办法（试行）》于 2012 年正式出台，与 2004 年的资本管理办法相比，新办法进一步提出了对操作风险的资本要求和逆周期资本监管要求。在 2013 年开始实施新办法时，更趋严格的计量方法导致资本充足率在当年出现明显下滑，尽管如此，在 2013 年以后新资本充足率总体上仍然呈现出上升趋势。

前 150% 的拨备监管红线在国际上处于领先水平，但计提力度持续显著减弱以及贷款分类不够审慎、信贷展期等实际存在的诸多操作风险还是令银行有效处置风险的整体能力受到怀疑，而金融风险过分积聚又可能会反噬实体经济增长；放松拨备计提源于银行利润率持续快速下滑，根源在于产出增速放缓、新兴利润增长点尚未形成。以上几组典型事实表明，我国产出增长与银行风险之间高度关联，从长期看，实施创新驱动、优化产业结构是促增长、降风险的根本途径，而在短期，须依赖于货币政策与银行监管的有效协调。此外，新常态以来尽管通货膨胀持续低位运行，甚至在生产领域价格出现通缩趋势，但稳定物价仍然是货币政策乃至金融宏观调控的重要目标。不同的是，稳定物价目标由过去的"控通胀"转向了"防通胀"，在今后一段时期经济刺激政策作用下以及劳动力等要素成本推动下，价格膨胀的长期潜力仍然十分巨大。因此，如何合理、有效兼顾"保增长、稳物价、控风险"三大目标将成为新常态下中国金融宏观调控的主要任务。

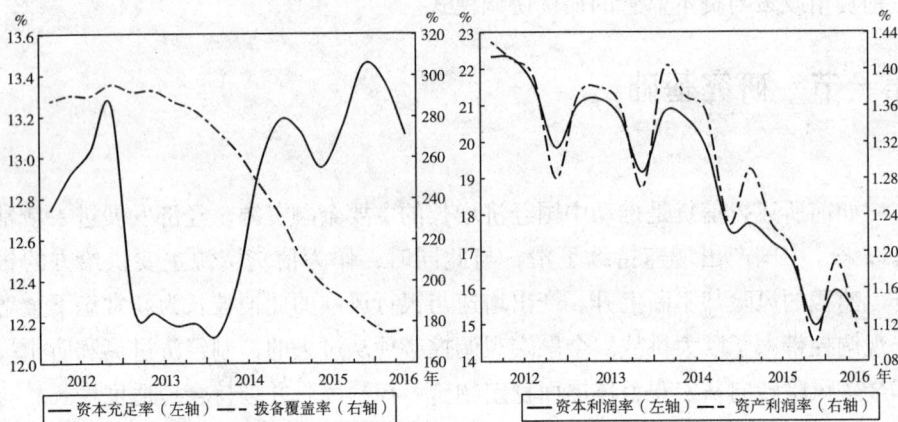

注：作者根据银监会网站相关资料绘制而成。

图 6.1　新常态以来银行业利润与监管现状

需要指出的是，当前中国货币政策肩负着多重目标，在稳定物价的同时还要肩负一定的保增长任务并确保不触及发生系统性金融风险这一底线，但仅仅依靠货币政策锚定多重目标可能会大大削弱政策的有效性。中国的金融体系以银行为主导，金融资产 90% 以上由银行业持有，其中半数以上银行业资产是发放贷款和垫款，因此控制银行信贷风险对于防范系统性金融风险至关重要。银行监管的核心是资本监管，2004 年银监会推出《商业银行资本充足率管理办法》开始了对商业银行的资本监管，以控制银行风险资产扩张，尤其是信贷扩张。同时，信贷也是中国货币政策影响宏观经济的主渠道，货币政策和资本监管对信贷都具有重要影响。为更好地实现"保增长、稳物价、控风险"三重调控目标，必须充分发挥资本监管对金融风险的抑制功能，为货币政策调控宏观经济减负、增效，同时必须加快完善货币政策与资本监管的协调机制，充分形成政策合力①。

与此次西方国家爆发金融危机使金融风险得以显性释放不同，中国银行业面临的系统性金融风险具有隐而不发的潜在性特征，但是两者具有共通之处，即在经济金融交互关系越发紧密复杂的今天，金融冲击对实体乃至经济全局都会产生重大影响，因此必须正视金融冲击的危害并寻求行之有效的应对之策。肇始于2007年的美国次贷危机发端于金融部门的突然亏损，旋即演变为一场世界范围内的重大危机，最终酿成实体和金融的严重衰退，同时危机也推动了政策部门和学术界对于金融宏观调控的改革与反思。透视此次危机不难得出两点教训：（1）当前金融部门对经济周期波动的影响已十分明显，初始微小的金融冲击借由金融摩擦和放大机制可以对整个经济造成巨大伤害，分析金融冲击的宏观效应成为当前一项十分紧迫的基础任务；（2）在金融冲击传导过程中，资本监管的顺周期性以及货币政策放任金融波动的立场成为放大金融冲击负面影响的重要外部因素，因此科学完善货币政策与资本监管的调控方式、构建货币政策与资本监管的有效协调机制是研究新常态下金融宏观调控转型的重要命题。

2008年国际金融危机发生以前，宏观经济学的研究并不热衷于探讨金融部门在经济运行中的作用，主流的一般均衡建模思路多沿袭推崇技术冲击动因论的真实经济周期理论（RBC）和包含诸多实际摩擦在内的新凯恩斯理论（NK），较少涉及金融摩擦，而直接对金融冲击展开研究的文献更是屈指可数。危机前仅有少数文献在主流框架内植入金融因素，影响最大的是以 Bernanke 等（1999）以及 Kiyotaki 和 Moore（1997）为代表的研究。前者提出著名的"金融加速器"理论，通过引入企业资产净值和外部融资溢价两个关键变量将金融摩擦的影响考虑进模型，同时分析了金融波动的放大机制；后者则围绕抵押物约束机制建模，其中资产（土地）在经济中发挥双重作用，一方面用于生产商品和服务，另一方面为贷款提供抵押品，通过抵押品价值变化展现信贷

---

① 对此，《"十三五"规划纲要》首次明确将"防控风险"纳入宏观调控目标体系，并首次提出要"构建货币政策与审慎管理相协调的金融管理体制"（参见陈彦斌：《"十三五"规划纲要关于宏观调控的新思路》，《光明日报》2016年5月4日第15版）。

约束对投资等实际变量的影响。以上两种典型的研究思路都是在没有刻画显性银行部门的前提下开展的，而且危机前多数文献引入金融摩擦的目的更多是用于展示技术冲击等导致的经济波动放大效应，没有具体分析金融波动与实体经济的动态反馈路径以及政策因素在其中所起的作用。

此次金融危机以来，考虑金融因素的宏观经济学理论取得了长足进展，以深入研究金融周期与经济周期内在关联为代表的金融经济周期理论（FBC）逐渐成形。具体到研究思路上，危机后植入金融因素的文献主要在以下几方面进行了重要拓展：（1）银行部门开始以显性形式内生化到模型中，这些模型从银行业竞争结构、银行异质性、银行利差等多维度探讨银行在经济运行中的作用（Goodfriend & McCallum，2007；Andrés & Arce，2009；Christiano et al.，2010；Suh，2011；马勇，2013）；（2）研究重点由以往的技术冲击、政策冲击、偏好冲击等转向金融冲击及其比较上，并分别从企业财富冲击、贷款清偿能力冲击、银行资本冲击等多角度对金融冲击进行刻画（Nolan & Thoenissen，2009；Jermann & Quadrini，2012；Bratsiotis et al.，2014；王国静和田国强，2014）；（3）货币政策与宏观审慎监管（如逆周期资本监管、动态拨备、贷款价值比工具）的协调问题成为重要考察对象，这些文献对于货币政策是否要关注金融稳定及其与审慎监管的协调问题以及在开放条件下的协调等进行了诸多详细探讨（Beau et al.，2012；Suh，2012；Ozkan & Unsal，2013；王爱俭和王璟怡，2014）。

从研究目的看，一部分文献立足于测算金融冲击对实际经济波动的贡献度、探究金融波动对宏观经济变量的影响路径和程度（Agénor et al.，2012；鄢莉莉和王一鸣，2012；张伟进和方振瑞，2013）；另一部分文献则基于植入金融因素的理论框架进一步评估货币政策与逆周期资本监管、贷款价值比管理等宏观审慎政策在应对各类冲击（如技术冲击、金融冲击）时的表现，最终目的在于甄别最优政策组合、优化金融宏观调控（Tayler & Zilberman，2015；殷克东等，2015）。具体来说，已有基于政策评估目的的文献对货币政策与宏观审慎监管的配合效应研究主要集中于两个方面：一是基于不同外生冲击视角模拟分析货币政策与宏观审慎监管的协调问题，二是从选择盯住目标的角度探讨两类政策的协调问题。

基于不同冲击视角的文献如王爱俭和王璟怡（2014）、谷慎和岑磊（2015）发现，在经济体面临技术冲击时，货币政策可以较好地控制由技术变革带来的波动，引入逆周期资本管理后则会加大经济波动幅度；而在经济体面临金融冲击时，使用货币政策的同时辅以逆周期管理的宏观审慎政策有明显抑制经济波动的效果。Tayler 和 Zilberman（2015）则发现在供给冲击下，逆周期监管政策配合强力的反通胀货币政策是最优的；而在信贷冲击下，逆周期资本监管比货币政策能更好地稳定价格、金融和宏观经济。上述研究认识到辨明冲击类型对于政策协调的重要意义，但是研究结论具有明显差异，而且分析重点都落在金融冲击与技术冲击等的比较上，忽视了对金融冲击本身的界定和比较。事实上，本书的研究发现金融冲击具有异质性，不同类型的金融冲击导致的经济波动效果存在显著差异，由此对货币政策与资本监管的协调也提出了更高要求，这是以往文献没有注意到的。

基于政策目标选择视角的文献如 De Fiore 和 Tristani（2013）、Gilchrist 等，（2014）发现：在金融冲击下，产出目标与通胀目标之间存在明显的取舍关系，因此在不同目标下，货币政策与逆周期资本监管政策的协调方式可能有所不同。此外，在政策协调过程中货币政策是否应该关注金融目标存在广泛争议。支持方如 Kannan 等（2012）、Angeloni 和 Faia（2013）、Angelini 等（2014）以及 Rubio 和 Carrasco – Gallego（2014）等发现在与逆周期资本监管协调使用的过程中，货币政策必须将信贷因素纳入调控目标，包含信贷因素的增广泰勒规则配合巴塞尔协议Ⅲ的逆周期资本监管可以最大限度地降低社会福利损失。反对方认为如果货币政策针对信贷作出反应，很可能面临对信贷、产出和物价目标的权衡，此外还可能与专门针对信贷调控的逆周期监管政策产生叠加问题，造成经济过度波动。如 Suh（2012）的研究表明福利最大化的货币政策应该仅盯住通货膨胀、逆周期资本监管仅盯住信贷。梁璐璐等（2014）也认为目前我国遵循包含金融因素的"加强的泰勒规则"似乎并不合时宜，传统的货币政策配合逆周期资本监管更加适用于我国现行的经济运行体制。可见，围绕货币政策在与逆周期监管协调的过程中是否需要考虑金融因素的分歧比较大。

通过梳理相关国内外文献不难发现，突出刻画银行部门、系统比较各类冲击、着力探究政策搭配成为后金融危机时期植入金融因素的定量分析文献所具有的三大显著特点。本章的研究也力图在以下三个方面取得一定的突破：（1）在银行部门建模方面，尽可能以更加接近现实的抵押机制沟通企业与银行的借贷关系，并详细刻画企业违约风险向银行部门传递的机制，从而将银行部门的信贷决策内生化；（2）以金融冲击为分析核心并对不同来源的金融冲击进行界定，初步探究异质性金融冲击的宏观效应及对政策协调方式的影响；（3）在货币政策的金融目标问题上，从一般货币政策规则、包含信贷价格因素的扩展货币政策规则和包含信贷规模因素的扩展货币政策规则三个层次进行系统比较。

第二节　动态随机一般均衡模型设定

一、家庭部门

假定经济中存在连续统计的家庭部门，其中任意家庭 $i \in (0,1)$，家庭进行消费、储蓄、投资、持有货币和银行资本并供给劳动。本章采用货币效用函数形式（MIU）引入实际货币余额，代表性家庭的最优决策问题是在一定的真实预算约束下实现其跨期效用最大化：

$$\max U_t = E_t \sum_{s=0}^{\infty} \beta^s \left\{ \frac{(C_{t+s})^{1-\zeta^{-1}}}{1-\zeta^{-1}} - \frac{H_{t+s}^{1+\gamma}}{1+\gamma} + \frac{\eta}{\eta-1} \left(\frac{M_{t+s}}{P_{t+s}} \right)^{\frac{\eta-1}{\eta}} \right\} \tag{6.1}$$

$$s.t. \ C_t + D_t + V_t + \frac{M_t}{P_t} + I_t \leq R_{t-1}^D D_{t-1} \frac{P_{t-1}}{P_t} + R_{t-1}^V (1 - \xi_{t-1}^V) V_{t-1} \frac{P_{t-1}}{P_t} + \frac{M_{t-1}}{P_t} + \tag{6.2}$$

$$\frac{W_t}{P_t} H_t + r_t^k K_t + Profit_t^{IG} + Profit_t^{FG} + Profit_t^B - Lump_t \tag{6.2}$$

其中，β 是主观贴现因子，C_t 表示消费，ζ 表示消费的跨期替代弹性；H_t 表示家庭的劳动供给，γ 表示劳动供给弹性的倒数；$\frac{M_t}{P_t}$ 表示真实货币持有水平，η_t 表示货币需求的利率弹性。在真实预算约束中：D_t 表示家庭持有的银行储蓄，R_t^D 为无风险的储蓄毛利率；V_t 表示家庭持有的银行资本，R_t^V 为银行资本的毛回报率，ξ_t^V 表示银行资本中用于覆盖贷款损失的比例；I_t 表示投资水平，K_t 为资本存量，r_t^k 是实际资本回报率；W_t 表示名义工资；$Profit_t^{IG}$、$Profit_t^{FG}$、$Profit_t^B$ 分别表示家庭接受的来自中间品企业、最终品企业、商业银行的经营利润；$Lump_t$ 是家庭支付的一次性总付税。

令 $\frac{W_t}{P_t} = m_t$，在预算约束式（6.2）下最大化目标函数式（6.1），得到代表性家庭最优化问题的一阶条件：

$$E_t \frac{P_t}{P_{t+1}} \frac{C_{t+1}^{-\frac{1}{\zeta}}}{C_t^{-\frac{1}{\zeta}}} = \frac{1}{\beta R_t^D} \tag{6.3}$$

$$(m_t)^{-\frac{1}{\eta}} = C_t^{-\frac{1}{\zeta}} - \beta E_t C_{t+1}^{-\frac{1}{\zeta}} \frac{P_t}{P_{t+1}} \tag{6.4}$$

$$R_t^V = \frac{R_t^D}{1 - \xi_t^V} \tag{6.5}$$

其中，式（6.3）是跨期消费的欧拉方程，式（6.4）是最优持币条件，式（6.5）中可以将银行资本收益率看作是在储蓄利率基础上通过风险加成得到的。

工资设定参照 Erceg 等（2000）、Smets 和 Wouters（2002），假设劳动力市场是不完全竞争市场，每个家庭 i 均提供差异化的劳动服务 $H_{i,t}$，所有差异化劳动通过竞争性劳动合约加总为复合的同质性劳动 N_t。使用 Dixit - Stiglitz（1977）的 CES 技术进行劳动加总得到：$N_t = \left(\int_0^1 N_{i,t}^{\frac{\lambda_\omega - 1}{\lambda_\omega}} di \right)^{\frac{\lambda_\omega}{\lambda_\omega - 1}}$，其中 $\lambda_\omega > 1$ 表示各种劳动之间的不变替代弹性。家庭 i 由此面临如下劳动需求函数：$H_{i,t} = \left(\frac{W_{i,t}}{W_t} \right)^{-\lambda_\omega} N_t$，将家庭的劳动需求函数代入劳动加总函数，由零利润条件得到经济的工资加总方程：$W_t = \left(\int_0^1 W_{i,t}^{1-\lambda_\omega} di \right)^{\frac{1}{1-\lambda_\omega}}$。

假设家庭在各期调整工资水平时存在名义黏性，按照 Calvo（1983）的设定方式，有 $(1 - \omega_\omega)$ 部分的家庭接收到"工资调整信号"进而最优化其工资水平，其余 ω_ω 部分的家庭没有接收到"工资调整信号"只根据上期的价格通胀情况指数化其工资水平。得到家庭工资决策的一阶条件：

$$E_t \sum_{k=0}^{\infty} (\beta \omega_\omega)^k \left[\frac{\Pi^k W_{i,t}}{P_{t+k}} \cdot \frac{\partial U_t}{\partial C_{t+k}} - \frac{\lambda_\omega}{1 - \lambda_\omega} \cdot \frac{\partial U_t}{\partial H_{t+k}} \right] H_{t+k} = 0 \tag{6.6}$$

其中，$\Pi^k = \pi_t \times \pi_{t+1} \times \cdots \times \pi_{t+k-1}$。

二、企业部门

1. 最终品企业。完全竞争的最终品市场由位于 $(0,1)$ 之间的连续统最终品企业构成，代表性最终品企业购买中间产品 $Y_{j,t}$，$j \in (0,1)$ 并生产出最终消费品 Y_t。仍使用 Dixit - Stiglitz（1977）的技术表示这一过程：$Y_t = \left(\int_0^1 Y_{j,t}^{\frac{\lambda_p - 1}{\lambda_p}} dj \right)^{\frac{\lambda_p}{\lambda_p - 1}}$，其中 $\lambda_p > 1$ 表示各种中间产品之间的不变替代弹性，中间产品需求函数为：$Y_{j,t} = \left(\frac{P_{j,t}}{P_t} \right)^{-\lambda_p} Y_t$。由零利润条件得到最终产品价格方程：

$$P_t = \left(\int_0^1 P_{j,t}^{1-\lambda_p} dj \right)^{\frac{1}{1-\lambda_p}} \tag{6.7}$$

2. 中间产品企业。中间产品市场由位于 $(0,1)$ 之间的连续统垄断竞争企业构成，设代表性中间产品企业有如下形式的生产函数：

$$Y_t = A_t \varepsilon_t^F K_t^\alpha N_t^{1-\alpha} \tag{6.8}$$

资本存量 K_t 满足如下积累方程：

$$K_{t+1} = (1 - \delta_k) K_t + I_t \tag{6.9}$$

其中，A_t 为中性技术，ε_t^F 度量异质性生产率，α 表示资本的产出权重，δ_k 为资本折旧率。假设中间产品企业在进行生产活动前必须通过向商业银行贷款以支付劳动工资和资本租金，令 L_t 表示代表性企业的贷款，得到如下真实融资方程：

$$L_t = r_t^k K_t + W_t^R N_t \tag{6.10}$$

其中，实际工资 $W_t^R = \dfrac{W_t}{P_t}$。中间产品企业定价决策包括成本最小化和利润最大化两个阶段。第一阶段最小化中间产品企业的成本函数得到真实边际成本：

$$mc_t = \frac{R_t^L W_t^R N_t^\alpha}{(1 - \alpha) A_t \varepsilon_t^F K_t^\alpha} \tag{6.11}$$

第二阶段仍采用 Calvo（1983）的假设，每一期有 $(1 - \omega_p)$ 比例的企业可以重新调整产品价格，其余 ω_p 比例的企业根据上期价格通胀情况指数化其产品价格。设 P_t^* 表示所有在 t 期可以最优化其产品价格的企业重新选择的价格，最大化企业的真实贴现利润，得到如下一阶条件：

$$P_t^* = \frac{\lambda_p}{\lambda_p - 1} \cdot \frac{E_t \sum_{i=0}^{\infty} (\beta \omega_p)^i \lambda_{t+i} Y_{t+i} P_{t+i}^{\lambda_p} mc_{t+i}}{E_t \sum_{i=0}^{\infty} (\beta \omega_p)^i \lambda_{t+i} Y_{t+i} \prod_{\tau=1}^{i} \pi_{t+\tau-1}^{\Theta}} \tag{6.12}$$

其中，λ_{t+i} 为家庭预算约束的拉格朗日乘子；Θ 代表后顾型中间企业指数化其产品价格的程度参数，介于 $(0,1)$ 之间。结合前瞻型企业的最优定价和后顾型企业的指数化定价，式（6.7）可重新写为

$$P_t^{1-\lambda_p} = (1 - \omega_p)(P_t^*)^{1-\lambda_p} + \omega_p (\pi_{t-1}^{\Theta} P_{t-1})^{1-\lambda_p} \tag{6.13}$$

对式（6.12）、式（6.13）进行对数线性化处理，得到混合新凯恩斯菲利普斯曲线：

$$\pi_t = \frac{\beta}{1 + \beta\Theta} E_t \pi_{t+1} + \frac{\Theta}{1 + \beta\Theta} \pi_{t-1} + \frac{(1 - \omega_p)(1 - \beta\omega_p)}{\omega_p(1 + \beta\Theta)} \hat{mc}_t \tag{6.14}$$

三、银行部门

与以往许多单纯围绕 Bernanke 等（1999）的外部融资溢价机制和基于

Kiyotaki 和 Moore（1997）的抵押物约束机制进行建模的思路不同，本章通过刻画一个显性银行部门将金融因素纳入模型，这也是 2008 年金融危机以来的最新趋势。同时，通过构建一个混合抵押机制将企业的生产经营状况与银行的信贷决策关联起来，而企业的经营状况将借由融资风险溢价反映到银行贷款利率定价上。

假设银行部门由位于 $(0,1)$ 之间的完全竞争的连续统商业银行构成，银行通过吸收存款 (D_t) 和自有资本 (V_t) 募集资金以满足中间产品企业的贷款需求。代表性商业银行满足如下信贷恒等式：

$$L_t = D_t + V_t \tag{6.15}$$

借鉴 Tayler 和 Zilberman（2015）的思路，将企业生产的产品纳入抵押序列。由于银行在发放贷款时企业用于抵押的产品是尚未实现的非定着物，因此属于动产抵押范畴。这一抵押机制的创新对缓解危机带来的流动性紧张具有重要意义，同时也是解决我国中小微企业信用不足问题的一个突破口[①]。危机时期企业流动性往往不足，极易导致信用违约并通过银行部门的关联作用进行传染、放大，最终可能触发系统性危机。而产成品抵押贷款是针对企业融资约束问题设计的一种金融创新，通过挖掘中小微企业的动产资源以提高自身信用，从而缓解危机时期的信用不足问题（王志华，2010）。

但是，Tayler 和 Zilberman（2015）构建的是只包含尚未实现的非定着物的纯动产抵押机制，这一点距离现实情况差距较大。在实际生产活动中企业使用的厂房、机器设备等其他已经实现的定着物和非定着物具有更高的稳定性，是实际融资活动中的主要抵押品，在生产函数中体现为资本要素 K_t。相对于尚未实现的产品，这部分不动产和动产资源也应该纳入抵押序列[②]。为此，本书进一步考虑采取不动产和动产抵押相结合的方式，将产品 Y_t 和资本 K_t（扣除折旧部分）共同纳入融资抵押序列，从而构造一个混合抵押机制。商业银行通过评估会以企业的产出 Y_t 和资本 K_t 的一个比例 χ_t 为抵押发放贷款。令抵押率 χ_t 服从一阶自回归过程，则 χ_t 下降可视为负向金融冲击，因为其通过降低银行可获得的抵押品价值而增大了贷款违约概率，进而引发信贷违约风险，这一比率的下降反映出企业经营状况的恶化。此外，抵押率 χ_t 也可以视作贷款—价值

---

① 2008 年国际金融危机严重冲击了众多外向型企业和中小微企业、加大了商业银行的风险敞口。危机中，滞留库存占用了企业大量流动资金，使持续经营面临困境，而商业银行又加谨慎，对抵押物提出更高要求，这种情况对我国广大实力薄弱的中小微企业来说尤为严重。

② 相对于动产抵押，不动产抵押方式在现实中更具有普遍性、可靠性和可操作性。另外在生产函数中，技术要素 ε_t^F 包含了企业的技术专利等无形资产，本章没有专门考虑专利抵押，这一点会在以后的研究中做进一步分析。

比率（LTV），这一比率下降说明金融监管部门对银行的贷款投放变得更加谨慎，从而间接表明经济中的贷款违约概率变大、信贷风险上升。贷款抵押条件设定如下：

$$\chi_t \left[Y_t + (1 - \delta_k) r_t^k K_t \right] = R_t^L L_t \qquad (6.16)$$

其中，R_t^L 为贷款毛利率。由式（6.8）、式（6.10）和式（6.16），得到贷款违约的门限值为 $\varepsilon_t^{F,M}$：

$$\varepsilon_t^{F,M} = \frac{R_t^L (r_t^k K_t + W_t^R N_t) - \chi_t (1 - \delta_k) r_t^k K_t}{\chi_t A_t K_t^{\alpha} N_t^{1-\alpha}} \qquad (6.17)$$

由式（6.17）可知，违约门限值与贷款毛利率、真实资本回报率以及实际工资成正比，与抵押率、中性技术成反比。与 Tayler 和 Zilberman（2015）的结果不同，由于引入资本做抵押，本书得到的贷款违约门限值要比纯产成品抵押的结果更小，因为资本也参与抵押并且其积累过程不存在随机性。假定异质性生产率 ε_t^F 服从 $(\underline{\varepsilon}^F, \overline{\varepsilon}^F)$ 上的均匀分布，得到贷款违约概率 Φ_t：

$$\Phi_t = \int_{\underline{\varepsilon}^F}^{\varepsilon_t^{F,M}} f(\varepsilon_t^F) \, d\varepsilon_t^F = \frac{\varepsilon_t^{F,M} - \underline{\varepsilon}^F}{\overline{\varepsilon}^F - \underline{\varepsilon}^F} \qquad (6.18)$$

考虑代表性商业银行，假设其利润为零，贷款利率设计应使各期均满足盈亏平衡条件，即来自贷款投放的收入与募集资金的成本相抵：

$$\int_{\underline{\varepsilon}^F}^{\varepsilon_t^{F,M}} \chi_t \left[Y_t + (1 - \delta_k) r_t^k K_t \right] f(\varepsilon_t^F) \, d\varepsilon_t^F + \int_{\varepsilon_t^{F,M}}^{\overline{\varepsilon}^F} R_t^L L_t f(\varepsilon_t^F) \, d\varepsilon_t^F = R_t^D D_t + (R_t^V + c) v_t$$

$$(6.19)$$

其中，c 表示商业银行进行权益资本融资产生的费用成本。经积分变换并结合式（6.8）、式（6.10）和式（6.17）得到贷款利率定价表达式：

$$R_t^L = \Psi_t \left[(1 - VL_t) R_t^D + VL_t (R_t^V + c) - \chi_t (1 - \delta_k) \left(1 - \frac{1}{\Psi_t} \right) \frac{r_t^k K_t}{L_t} \right] \quad (6.20)$$

其中，$VL_t = \dfrac{V_t}{L_t}$ 为资本—贷款比率，受资本充足率监管约束①；$\Psi_t = $

$\dfrac{2\varepsilon_t^{F,M}}{2\varepsilon_t^{F,M} - (\overline{\varepsilon}^F - \underline{\varepsilon}^F) \Phi_t^2}$ 表示融资风险溢价，贷款违约概率 Φ_t 越高，则融资风险溢价越高。商业银行根据储蓄成本、股本成本（$R_t^V + c$）、资本—贷款比率再

---

① 资本充足率有不同的口径，主要有资本对存款的比率、资本对负债的比率、资本对总资产的比率、资本对风险资产的比率等。由于本章模型中的商业银行只经营存贷款业务而且贷款并未按风险进行权重分配，因此资本充足率要求可以简单地用资本—贷款比率表示。

经由融资风险溢价调整确定贷款利率。由于引入资本要素 K_t 做抵押，融资溢价变动对贷款利率定价的影响存在正负两种效应，其净效应影响的偏导数为：

$$\frac{\partial R_t^L}{\partial \Psi_t} = (1 - VL_t)R_t^D + VL_t(R_t^V + c) - \chi_t(1 - \delta_k)\frac{r_t^k K_t}{L_t} \qquad (6.21)$$

由于储蓄的毛利率和银行资本的毛回报率都大于1，因此式（6.21）前两项之和大于1，而资本—贷款比与资本价格等的乘积小于1，因此 $\frac{\partial R_t^L}{\partial \Psi_t}$ 仍大于0，最终影响方向与 Tayler 和 Zilberman（2015）的产成品抵押情况下的结果是一致的。

鉴于中间产品企业的异质性生产率大小具有随机性，因此银行投放的贷款在客观上存在违约可能。为保证坏账不殃及储蓄池以维护个体经营的稳健性，银行会在每期期初对当期投放的贷款质量进行评估进而提取资本金以吸收损失。据此，银行评估违约损失情况并形成如下预期损失函数：

$$\xi_t^V V_t = (1 - \chi_t)\int_{\underline{\varepsilon}^F}^{\varepsilon^{F,M}} \chi_t\left[Y_t + (1 - \delta_k)r_t^k K_t\right]f(\varepsilon_t^F)\mathrm{d}\varepsilon_t^F \qquad (6.22)$$

利用式（6.8）、式（6.10）、式（6.17）和式（6.22）及均匀分布性质，得到银行资本的风险计提比例：

$$\xi_t^V = \left(VL_t - \frac{V_t}{r_t^k K_t}\right)^{\alpha-1} \cdot \frac{(1 - \chi_t)\chi_t A_t K_t^\alpha}{V_t^\alpha (W_t^R)^{1-\alpha}} \cdot \frac{\varepsilon_t^{F,M} + \underline{\varepsilon}^F}{2}\Phi_t + \frac{(1 - \chi_t)\chi_t(1 - \delta_k)r_t^k K_t \Phi_t}{V_t}$$

$$(6.23)$$

式（6.23）可以看作是银行个体基于微观审慎的顺周期资本计提行为方程。它表明，贷款违约概率越高，资本的风险计提比例就越大，体现出明显的顺周期性。此外，资本监管越严格（即 VL_t 上升），风险计提比例就越小，从而反映出外部资本监管对银行个体微观审慎行为的影响。一般认为，资本监管通过改善资本比率可以提高银行的风险应对能力，而忽视了资本监管对银行自身风险行为的替代性影响①。资本监管要求与风险计提比例的此消彼长表明这两种工具对强化银行个体的审慎经营具有相似作用。作为微观审慎工具，计提风险准备金有助于个体机构的稳健经营、维护储蓄资产安全，因此微观层面的审慎管理仍具有必要性，它是实施逆周期宏观审慎监管的基础。但是微观审慎

---

① "替代假说"认为，对于公司股东来说，有效的内部监督是有成本的，如果外部监管能在一定程度减轻代理问题（Shleifer & Vishny, 1997; Becher et al., 2005）。从公司治理的角度看，银行会综合考虑外部监管和内部风险控制，以确定出一个利润最大化条件下的风险管理强度。因此，在资本监管的风险承担渠道影响下，银行可以通过改变内部风险管理强度以部分抵消资本监管的压力。

具有显著的顺周期性,如果经济周期进入下行期或整体宏观经济受到严重冲击,导致经济中贷款违约概率普遍提高,则单纯依靠微观审慎管理反而会加速经济金融形势的进一步恶化,因此需要构建逆周期宏观审慎监管来抑制微观审慎的顺周期性以熨平经济波动。

在这里,贷款利率定价公式(6.20)的内涵十分丰富,充分体现了其连接金融与实体经济的纽带作用。具体地,本书的贷款利率形成主要受到四方面因素影响:一是受实体经济状况影响,表现为贷款违约概率 Φ_t 通过改变融资风险溢价 Ψ_t 进而影响贷款利率;二是受银行行为影响,表现为在储蓄利率 R_t^D 一定的条件下银行通过自提资本比率 ξ_t^V 改变资本利率 R_t^V 与 R_t^D 的加成关系[式(6.5)]进而影响贷款利率;三是受货币政策影响,货币当局通过调整政策利率 R_t^{cb} 改变储蓄利率,从而影响资本利率,最终影响贷款利率;四是受资本监管影响,监管当局通过调整资本充足率 VL_t 可改变储蓄成本和资本成本在贷款利率定价中的权重分配,从而最终对贷款利率产生影响。

四、监管当局

资本监管是银行监管的核心,其根本目的在于防止银行经营风险带来的损失侵蚀存款人的利益。根据商业银行资本监管要求,每期银行必须预留部分资本金以覆盖相应比例的贷款,以一个带有调整惯性的指数函数表示监管当局对商业银行的资本充足率要求:

$$VL_t = (VL_{t-1})^{\rho_{VL}} \left[\rho \left(\frac{\Phi_t}{\Phi} \right)^{\theta^C} \right]^{1-\rho_{VL}} \qquad (6.24)$$

其中,Φ 为稳态贷款违约率,ρ 表示最低资本充足率要求,$\rho_{VL} \in (0,1)$ 度量监管当局政策调整的平滑程度,通过对参数 θ^C 进行限制可以刻画不同的监管政策。

2008 年国际金融危机发生以来,巴塞尔协议 II 备受争议,问题直指其资本监管的顺周期性放大了经济金融波动。作为对危机的反思,巴塞尔协议 III 重点突出了构建具有逆周期特征的宏观审慎监管框架,以破解政策本身的顺周期性对经济的伤害。逆周期与顺周期资本监管的微观传导机制见图6.2。当经济不景气导致贷款违约概率上升时,借由融资风险溢价和银行资本风险计提比例的增加,贷款利率会上升。此时,执行逆周期资本监管一方面虽然可通过降低资本充足率要求来增加信贷供给、抑制贷款利率上升,但是另一方面,注意到通过替代性影响,放松资本要求可能会激励商业银行多计提风险资本金以维持经营的稳健性,从而借由银行资本渠道促进贷款利率上升,最终会对逆周期监管效果产生一定的负向效应。反之,顺周期监管在提高资本要求的同时也可能会激励商业银行少计提风险资本金,从而信贷收紧可以得到一定程度的缓解。那么,在考虑替代性影响的情形下,逆周期资本监管在熨平宏观经济金融波动方面的效果是否一定优于顺周期监管?通过下文的定量模拟分析,可以清楚地看到在金融冲击发生时,实施逆周期资本监管可以更好地熨平主要宏观经济金融变量的波动,这也为实施逆周期管理提供了一定的经验证据。

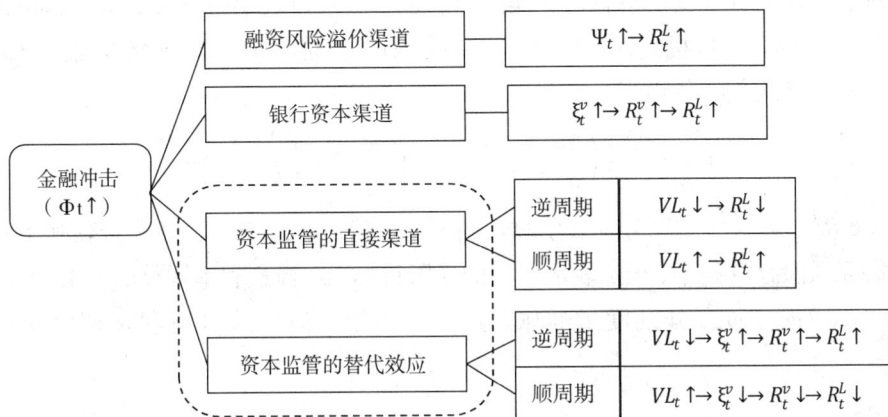

注:作者自己绘制。

图 6.2 逆周期与顺周期资本监管的微观传导机制

基于以上分析,下文以巴塞尔协议Ⅲ为代表的逆周期监管政策为分析基准,同时对比分析以巴塞尔协议Ⅱ为代表的顺周期监管政策在熨平金融冲击导致的宏观波动方面的效果和差异。具体地,令(1)$\theta^c < 0$ 表征资本监管力度随信贷违约风险加大而降低,以体现逆周期资本监管特点;(2)$\theta^c > 0$ 表征资本监管力度随信贷违约风险加大而提高,以体现顺周期资本监管特点。

五、货币当局

假设货币当局使用泰勒型规则调控经济,关于在货币政策调控中是否应该关注金融因素的争论在危机发生之后再次得到广泛关注。本书分别考虑三种形式的货币政策规则:一般泰勒规则、包含信贷价格的扩展泰勒规则、包含信贷规模的扩展泰勒规则①。在包含审慎因素的泰勒规则中,设定短期政策利率 R_t^{cb}

---

① 学术界通常将盯住信贷等金融因素的泰勒规则称为"审慎的泰勒规则"或"扩展的泰勒规则"。

的调整不仅盯住通货膨胀、产出和货币，同时也盯住信贷。为进一步比较货币政策调控信贷价格和信贷规模何者更优，本书用信贷产出比指标 $\left(\dfrac{L_t}{Y_t}\right)$ 度量信贷规模，用信用缺口指标度量信贷价格。信用缺口定义为市场融资利率相对于无风险利率之比[①]，由于融资利率 R_t^L 包含了市场违约风险信息和银行风险承担状况，因此对这一变量进行反应实质上表征了对货币政策的审慎要求，这也是2008 年国际金融危机后对货币政策调控规则进行优化的重要研究方向。以盯住信贷价格为例，货币当局按如下规则调控经济：

$$\frac{R_t^{cb}}{\overline{R}^{cb}} = \left(\frac{R_{t-1}^{cb}}{\overline{R}^{cb}}\right)^{\rho_R} \left[\left(\frac{\pi_t^P}{\overline{\pi}^{P,T}}\right)^{\phi_\pi} \left(\frac{Y_t}{\overline{Y}}\right)^{\phi_Y} \left(\frac{m_t}{m_{t-1}}\right)^{\phi m} \left(\frac{R_t^L/R_t^D}{\overline{R}^L/\overline{R}^D}\right)^{\phi_{cred}}\right]^{1-\rho_R} \quad (6.25)$$

其中，$\overline{R}^{cb}$、$\overline{Y}$、$\overline{R}^L$、$\overline{R}^D$ 分别表示政策利率均衡值、稳态产出、稳态贷款利率和稳态无风险存款利率，$\overline{\pi}^{P,T}$ 表示当局的通胀目标，ρ_R 衡量利率调整的平滑程度，ϕ_π、ϕ_Y、ϕ_m、ϕ_{cred} 分别度量通胀、产出、货币、信用缺口在利率调整中的权重。

六、外生冲击和市场均衡

本书主要涉及两类冲击，即金融冲击和技术冲击，两类冲击均服从 i. i. d. $N(0,\sigma_X^2)$。在竞争性均衡状态下，所有最优化条件和资源约束条件得到满足，产品市场、劳动力市场、借贷市场、储蓄市场和资本市场同时出清，所有企业选择相同的产品价格、雇佣劳动力和银行贷款。通过对上述非线性模型系统在内生变量稳态附近进行对数线性化处理，可以得到用以进行数值模拟的线性动态差分方程组。

第三节　参数校准

本章待校准的模型参数包括模型的结构性参数、变量稳态值和外生冲击参数。对于结构性参数综合历史数据和已有文献进行校准，对于变量稳态值综合历史数据，已有文献及模型稳态方程计算得出，外生冲击参数按照已有文献和习惯设定。所需数据均来自中经网统计数据库、国研网统计数据库、国家统计

---

① 类似的设定还有 Christiano 等（2010）、Curdia 和 Woodford（2010）、马勇（2013）、裴翔和周强龙（2014）等。

局网站和银监会网站。

结构性参数设定。按照多数文献的做法，将消费的跨期替代弹性 ζ 设为 0.5；货币需求的利率弹性 η 设为 0.33；资本季度折旧率 δ_k 设为 2.5%。已有研究中国问题的文献对劳动供给弹性的倒数 γ 取值差异较大，王国静和田国强（2014）注意到这一问题，所以他们的估计结果将 γ 设定为 2.23。根据稳态时 $\beta = 1/R^D$，计算出主观贴现因子 β 为 0.99。价格黏性 ω_p 和工资黏性 ω_ω 一般介于 0.5~0.85，取刘斌（2008）和 Zhang（2009）的结果，分别设为 0.85 和 0.6。我国的劳动差异总体偏低，将劳动的不变替代弹性 λ_ω 设为 21。国内多数文献对资本产出权重 α 的取值介于 0.35~0.5，取中间水平设为 0.43。按照 Agénor 等（2014）将异质性生产率 ε_t^F 的分布上限 $\bar{\varepsilon}^F$ 和分布下限 $\underline{\varepsilon}^F$ 分别设为 1.35 和 1。按照 Tayler 和 Zilberman（2015）将商业银行权益融资费用成本 c 设为 0.1。后顾型中间企业指数化其产品价格的程度参数 Θ 参考刘斌（2008）和陆军等（2012）的结果，设定为 0.25。本书的资本充足率要求更加贴近现实中的一级资本充足率，囿于数据的可得性，根据 2011—2014 年我国商业银行一级资本充足率的平均水平，将最低资本充足率要求 ρ 校准为 10.2%。

变量稳态值设定。中性技术的稳态值 $\bar{A}$ 按照当前普遍做法标准化为 1。扣除净出口差额和政府购买支出后，以 1996—2014 年居民消费占 GDP 的比重和投资占 GDP 的比重将 $\dfrac{\bar{C}}{Y}$ 和 $\dfrac{\bar{I}}{Y}$ 分别校准为 42.84%、57.16%。劳动的稳态值 $\bar{N}$ 参考黄赜琳（2005）和马勇（2013）等的方法，以 1996—2014 年全社会就业人员数占总人口的平均比例确定为 0.568。以 1996—2014 年金融机构一年期法定定期存款利率的均值将稳态储蓄毛利率 $\bar{R}^D$ 校准为 1.01。限于数据的可得性，以 2005—2014 年银行业整体不良贷款率表征贷款违约概率，将稳态贷款违约率 Φ 校准为 0.035。与 Tayler 和 Zilberman（2015）一样，将抵押率的稳态值 $\bar{\chi}$ 设为 0.97。根据模型稳态条件和相关参数设置，稳态资本充足率要求 $\overline{VL}$ 校准为 0.102；实际资本回报率稳态值 r^k 校准为 3.5%。根据稳态方程 $\bar{\xi}^V \bar{V} = (1-\bar{\chi})\bar{\chi}\bar{\Phi}[\bar{Y} + (1-\delta_k)r^k\bar{K}]$ 计算得到银行权益资本计提比例的稳态值 $\bar{\xi}^V$ 为 0.95%。稳态贷款违约门限值 $\bar{\varepsilon}^{F,M}$ 通过稳态方程 $\bar{\Phi} = (\bar{\varepsilon}^{F,M} - \underline{\varepsilon}^F)/(\bar{\varepsilon}^F - \underline{\varepsilon}^F)$ 校准为 1.01225；银行股本毛收益率 $\bar{R}^V$ 通过稳态方程 $\bar{R}^V(1 - \bar{\xi}^V) = \bar{R}^D$ 校准为 1.0197。根据稳态方程 $\bar{R}^L = \bar{\Psi}\left[(1 - \overline{VL})\bar{R}^D + \overline{VL}(\bar{R}^V + c) - \bar{\chi}(1 - \delta_k)\left(1 - \dfrac{1}{\psi}\right)\dfrac{r^k\bar{K}}{L}\right]$，将稳态贷款利率 $\bar{R}^L$ 校准为 1.116。

外生冲击参数设定。与马勇和陈雨露（2013）一样，按照习惯做法将利率规则中的通胀权重 ϕ_π 和产出权重 ϕ_Y 分别设为 1.5、0.5，货币权重 ϕ_m 参照鄢莉莉和王一鸣（2012）的估计结果设为 0.84。信用缺口权重 ϕ_{cred} 的基准值根据 Tayler 和 Zilberman（2015）设为 -0.2，再沿用 Curdia 和 Woodford（2010）的思路，在一定范围内对其进行调整以考察最终的政策效果和福利水平。同样地，本书另一关键参数 θ^c 的正负表征不同监管体制，取值大小亦会影响最终政策效果，首先根据 Tayler 和 Zilberman（2015）按照逆周期和顺周期监管将 θ^c 分别设为 -0.1、0.1，之后在福利分析中通过对取值大小进行适当调整以寻求福利最大化水平的对应值。利率调整的平滑程度 ρ_R 和资本监管调整的平滑程度 ρ_{VL} 均设定为 0.8。技术冲击参考许伟和陈斌开（2009），将 ρ_A 设定为 0.7809，σ_A 设为 0.0203。王国静和田国强（2014）在表征企业可清算资产与贷款匹配程度的变量中引入金融冲击，其内涵与本书是一致的，参照他们的估计结果将金融冲击的持久性参数 ρ_χ 设为 0.9601，σ_χ 设为 0.0185。

第四节　数值模拟与分析

在校准模型基础上，本书从三个方面来系统分析金融冲击下货币政策与资本监管的协调问题。首先，定量比较不同类型的货币政策与不同体制的资本监管政策在熨平宏观经济金融波动方面的效果与差异，对货币政策与资本监管的最优类型做出基本判断；其次，引入福利损失函数并通过对货币政策和资本监管的关键参数进行差异化取值，以甄别最优政策组合；最后，进一步考虑异质性金融冲击下货币政策与资本监管的协调问题，探讨不同类型金融冲击所引致的最优政策执行组合的调整问题。

一、金融冲击的宏观效应分析

图 6.3 和图 6.4 分别显示了逆周期和顺周期资本监管下主要经济金融变量对金融冲击的反应路径。从整体上看，两种监管体制下的宏观经济金融变量波动在反应方向上具有相似性，在反应程度上具有明显的差异性。就反应方向的相似性看：在金融冲击发生后，贷款违约概率上升导致融资风险溢价上升进而促使银行提高贷款利率定价，由此通过企业的借贷成本渠道引起企业边际成本上升，通过成本推动型通胀驱动机制使经济的通货膨胀上升；同时贷款利率上

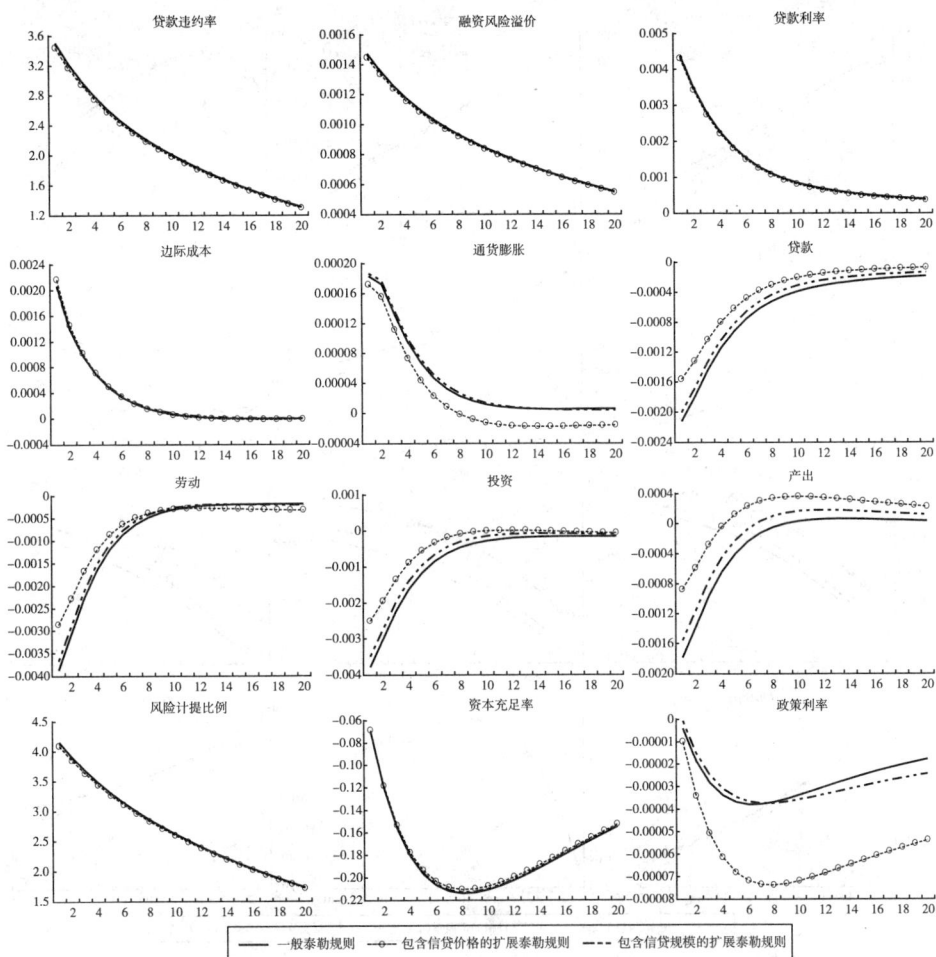

注：作者根据 Matlab 软件工具包 Dynare4.2.4 的数值模拟结果整理绘制而成。

图 6.3　逆周期资本监管下主要经济金融变量对金融冲击的响应路径

升导致企业最终贷款量下降，雇佣劳动和投资也相应下滑，最后导致经济的产出下降；另外，违约风险上升促使银行提高损失计提比例，在逆周期监管下，当局会放松资本充足率要求，货币政策利率也会相应进行逆周期调整，在顺周期监管下，当局则会提高资本充足率要求，但货币政策利率仍会进行逆周期调整。就反应程度的差异性看：逆周期资本监管体制下宏观经济金融变量的波动幅度都要明显低于顺周期资本监管体制；而且在逆周期监管下，各变量偏离稳态的黏滞程度都明显低于顺周期监管，这就回答了上文逆周期监管和顺周期监管在存在双重效应的情况下何者更优的问题，同时也为 2008 年国际金融危机

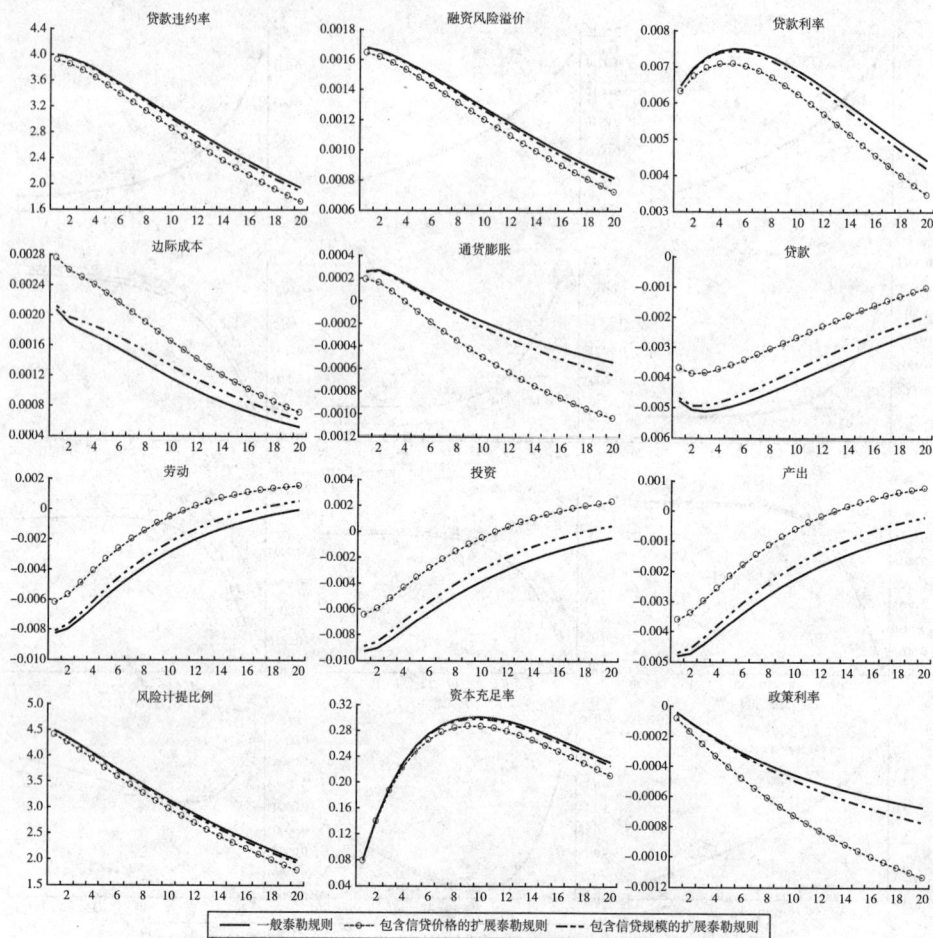

注：作者根据 Matlab 软件工具包 Dynare4.2.4 的数值模拟结果整理绘制而成。

图 6.4 顺周期资本监管下主要经济金融变量对金融冲击的响应路径

爆发后推行逆周期宏观审慎监管和我国构建逆周期金融宏观审慎管理制度框架提供了经验上的支持。

从货币政策来看，图 6.3 和图 6.4 都表明纳入金融因素考量的扩展泰勒规则要优于一般泰勒规则，进一步，包含信贷价格的扩展泰勒规则整体上又要优于包含信贷规模的扩展泰勒规则。具体来看，在逆周期监管体制下，不同泰勒规则导致的通货膨胀、贷款、劳动、投资、产出和政策利率波动具有明显不同，而其他变量的波动差异性很小；在顺周期监管体制下，不同泰勒规则导致的主要宏观经济金融变量波动都具有明显不同。

通过上述分析可知，在金融冲击下，逆周期资本监管优于顺周期资本监管，包含信贷价格的货币政策规则优于包含信贷规模的政策规则和一般规则。因此，为有效应对金融扰动，一方面必须加快完善具有逆周期调节功能的资本监管措施，另一方面货币政策在制定过程中应逐步纳入对金融因素的考量。

二、"保增长、稳物价、控风险"三重目标下的最优政策分析

通过上文的分析，我们发现相对其他政策搭配来说，当货币政策规则考虑信贷价格因素的同时资本监管采取逆周期调整方式可以更好地熨平宏观经济金融波动。本部分我们将进一步考察货币政策调整对信贷价格变化的反应程度大小以及资本监管的逆周期调整程度大小会如何影响宏观经济金融波动。为此，首先引入福利损失评价标准，然后对货币政策参数 ϕ_{cred} 与资本监管参数 θ^e 在一定范围内取值，以观测不同参数值组合对应的福利损失变化情况，从而甄别出货币政策与资本监管的最优协调组合。

传统的福利损失函数主要关注产出与通货膨胀波动，肇始于 2008 年的国际金融危机使旨在寻求金融稳定目标的经济政策逐渐成为各国当局宏观调控的重心。为此，本书将基于"保增长、稳物价、控风险"三重目标来构建福利损失函数。《中国人民银行法》规定货币政策目标是保持币值稳定，并以此促进经济增长，可见稳定物价是直接调控目标，促进经济增长是间接调控目标。此外，无论是多年的"增长主义"导向使各级政府更加偏好产出的高速增长（孙俊和于津平，2014），还是新常态以来产出持续负缺口迫使保增长成为重要目标，都表明宏观调控当局仍然偏好维持产出的合理适度增长。中国目前的社会融资结构以银行信贷为主导，金融资产 90% 以上由银行业持有，而且半数以上的银行业资产是发放贷款和垫款，因此，实现金融稳定的关键在于防范银行信贷风险。为使实证分析覆盖到上述典型事实，以产出缺口的下半部方差表征当局对低速增长的厌恶、以银行贷款违约率的上半部方差表征金融不稳定程度[1]，构建如下福利损失函数：

$$WelfareLoss_t = \varphi_y Var(\hat{y}_t | \hat{y}_t < 0) + \varphi_\pi Var(\hat{\pi}_t) + \varphi_\Phi Var(\hat{\Phi}_t | \hat{\Phi}_t > 0)$$

$$(6.26)$$

---

[1]　借用 Gali 和 Gertler（1999）交错定价模型中的思想，对于代表性企业而言，ϕ_t 表示其在特定时段的贷款违约概率，那么从整体经济来看，就可以认为特定时段中有 ϕ_t 部分的企业发生违约，从而经济的贷款违约率即为 ϕ_t。

其中，$\hat{x}_t$ 表示变量 X_t 对稳态值或目标值的偏离程度，φ_y、φ_π、φ_Φ 分别为产出、通胀、贷款违约率在福利损失函数中的权重。

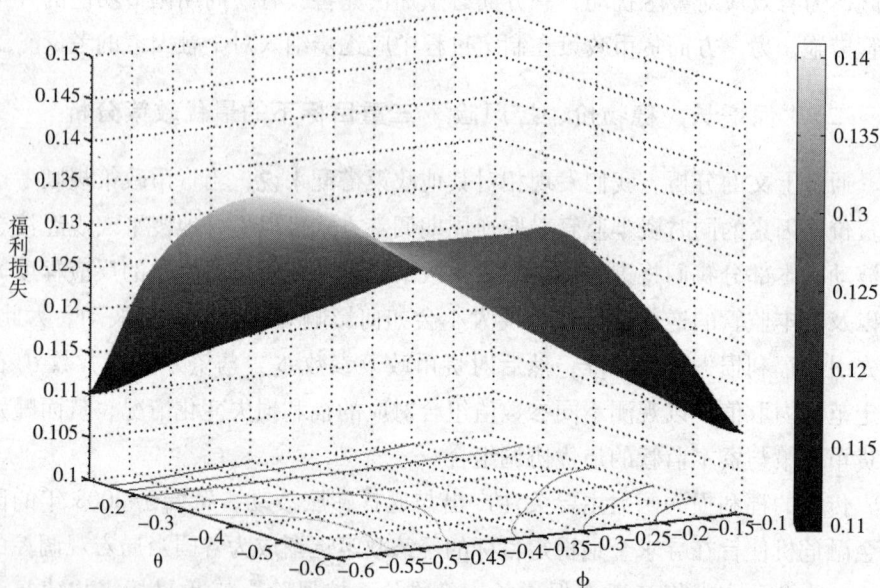

注：作者根据 Matlab 软件工具包 Dynare4.2.4 的数值模拟结果绘制而成。

图 6.5　不同货币政策与资本监管组合对应的福利损失分布（外源性金融冲击）

令货币政策参数 ϕ_{cred} 和资本监管参数 θ^c 分别在 [−0.6，−0.1] 中取值，步长为 0.1，图 6.5 显示了不同参数取值所对应的政策组合在面临金融冲击时导致的福利损失分布曲面。从图 6.5 中可以清楚地看出，福利损失分布曲面呈现出"两头低、中间高"的马鞍形。福利损失最大的区域位于马鞍顶部，此处对应的是货币政策参数 ϕ_{cred} 和资本监管参数 θ^c 取值位于 −0.6 附近，说明货币政策调整过于盯住信贷价格变化以及资本监管的逆周期调整程度过大的"双紧"组合无益于福利水平的改善。福利损失最小的区域位于马鞍两侧底部，左侧区域对应着货币政策参数 ϕ_{cred} 接近 −0.6、资本监管参数 θ^c 接近 −0.1，右侧区域则对应着货币政策参数 ϕ_{cred} 接近 −0.1、资本监管参数 θ^c 接近 −0.6，表明盯住信贷价格变化的货币政策和逆周期调整的资本监管采取"一松一紧"的搭配可以有效改善福利水平。同时，存在两种最优政策执行组合也为当局进行宏观调控提供了更大的操作空间和灵活性。

三、拓展分析：异质性金融冲击

自 2008 年国际金融危机发生以来，对金融冲击的探讨逐渐成为宏观经济学的前沿议题，越来越多的文献开始关注金融冲击对经济波动的影响。从 RBC 到 FBC，人们逐渐意识到引起经济波动的根源不仅有技术冲击还包括金融冲击。但是与技术冲击明确为索洛余量的波动不同，学术界对究竟什么是金融冲击并没有一个统一定义。整理现有国内外文献可以发现，在 DSGE 模型中引入金融冲击的方法主要有 3 种：一是将企业的净资产或净财富冲击作为金融冲击（Nolan & Thoenissen，2009）；二是与本书在企业贷款抵押方程中对抵押率引入随机冲击相类似，通过对企业的还贷能力施加冲击以表示金融冲击（Jermann & Quadrini，2012）；三是对银行权益资产施加冲击以表示金融冲击（Angeliniet al.，2014）。由于本书建模并未涉及企业净资产的刻画，因此主要考虑后两种冲击。仔细辨别这两种冲击可以发现：第二类金融冲击通过影响企业的偿债能力使贷款违约风险显性化，进而导致金融部门的资产发生损失，导致这种金融冲击的根源在于企业经营状况恶化，这种冲击始于信贷需求方，对金融部门来说是一种外源性冲击；第三类金融冲击则通过直接影响银行权益资产进而导致金融部门发生损失，这种金融冲击以银行资本的随机损失为前提，因此可以将其看成是由金融市场随机波动所引起的金融部门投资失败造成的，这种冲击始于信贷供给方，对金融部门来说是一种内源性冲击。绝大多数涉及金融冲击的文献都没有对这两类冲击做出区分，事实上，由不同金融冲击引发的宏观经济金融波动程度可能存在显著差异，由此对货币政策与资本监管的最优调控力度适时转变也提出了更高要求。

如果从实体与金融的关系角度看，可以发现虽然内源性金融冲击和外源性金融冲击都会引起银行资产损失进而引发银行信贷的收紧，但是两类冲击发生的根源各异、包含的信息也不同，在传导路径上亦有所区别。具体来说，外源性金融冲击根本上是源自实体经济波动，其包含了实体经济恶化的相关信息，传导路径为实体波动→金融正反馈→实体进一步恶化，而内源性金融冲击根源于金融领域的随机波动，并不包含实体经济恶化的任何信息，其传导路径为金融波动→金融正反馈→实体恶化。

具体到本书来看，内源性金融冲击借由金融正反馈作用于实体经济时，不直接引起企业还贷风险上升，因此并不通过融资风险溢价渠道和银行资本渠道发挥作用，对宏观经济金融波动的影响力度也更小。银行资本的突然减少会直接使资本—贷款比率下降，这一点无论是在逆周期监管还是顺周期监管情形下都是一致的，通过资本监管的直接渠道和替代效应渠道，内源性金融冲击可以导致经济波动。但由于失去前两种渠道的强化效果以及资本监管本身存在的两重效应影响，可知同样大小的内源性金融冲击造成的宏观经济金融波动程度要明显弱于外源性金融冲击。为比较同样大小的异质性金融冲击对经济波动的影响力度，与前文的外源性金融冲击一样，将内源性金融冲击的持久性参数 ρ_v 设为 0.9601，σ_v 设为 0.0185。以逆周期监管为例，表 6.1 从均值效应和波动效应两个方面比较了内、外源金融冲击对产出、通胀和企业贷款违约率的影响[1]。可以看出，对于各种政策组合，无论是基于均值还是波动考察，内源性冲击对产出、通胀、违约率的影响程度都明显低于外源性冲击。

表 6.1　　　　　外源性金融冲击与内源性金融冲击的宏观效应比较

指标	变量 冲击类型 政策组合	产出		通胀		违约率	
		外源 冲击	内源 冲击	外源 冲击	内源 冲击	外源 冲击	内源 冲击
水平 效应	逆周期监管 + 一般泰勒 规则	-2.53 E-04	-8.65 E-06	4.18 E-05	3.72 E-06	2.11 E+00	1.46 E-01
	逆周期监管 + 盯住信贷 价格的泰勒规则	1.40 E-04	1.53 E-05	1.95 E-05	6.30 E-07	2.08 E+00	1.46 E-01
	逆周期监管 + 盯住信贷 规模的泰勒规则	-1.13 E-04	-3.34 E-06	4.36 E-05	3.82 E-06	2.10 E+00	1.46 E-01
波动 效应	逆周期监管 + 一般泰勒 规则	5.35 E-04	2.23 E-05	5.78 E-05	6.36 E-06	0.6463	0.1836
	逆周期监管 + 盯住信贷 价格的泰勒规则	3.39 E-04	1.87 E-05	6.06 E-05	6.04 E-06	0.6324	0.1837
	逆周期监管 + 盯住信贷 规模的泰勒规则	4.95 E-04	2.13 E-05	5.96 E-05	6.38 E-06	0.6432	0.1836

注：作者根据 Matlab 软件工具包 Dynare4.2.4 的数值模拟结果整理绘制而成。

通过分析，我们发现与外源性金融冲击一样，相对其他政策搭配来说，当货币政策规则考虑信贷价格因素的同时资本监管采取逆周期调整方式可以更好地熨平内源性金融冲击引起的宏观经济金融波动。图 6.6 显示了内源性金融冲击下包含信贷价格因素的货币政策与逆周期资本监管的最优执行区间。可以看

---

[1]　水平效应和波动效应分别由金融冲击下，产出、通胀、违约率在 20 期内的脉冲响应的平均值和标准差计算得到。

出，与外源性冲击的结果不同，在内源性冲击下，为确保福利损失最小化，资本监管要从紧，而货币政策可松可紧，几乎没有影响。原因可能在于，外源性冲击反映了经济基本面，而内源性冲击不反映基本面，纯粹由金融波动造成，因此需要资本监管针锋相对，而货币政策主要是根据经济基本面来调节宏观经济，对治理由纯粹金融波动引起的经济波动效果并不理想。此外，可以发现，在内源性金融冲击下，货币政策与资本监管的调控空间更大，福利损失较大的区域占比明显低于外源性金融冲击，而且福利损失程度也相对更低。这反映出外源性金融冲击具有更大的破坏力，熨平其引发的经济金融波动对货币政策与资本监管的配合要求也更高。

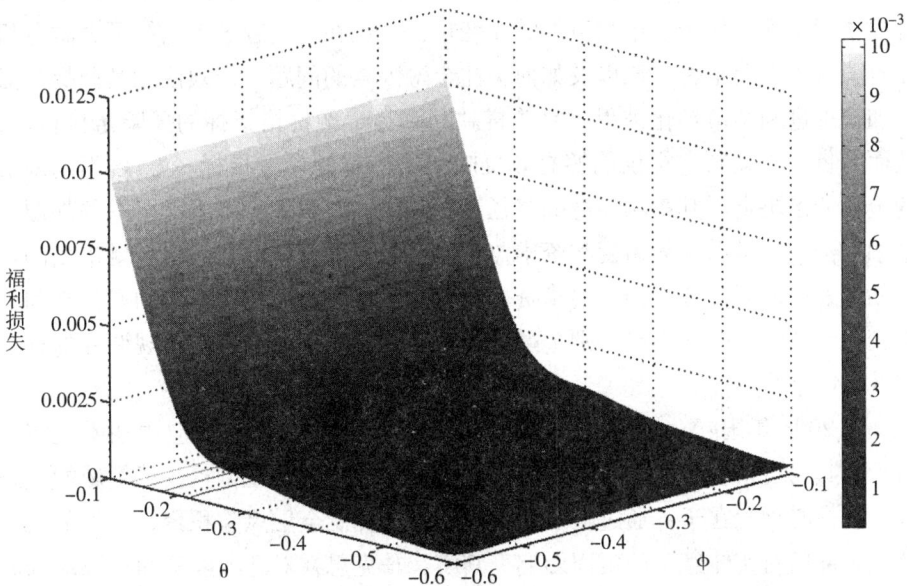

注：作者根据 Matlab 软件工具包 Dynare4.2.4 的数值模拟结果绘制而成。

图 6.6 内源性金融冲击下不同政策组合对应的福利损失分布

第五节 结论与建议

本章基于一个包含显性银行部门的新凯恩斯 DSGE 框架将金融因素内生进模型，刻画了金融部门与实体经济的交互关系和动态反馈机制，分析了金融冲击的宏观效应，并在此基础上探讨了"保增长、稳物价、控风险"三重目标下货币政策与银行资本监管的最优协调问题。研究表明：（1）金融冲击既会影响违约风险、信贷投放、资本充足率等重要金融变量，也会影响产出、投资、通胀等主要实体经济变量。在经济金融交互关系越发紧密和复杂的今天，金融冲击可能对实体和金融同时造成巨大伤害，2008年国际金融危机就是例证，因此必须正视金融冲击的影响并寻求科学应对之策。（2）在考虑外部监管强度对商业银行内部风险管理的替代性影响后，通过定量模拟分析发现逆周期资本监管在熨平金融冲击导致的宏观波动方面的效果仍明显优于顺周期监管，这从另一个角度为金融危机后大力推进逆周期宏观审慎监管提供了经验上的支持。此外，研究发现货币政策制定应考虑金融因素，金融价格指标比金融规模指标更适合作为货币政策的盯住变量，这也在一定程度上回答了金融危机后有关货币政策是否应该以及如何关注金融因素的问题，但须注意其前提是必须加快推进利率市场化进程，完善贷款利率等金融价格指标的风险定价机制，从而为货币政策制定提供能够有效反映市场信息的参考指标。（3）不同来源的金融冲击决定了其影响经济的路径存在差异，由实体经济下滑引发的外源性金融冲击要求货币政策力度与资本监管强度采取高低式配合，由金融市场随机波动引发的内源性金融冲击要求资本监管强度从紧，而货币政策的操作空间具有较大灵活性，因此准确识别金融冲击的来源有助于提升金融宏观调控的整体有效性。

自2008年国际金融危机以来，金融稳定得到空前关注，逆周期宏观审慎监管及其与货币政策的协调问题成为目前国内外金融宏观调控改革领域的最强音。其核心理念在于：通过科学的逆周期调控抑制金融风险积聚、缓解危机时期金融部门对实体经济的负面影响。其实，马克思在对造成经济周期波动的原因进行分析时就已指出：信用膨胀和萎缩不仅是经济处于不同周期阶段的特征，也是导致经济周期的动因，因此信用是反周期宏观调控的主要对象，经济衰退时，必须扩大信用、增加货币投放，否则会加剧经济的衰退和恶化。马克思不仅看到了实施逆周期调控对于降低金融危机破坏力的重要作用，同时从他对经济周期动因和虚拟经济的分析中可以看出，金融波动不仅是实体经济波动的一种表现，其越来越显示出的独立的周期性运动规律可能成为影响经济周期波动的源泉。这一思想对于我国改革金融宏观调控模式、提升政策的整体有效性具有十分重要的启示。它表明金融宏观调控要取得良好效果，一方面需要完善政策的逆周期调节功能和协调机制，另一方面必须对经济波动的金融成因进行科学分析、准确判断，因为不同来源的金融冲击要求金融宏观调控采取不同协调模式，这一点为大多数研究所忽视。本书建议，应着力构建"合理选择调控目标、准确判断波动来源、科学实施政策搭配"的三位一体式金融宏观调控模式，在努力抑制金融风险的同时充分发挥金融驱动创新、服务增长的本质功能。

第七章

主要结论、政策建议与研究展望

本书立足 2008 年国际金融危机和中国经济新常态的重大现实背景，以中国金融宏观调控目标多元化和调控模式转型为切入点，详细研究了银行资本监管与货币政策的协调问题。基于银行信贷主导的间接融资体系这一基本事实，以信贷为政策输入到经济变化的传导支点，以信贷总量与结构为具体对象，深入分析了信贷的经济效应以及货币政策与资本监管对信贷的影响，并据此提出二者在协调过程中的一些注意点。进一步，借助结构化建模和模拟方法，以异质性冲击为经济扰动来源，基于"保增长、稳物价、控风险"三重金融宏观调控目标，构建了资本监管与货币政策的最优协调模式。本章的主要任务是基于前文的研究结果，总结主要结论、提炼相关政策建议，并归纳研究过程中存在的不足之处，以为进一步研究指明方向。

第一节　主要结论

一、银行信贷是推动中国经济的主要金融资源，是金融宏观调控的重要抓手，信贷投放结构失衡易扭曲经济结构、引酿金融风险

截至 2015 年，中国全社会融资规模中有 76% 通过间接融资获得，只有24% 来源于直接融资，间接融资仍是全社会资金融通的主渠道，金融宏观调控政策要有效传导至实体经济仍主要借助商业银行等传统金融中介。中国目前无论在全国还是区域层面仍然是以间接融资为主导的金融体系。直接融资市场尽管在近年来得到了显著发展，但还无法取代商业银行等传统金融中介在金融体系中的地位。从行业比较来看，银行业总资产规模遥遥领先，其总资产规模在三大行业中的比重始终维持在 90% 以上，保险业其次，证券业最低。因此，中国的银行主导型金融体系特征十分明显。整体来看，银行业总资产中超过 50% 配置给了信贷类资产，因此，信贷资产是商业银行的主要资产，银行信贷仍是当下支持中国经济发展最主要的金融资源，金融宏观调控要有效影响经济必须借助银行信贷渠道。

经济发展进入新常态以来，中国银行业的不良贷款率迅速上升，这无疑反映出目前中国信贷风险正快速恶化的事实。信贷在支持实体经济发展的过程中，本身也会导致一定的风险效应。尤其对于中国来说，银行信贷广泛存在的期限错配和行业错配风险客观上加剧了金融不稳定程度，促使金融宏观调控在致力实现物价稳定和经济增长等一系列目标时必须充分考虑其对金融稳定的影响。

从信贷投放的期限结构看，中国的中长期贷款增长十分迅速，并且规模大大超过短期贷款。当前在我国金融业普遍存在的这种信贷期限结构长期化趋势背后隐藏的金融风险十分巨大，合理优化信贷期限结构是现阶段维护金融稳定的重要抓手。通过对信贷期限错配与不良贷款率之间的关系进行 Granger 因果检验确认了近年来我国贷款期限结构长期化是引发不良贷款率攀升的重要原因。信贷期限结构长期化暗示资金运用端存在的潜在风险，从与资金来源端的比较看，中国银行业还存在"借短贷长"的期限错配风险。银行是以吸收存款和发放贷款为主要业务的经营主体，通过"借短贷长"虽然可以博取更多利润，但无疑也加剧了引发银行流动性风险的可能。

从信贷投放的部门持有结构看，投向不同部门的信贷除了会借由推动本部门的生产，进而对物价和产出水平产生影响外，还会反过来受到本部门贷款违约风险的影响，进而表现为投向不同部门信贷的不良贷款率存在显著差异。采矿业和制造业投资体量总和十分庞大，其中不乏许多子行业存在严重的产能过剩问题和不良贷款率高企现象，这些行业已成为当前我国金融风险聚集的重灾区。研究发现，产能过剩行业存在"负债率提高"和"偿债能力下降"的趋势，表明信贷增粗放长可能进一步固化行业产能过剩，有悖于"去产能"和"调结构"的初衷，而且在扭曲经济结构的同时也动摇了金融体系的稳定性。房地产行业虽然聚集了大量资产价格泡沫，结构性产能过剩问题非常突出，但其不良贷款率却相对较低，但是在房地产企业融资中，通过正规信贷以外的影子银行体系获得的资金量越来越大，这部分资金在透明度和风险控制方面都相对偏低，而且与商业银行存在千丝万缕的联系，潜在信贷风险不容小觑。如何有效抑制房地产行业的泡沫，消化、缓释已经暴露和潜在的信贷风险，同时又有效兼顾经济增长和金融稳定是当前宏观调控和政策设计亟待解决的重大现实问题。与银行信贷配置更倾向于房地产业、国有大型企业等相比，中小企业面临十分严峻的融资约束。在当前中国经济进入改革攻坚深水区的关键阶段，这种非对称的信贷资源配置不仅容易导致投资盲目扩张、产业结构固化和资产价格泡沫，也不利于充分发挥中小企业的经济活力和创新能力。信贷配置失衡对经济增长、物价稳定和金融风险等重要变量都会产生影响。

二、银行资本监管是优化信贷结构、防范金融风险的良好工具，提高信贷资金配置效率、实现多目标动态平衡是货币政策转型的重要驱动力

在国际通行的银行业监管体系中，资本监管处于核心地位。通过创新资本监管指标和工具，可以引导商业银行将信贷资源向合意领域配置，起到优化信贷结构之效，同时依据经济周期的变化情况，敦促商业银行适时调整资本结构，起到防范金融风险的功能。如运用差别资本监管工具，激励银行信贷向"三农"和小微领域倾斜，如适时增调逆周期资本缓冲，有效应对经济形势变化。

保持物价稳定和促进经济增长是中国货币政策的两大核心目标，此外，在2008年国际金融危机与经济新常态的双重背景下，金融稳定也逐渐进入货币政策的目标篮子。就货币政策调控方式来看，中国经历了由直接调控向间接调控转型的重要改革，将对国有商业银行贷款规模的指令性计划改为指导性计划，信贷指标虽然重要，但可控性不断下降，此后广义货币供应量和社会融资规模相继推出，但只能解一时之急。培育以利率为代表的价格型中介目标、疏通政策传导机制是有效影响信贷等资金配置、实现产出、价格、风险动态平衡的关键步骤。

三、信贷经济效应在总量与结构两个层面存在显著差异，资本监管与货币政策对总量信贷和结构信贷的影响不尽相同

总量信贷扩张在促进产出的同时会提高价格、降低风险，因此产出增长与价格稳定目标不可兼得，而维持必要产出是抑制风险的重要保障，因此尽管稳定价格是宏观调控的传统核心目标，但在当前形势下，却不宜罔顾经济增长，否则如果为了稳定价格，而紧缩信贷，则产出势必放缓，不良贷款率会出现更大幅度的恶化。因此，促进产出合理适度增长以确保不发生系统性金融风险应当成为目前金融宏观调控的底线思维。

中长期信贷在平衡产出、价格、风险方面的表现是最好的，但其增长必须根据实际经济发展需要，否则为信贷长期化而长期化，反而容易招致金融风险，须知商业银行资金期限错配可能加剧潜在的金融风险。而短期信贷无助于产出、价格、风险目标，应在必要的资金需求之外尽量压缩。

不同行业信贷的经济效应存在力度和方向上的区别，宏观调控在注重优化经济结构的同时也要注意防范行业风险。制造业信贷，电、燃、水业信贷和房地产业信贷对产出、价格、风险的影响方向与总量信贷是一致的，而交仓邮业信贷扩张对产出和价格有负向影响、对风险有正向影响，这与其他三个行业完全相反。特别地，房地产业信贷扩张对价格的总体影响为正，但程度却要低于制造业信贷和整体信贷，而制造业等信贷变化对 CPI 价格亦未能起到显著作用。究其原因在于以 CPI 衡量的价格指标不能有效吸收房地产信贷对房价的影响，产业链条的上下游价格传导亦存在梗阻。价格稳定作为传统的核心目标，是引发宏观调控政策调整的重要动力，但目前来看既有的 CPI 指标却不能担当起有效衡量总体价格的重任，其既存在统计内涵上的不足，亦有与其他价格间传导不畅的问题。

货币政策紧缩使总量信贷减少，从而降低产出、放大风险，具体的还会使短期信贷增加、中长期信贷减少，而短期信贷增加会抑制产出、放大风险，中长期信贷减少同样会抑制产出、放大风险，二者对紧缩性货币政策抑制产出、放大风险有叠加效果。反之，货币政策亦不宜过分宽松，否则信贷期限错配会更加严重，隐藏的金融风险更大。资本监管对总量信贷和不同期限信贷的影响方向完全一致，但其影响力度较之货币政策更强，因此使用也要更加谨慎，以防止信贷过度波动。

货币政策和资本监管对总量信贷的影响力度均高于四大行业。实证发现货币政策与资本监管对制造业信贷的影响却不及总量信贷，因此货币政策和资本监管等传统的"一刀切"模式已不适合当前的经济发展形势，这可能导致宏观调控难以有效实现既定目标，同时总体调控还会对其他经济部门带来显著的负外部性。特别地，货币政策与资本监管对电、燃、水等基础性行业的信贷影响不显著。商业银行对这些行业的信贷投放往往具有极强的刚性，不易受到经济周期的影响，而货币政策和资本监管等政策多依据经济周期的波动进行短期调节，因此难以对这些行业的信贷造成显著影响。

第二节　政策建议

一、协调资本监管与货币政策必须考虑信贷结构因素，产出、价格、风险三重目标并不完全相容，资本监管与货币政策的协调必须立足动态平衡，追求总体效果最大化

在当前经济下行和金融风险积聚的大背景下，为有效提振经济，可适度宽松货币政策，促进产出增加、抑制风险积聚。在这一过程中，信贷期限错配会隐藏大量潜在金融风险，因此，建议适当强化对中长期信贷的监管，可适当调高中长期信贷资产的风险权重，以发挥资本监管对中长期信贷过快增长的抑制作用，但要注意调节力度不宜太大，因为资本监管对信贷的影响比货币政策更加强烈。

不同行业信贷扩张的经济效应大小也不尽相同，货币政策和资本监管在致力于稳定宏观经济的过程中应该充分利用行业信贷经济效应的异质性，可根据需要适时采用具有行业偏向效应的定向货币政策工具和差别资本监管工具，确保产出、价格、风险在合理区间内运行。尤其注意的是，不同行业的信贷扩张对不良贷款率的影响程度都要明显超过产出和价格，因此在宏观调控中要合理把握对各目标的追求程度，防止政策力度过大引起信贷风险过度波动，从而影响金融稳定。

基于对总量信贷、分行业信贷还是分期限信贷的考察表明，货币政策是调节信贷更有效的工具，而资本监管单独发挥调节信贷的功能具有局限性，很多情况下需要借助于货币政策发挥作用。因此，本书提出货币政策应成为调节信贷的主要工具，但资本监管应与之配合。"双管齐下"可以避免货币政策调整幅度过大，毕竟货币政策面临着多目标的调控任务，以更小的调节力度换来同样的效果无疑可以增强货币政策在应对其他目标时的操作弹性，但也切忌独立使用资本监管，资本监管单独使用不仅难以取得显著效果，还可能加剧金融体系的不稳定性。

二、资本监管逆周期要优于顺周期、货币政策制定应关注金融因素，二者的最优协调模式必须依据外生冲击的来源差异而相机构建

本书基于金融内生性视角，构建包含显性银行部门的 DSGE 模型，研究金融冲击下银行资本监管与货币政策的最优协调问题，并进一步在异质性金融冲击下拓展分析结论。研究证实：（1）外部监管强度变化会对银行内部风险管理产生一定的替代作用，但逆周期资本监管熨平经济波动的效果仍显著优于顺周期监管，这从一个新的角度为金融危机后大力推进逆周期宏观审慎监管提供了经验上的支持。因此，坚定不移地推进和完善逆周期资本监管是未来银行监管改革的重要方向。（2）货币政策应关注金融因素，泰勒规则盯住信贷价格优于盯住信贷规模，这在一定程度上回答了金融危机后有关货币政策是否应该以及如何关注金融因素的问题。因此，将金融稳定纳入货币政策调控目标篮子、合理兼顾产出稳定、价格稳定和金融稳定是未来货币政策框架转型的重要方向。（3）基于"保增长、稳物价、控风险"三重目标，在外源性金融冲击下，货币政策力度与资本监管强度高低搭配可明显降低福利损失，双高搭配会导致福利损失最大化；在内源性金融冲击下，经济波动程度更小，福利损失最小化要求资本监管强度从紧而货币政策具有更大灵活性；因此，资本监管与货币政策的最优协调模式是相对的，必须依据外生扰动的具体来源相机构建。总之，货币政策须更加关注金融价格波动、同时要加快完善资本监管逆周期调节制度，此外能否准确识别金融冲击来源会直接影响金融宏观调控的整体有效性，不同来源的金融冲击决定了资本监管与货币政策的最优协调模式。

三、必须为协调资本监管与货币政策提供适宜的制度环境

资本监管与货币政策协调的立足点在于金融稳定，目前国际上通行的做法是构建以中央银行为核心、金融监管部门为辅助的宏观审慎管理体系，借由这一框架实现"多工具、多部门"的广泛协调。目前，中国虽然建立了金融监管部际协调会议制度，但跨部门合作仍是有其形、无其实，中央银行虽然推出"宏观审慎评估体系"，但只局限于本部门单独行使。

截至 2017 年以"一行三会"为主体的分业监管框架致使宏观调控部门与各监管当局之间缺乏有效的沟通和协调，由此导致的政策冲突或重叠不仅会加大经济波动，而且会导致市场主体预期混乱。金融监管政策与货币政策发生冲突不仅源于制度弊病，更深层次的原因在于货币政策是逆周期的，而金融监管往往是顺周期的，由此产生矛盾，另外，我国货币政策时常在产出增长、价格稳定、金融稳定等多目标之间切换，目标多元化也导致了与单一目标的金融监管之间存在不协调问题。因此，协调金融监管尤其是资本监管与货币政策，必须立足于构建新型的金融宏观调控框架，通过引入逆周期宏观审慎调控思路改善金融监管的顺周期问题，同时进一步明晰货币政策框架中各目标的权重和优

先顺序，这样制度层面的协调安排才会具有针对性和可操作性。

第三节　研究展望

笔者并不讳言，尽管竭尽所能、精益求精，但囿于时间、精力和能力所限，本书仍不可避免地存在诸多不足。在写作中，每完成一节，笔者都会花一些时间总结文中有待改进之处，这不仅是为了使读者对本书有一个更加全面、客观的认识，同时也构成了笔者未来研究计划中的重要部分。基于这一认识，将本书的不足之处以研究展望的形式分列示之。

一、结构化建模比较粗糙

为识别资本监管与货币政策的最优协调模式，本书构建了包含银行部门的DSGE 模型进行模拟分析，但模型的限制条件太强，有脱离现实之嫌，主要有两点：一是假设银行只经营单一品种的信贷业务，从而避免刻画信贷结构带来的复杂性问题；二是忽视银行在信贷、股、债等大类资产上的配置行为，从而避免资本监管与货币政策对银行信贷的影响出现"渗漏效应"，降低了模型处理与分析的难度。但是在现实中，商业银行并不会被动接受货币政策与资本监管变动带来的影响，而是主动通过调整信贷投放结构以及大类资产的配置比例以最大限度地抵消政策变化产生的负面影响。"上有政策、下有对策"式的策略博弈往往导致宏观调控的有效性下降、甚至经济会出现非预期波动，这也是当前结构性货币政策与精准调控备受青睐的重要原因。下一步，将商业银行的信贷资产内部配置与大类资产间的配置行为纳入 DSGE 模型，分析这一行为对宏观调控有效性的影响以及如何创新定向调控将成为笔者未来的核心研究目标。此外，本书 DSGE 模型参数的设置采用的是传统校准方法，未来应进一步基于真实数据使用贝叶斯方法进行参数估计，避免校准带来的选择性偏误。

二、计量分析部分的数据质量和处理水平有待提高

本书的计量分析主要为基于宏观数据的时序分析和基于微观数据的面板分析两部分。在时序分析中，所使用的宏观数据样本区间较短，从而导致模型估计缺乏足够的信息，降低了结论的可靠性。在面板分析中，本书以 16 家上市银行为样本个体，虽然具有一定的代表性，但无疑并非最佳选择，未来应尽可能地使用覆盖整个银行业的样本数据来分析，防止样本选择有偏影响估计。此

外，本书在信贷行业结构的分析中只讨论了制造业，电、燃、水业，房地产业和交、仓、邮业，未来应尽可能将其他行业的缺失数据补齐，进行全面分析。

三、对金融风险的刻画不够细致

诚然，在以银行信贷为主导的间接融资体系中，金融风险主要集中在银行信贷风险上，而不良贷款率是既有的表征信贷风险的最核心指标，但是不良贷款率衡量的是贷款使用端的风险情况，而商业银行的信贷风险最终到底如何，还取决于银行的风险抵御水平，如不良贷款拨备覆盖率、资本充足率等，此外，银行资产的期限错配所引发的流动性紧张也是催生金融风险的重要导火索。未来，应进一步综合考虑这些因素，合成一个能够较为全面描述金融风险的量化指标，在此基础上进行的实证分析将更具说服力。

四、缺乏统一的实证分析框架

基于"政策→信贷→经济"传导链条的资本监管与货币政策协调分析虽然在逻辑上层层递进，但缺乏一个统一的框架，使得对协调资本监管和货币政策的建议缺乏清晰的定量表述。下一步，笔者将全部以微观数据为基础，分析政策输入对经济变化的影响，在此基础上以信贷为支点，提出相关的传导机制，并进行进一步检验，从而在一个数据和模型统一的框架内深入研究政策协调问题。

五、其他可以研究的方向

第一，在本书第五章中，发现总量货币政策与资本监管对分行业信贷具有十分不同的影响，并且不同行业信贷的经济效应亦存在较大差别，据此提出货币政策与资本监管应该注重对信贷结构的调节。为此，下一步可聚焦于研究结构性货币政策和差别资本监管的定向调节功能。第二，本书的研究主旨是资本监管与货币政策的协调问题，实际上资本监管包含多个组成部分，既是一种微观审慎调节工具，同时也作为宏观审慎政策的实施工具，本书的模拟研究主要侧重后者，在实证检验中使用的也是整体资本充足率数据，并未区分微观审慎和宏观审慎。事实上，与货币政策和宏观审慎政策的关系相比，微观审慎与宏观审慎具有天然的、更加紧密的联系，而且目前学术界对这一问题展开深入研究的文献并不多见，具有很高的研究价值。第三，目前国内外学术界几乎所有刻画银行部门的 DSGE 文献包括本书在内，都只单独引入资本或拨备作为商业银行抵御信贷风险的工具。事实上，资本与拨备是商业银行预防风险的两道主要防线，前者用于弥补非预期损失，后者用于抵补预期损失，如果拨备计提不足，那么资本充足率就难以作为商业银行抗风险能力的有效指标。因此，未来在研究与货币政策协调问题时，应在商业银行风险抵补方程中引入资本与拨备两级标准，通过刻画拨备计提与资本计提的相互影响关系以更加贴近现实经济，并可进一步衍生出更加丰富的机制和结论。

参 考 文 献

[1] 卞志村，胡恒强．中国货币政策工具的选择：数量型还是价格型？——基于 DSGE 模型的分析 [J]．国际金融研究，2015 (6)：12 - 20.

[2] 曹廷求，朱博文．货币政策、银行治理与风险承担 [J]．金融论坛，2012 (12)：4 - 12.

[3] 陈伟平，冯宗宪，张娜．资本缓冲对中国商业银行行为的影响——基于审慎监管视角 [J]．中央财经大学学报，2015 (4)：35 - 42.

[4] 陈小亮，陈惟，陈彦斌．社会融资规模能否成为货币政策中介目标——基于金融创新视角的实证研究 [J]．经济学动态，2016 (9)：69 - 79.

[5] 陈彦斌．"十三五"规划纲要关于宏观调控的新思路 [N]．光明日报，2016 - 05 - 04.

[6] 崔岩．国际金融危机以来日本货币政策转变分析——经济条件、决策体制与政策理念的影响 [J]．日本问题研究，2015 (2)：1 - 8.

[7] 党海丽．银行化解地方政府融资平台风险分析 [N]．金融时报，2015 - 03 - 30.

[8] 代军勋，海米提．货币政策传导的风险承担渠道研究综述 [J]．武汉大学学报（哲学社会科学版），2014 (4)：18 - 23.

[9] 董彦岭，孙晓丹，陈琳等．金融危机对通货膨胀目标制的挑战及其发展方向 [J]．经济学动态，2010 (4)：27 - 30.

[10] 杜清源，龚六堂．带"金融加速器"的 RBC 模型 [J]．金融研究，2005 (4)：16 - 30.

[11] 范从来．货币政策目标论 [M]．南京：南京大学出版社，2017.

[12] 范从来，高洁超．新常态下的货币政策最新进展：一个文献综述 [J]．南大商学评论，2015 (2)：48 - 80.

[13] 范从来，杜晴．产业结构影响 M_2/GDP 比值的实证研究 [J]．中国经济问题，2015 (2)：3 - 12.

[14] 范从来，刘绍保，刘德溯．中国资产短缺影响因素研究——理论及经验证据 [J]．金融研究，2013 (5)：73 - 85.

[15] 范从来，盛天翔，王宇伟．信贷量经济效应的期限结构研究 [J]．经济研究，2012 (1)：80 - 91.

[16] 范方志，赵明勋．当代货币政策 [M]．上海：上海三联书店，2005.

[17] 高铁梅．计量经济分析方法与建模：EViews 应用及实例（第二版）[M]．北京：

清华大学出版社, 2009.

[18] 高宾. 中国货币政策与金融监管协调性研究 [D]. 外交学院硕士学位论文.

[19] 高智贤, 李成, 刘生福. 货币政策与审慎监管的配合机制研究 [J]. 当代经济科学, 2015 (1): 56 - 66.

[20] 苟琴, 黄益平, 刘晓光. 银行信贷配置真的存在所有制歧视吗? [J]. 管理世界, 2014 (1): 16 - 26.

[21] 谷慎, 岑磊. 宏观审慎监管政策与货币政策的配合——基于动态随机一般均衡分析 [J]. 当代经济科学, 2015 (6): 26 - 33.

[22] 郭建伟. 利率市场化与利率定价机制 [J]. 中国金融, 2013 (22): 16 - 19.

[23] 洪银兴, 葛扬, 秦兴方. 《资本论》的现代解析 [M]. 北京: 经济科学出版社, 2005.

[24] 胡玉峰. 新常态下货币政策与以往货币政策的三大区别 [N]. 上海证券报, 2015 - 11 - 27.

[25] 黄宪, 马理, 代军勋. 资本充足率监管下银行信贷风险偏好与选择分析 [J]. 金融研究, 2005 (7): 95 - 103.

[26] 黄宪, 王露璐, 马理. 货币政策操作需要考虑银行资本监管吗 [J]. 金融研究, 2012 (4): 17 - 31.

[27] 黄宪, 吴克保. 我国商业银行对资本约束的敏感性研究——基于对中小企业信贷行为的实证分析 [J]. 金融研究, 2009 (11): 103 - 118.

[28] 黄宪, 熊启跃. 银行资本约束下货币政策传导机理的"扭曲"效应 [J]. 经济学动态, 2011 (6): 119 - 124.

[29] 黄赜琳. 中国经济周期特征与财政政策效应 [J]. 经济研究, 2005 (6): 27 - 39.

[30] 贾庆军. 改革开放以来中国货币政策理论与实践的演变 [D]. 复旦大学博士学位论文.

[31] 江曙霞, 陈玉婵. 货币政策、银行资本与风险承担 [J]. 金融研究, 2012 (4): 1 - 16.

[32] 姜华东. 宏观审慎监管: 后危机时代的金融监管改革与中国的选择 [N]. 中国浦东干部学院学报, 2011 (2): 67 - 73.

[33] 蒋瑛琨, 刘艳武, 赵振全. 货币渠道与信贷渠道传导机制有效性的实证分析——兼论货币政策中介目标的选择 [J]. 金融研究, 2005 (5) 70 - 79.

[34] 金鹏辉, 张翔, 高峰. 银行过度风险承担及货币政策与逆周期资本调节的配合术 [J]. 经济研究, 2014 (6): 73 - 85.

[35] 李达, 陈颖. 欧盟和德国金融监管改革的实践及启示 [J]. 金融发展评论, 2015 (4): 54 - 69.

[36] 李后建, 刘思亚. 银行信贷、所有权性质与企业创新 [J]. 科学学研究, 2015

（7）：1089 – 1099.

［37］李萌，高波．"银行主导"或"市场主导"金融体系结构：文化视角的解释
［J］．江苏社会科学，2014（3）：54 – 62.

［38］李楠，吴武清，樊鹏英．宏观审慎资本监管对信贷增长影响的实证研究［J］．
管理评论，2013（6）：11 – 18.

［39］李若谷．对当前企业融资难、融资贵问题的分析与思考［J］．金融监管研究，
2014（11）：1 – 8.

［40］李向前．宏观审慎监管政策与货币政策：理论与实践［M］．北京：中国金融出
版社，2013.

［41］李赟宏，李云雁．资本充足率监管对银行信贷扩张的影响［J］．金融论坛，2010
（9）：10 – 16.

［42］梁璐璐，赵胜民，田昕明等．宏观审慎政策及货币政策效果探讨：基于 DSGE 框
架的分析［J］．财经研究，2014（3）：94 – 103.

［43］廖国民，何传添，陈万灵．美国货币政策转向及其背后的逻辑［J］．上海金融，
2013（3）：57 – 62.

［44］廖岷，孙涛，丛阳．宏观审慎监管研究与实践［M］．北京：中国经济出版
社，2014.

［45］刘斌．我国 DSGE 模型的开发及在货币政策分析中的应用［J］．金融研究，2008
（10）：1 – 21.

［46］刘斌．资本充足率对信贷、经济及货币政策传导的影响［J］．金融研究，2005a
（8）：10 – 22.

［47］刘斌．资本充足率对我国贷款和经济影响的实证研究［J］．金融研究，2005b
（11）：18 – 30.

［48］刘华．中国商业银行改革回顾与发展［J］．中国城市经济，2004（10）：
65 – 68.

［49］刘仁伍．宏观审慎管理：框架、机制与政策［M］．北京：社会科学文献出版
社，2012.

［50］刘胜会．物价稳定与金融稳定：从"一致"走向"不一致"［J］．金融与经济，
2011（3）：4 – 8.

［51］刘涛．中国经济波动的信贷解释：增长与调控［J］．世界经济，2005（12）：
24 – 31.

［52］刘元春，李舟．后危机时代非常规货币政策理论的兴起、发展及应用［J］．教
学与研究，2016（4）：54 – 64.

［53］卢文阳．金融危机背景下我国中小企业融资难问题研究［J］．江西社会科学，
2010（3）：98 – 101.

［54］陆军，刘威，李伊珍．开放经济下中国通货膨胀的价格传递效应研究［J］．世

界经济，2012（3）：3-23.

[55] 路妍. 欧洲中央银行货币政策目标与货币政策调控手段的实施 [J]. 经济研究参考，2004（35）：34-37.

[56] 吕劲松. 关于中小企业融资难、融资贵问题的思考 [J]. 金融研究，2015（11）：115-123.

[57] 马尔科姆·艾迪，司马亚玺. 宏观审慎监管与中央银行的作用 [J]. 中国金融，2013（3）：19-20.

[58] 马理，杨嘉懿，段中元. 美联储扭曲操作货币政策运行机理研究 [J]. 国际金融研究，2013（3）：4-11.

[59] 马勇. 植入金融因素的 DSGE 模型与宏观审慎货币政策规则 [J]. 世界经济，2013（7）：68-92.

[60] 马勇，陈雨露. 宏观审慎政策的协调与搭配：基于中国的模拟分析 [J]. 金融研究，2013（8）：57-69.

[61] 毛东俊. 资产价格与货币政策：一个综述 [J]. 金融评论，2011（6）：92-102.

[62] 毛振华，袁海霞，李诗. 稳增长与防风险的双底线思维 [J]. 中国金融，2016（20）：89-90.

[63] 潘凌遥. 论宏观审慎监管与微观审慎监管的关系 [J]. 区域金融研究，2012（10）：38-41.

[64] 潘敏，缪海斌. 银行信贷、经济增长与通货膨胀压力 [J]. 经济评论，2010（2）：62-70.

[65] 彭兴韵，施华强. 伯南克变革的基本方向——兼论美国货币政策的演化 [J]. 国际经济评论，2007（3）：57-62.

[66] 裘翔，周强龙. 影子银行与货币政策传导 [J]. 经济研究，2014（5）：91-105.

[67] 盛松成，吴培新. 中国货币政策的二元传导机制——"两中介目标，两调控对象"模式研究 [J]. 经济研究，2008（10）：37-51.

[68] 盛天翔. 基于商业银行信贷行为的货币政策信用传导机制研究 [D]. 南京大学博士学位论文.

[69] 盛天翔，范从来. 信贷调控：数量型工具还是价格型工具 [J]. 国际金融研究，2012（5）：26-33.

[70] 史建平，高宇. 宏观审慎监管理论研究综述 [J]. 国际金融研究，2011（8）：66-74.

[71] 宋小梅. 二十世纪六十年代以来的美国货币政策 [J]. 南方金融，2004（11）：62-65.

[72] 宋易康. 为何将社融规模作为货币政策调控新指标 [N]. 第一财经日报，

2016 – 03 – 10.

[73] 孙俊. 货币政策转向与非对称效应研究 [J]. 金融研究, 2013 (6): 60 – 73.

[74] 童士清. 中长期贷款: 增长态势与因果逻辑 [J]. 广东金融学院学报, 2004 (4): 16 – 20.

[75] 万光彩. 金融稳定目标与货币政策框架演进 [J]. 西藏大学学报 (社会科学版), 2012 (4): 172 – 176.

[76] 王爱俭, 王璟怡. 宏观审慎政策效应及其与货币政策关系研究 [J]. 经济研究, 2014 (4): 17 – 31.

[77] 王国静, 田国强. 金融冲击和中国经济波动 [J]. 经济研究, 2014 (3): 20 – 34.

[78] 王晓, 李佳. 金融稳定目标下货币政策与宏观审慎监管之间的关系: 一个文献综述 [J]. 国际金融研究, 2013 (4): 22 – 29.

[79] 王晓明. 银行信贷与资产价格的顺周期关系研究 [J]. 金融研究, 2010 (3): 45 – 55.

[80] 王兆星. 构建金融宏观审慎监管框架——国际金融监管改革系列谈之七 [J]. 中国金融, 2013 (18): 18 – 21.

[81] 王兆星. 我国银行资本监管制度变革——银行监管改革探索之二 [J]. 中国金融, 2014 (15): 12 – 15.

[82] 王志斌, 毛彦军. 银行资本监管对货币政策信贷传导机制的影响 [J]. 西安交通大学学报 (社会科学版), 2013 (1): 31 – 35.

[83] 王志华. 产成品抵押贷款的案例剖析 [J]. 金融发展研究, 2010 (11): 31 – 34.

[84] 韦美才. 国际金融危机与金融宏观审慎管理问题研究 [J]. 区域金融研究, 2011 (8): 20 – 26.

[85] 魏巍, 蒋海, 庞素琳. 货币政策、监管政策与银行信贷行为——基于中国银行业的实证分析 (2002—2012) [J]. 国际金融研究, 2016 (5): 48 – 60.

[86] 吴培新. 美联储非常规货币政策框架 [J]. 国际金融研究, 2014 (9): 15 – 24.

[87] 吴玮. 资本约束对商业银行资产配置行为的影响——基于 175 家商业银行数据的经验研究 [J]. 金融研究, 2011 (4): 65 – 81.

[88] 吴英杰. 后危机时代美欧货币政策的成效分析与诱因比较 [J]. 金融教育研究, 2015 (3): 23 – 28.

[89] 伍桂, 何帆. 非常规货币政策的传导机制与实践效果: 文献综述 [J]. 国际金融研究, 2013 (7): 18 – 29.

[90] 武石桥. 金融危机后日本银行货币政策框架演变与启示 [J]. 日本问题研究, 2014 (3): 19 – 26.

[91] 奚君羊, 谭文. 商业银行的资本充足率与公开市场操作的有效性 [J]. 上海金

融，2014（6）：32-34.

[92] 项峥．央行货币政策与金融监管是否包容 [N]．上海证券报，2014-12-26.

[93] 熊启跃，黄宪．资本监管下货币政策信贷渠道的"扭曲"效应研究——基于中国的实证 [J]．国际金融研究，2015（1）：48-61.

[94] 熊启跃．中国货币政策的新变化 [J]．中国外汇，2014（21）：22-23.

[95] 徐明东，陈学彬．中国微观银行特征与银行贷款渠道检验 [J]．管理世界，2011（5）：24-38.

[96] 许坤，苏扬．逆周期资本监管、监管压力与银行信贷研究 [J]．统计研究，2016（3）：97-105.

[97] 许倩．上半年银行不良贷款过万亿 房贷并非罪魁祸首 [N]．中国房地产报，2015-09-14.

[98] 许倩．银行不良贷款激增涉房贷款风险总体可控 [N]．中国房地产报，2016-04-18.

[99] 许伟，陈斌开．银行信贷与中国经济波动：1993—2005 [J]．经济学（季刊），2009（3）：969-994.

[100] 鄢莉莉，王一鸣．金融发展、金融市场冲击与经济波动——基于动态随机一般均衡模型的分析 [J]．金融研究，2012（12）：82-95.

[101] 杨雪莱．流动性过剩、中长期贷款与银行稳定性 [J]．湖北经济学院学报，2007（6）：48-51.

[102] 殷克东，吴昊，李雪梅．我国宏观审慎政策与货币政策协同效应研究 [J]．经济研究工作论文 WP952.

[103] 于震，张超磊．日本宏观审慎监管的政策效果与启示——基于信贷周期调控的视角 [J]．国际金融研究，2015（4）：34-44.

[104] 余永定．"融资难、融资贵"七大成因 [N]．中国政府新闻网，2014-10-22.

[105] 余绍山，陈斌彬．从微观审慎到宏观审慎：后危机时代国际金融监管法制的转型及启示 [J]．东南学术，2013（3）：50-56.

[106] 张成思，刘泽豪，罗煜．中国商品金融化分层与通货膨胀驱动机制 [J]．经济研究，2014（1）：140-154.

[107] 张成思．稳通胀、促增长：改进货币政策的路径选择 [N]．21世纪经济报道，2013-04-08.

[108] 张健华，贾彦东．宏观审慎政策的理论与实践进展 [J]．金融研究，2012（1）：20-35.

[109] 张金清，张健，吴有红．中长期贷款占比对我国商业银行稳定的影响——理论分析与实证检验 [J]．金融研究，2011（9）：78-92.

[110] 张军，钟伟．中国的信贷增长为什么对经济增长影响不显著 [J]．学术月刊，

2006（7）：69 - 75.

［111］张前荣. 2015 年物价形势分析与 2016 年展望［J］. 中国物价，2016（1）：10 - 13.

［112］张伟进，方振瑞. 金融冲击与中国经济波动［J］. 南开经济研究，2013（5）：3 - 20.

［113］张显球. 宏观审慎监管：理论含义及政策选择［M］. 北京：中国金融出版社，2012.

［114］张晓慧. 新常态下的货币政策［J］. 中国金融，2015（2）：22 - 25.

［115］张晓慧. 中国货币政策［M］. 北京：中国金融出版社，2012.

［116］张晓慧. 货币政策回顾与展望［J］. 中国金融，2017（3）：12 - 15.

［117］张雪兰，何德旭. 货币政策立场与银行风险承担——基于中国银行业的实证研究（2000—2010）［J］. 经济研究，2012（5）：31 - 44.

［118］张勇. 紧缩性政策下银行信贷资金期限配置行为分析［J］. 南京审计学院学报，2011（3）：14 - 18.

［119］张勇，范从来. 货币政策框架：理论缘起、演化脉络与中国挑战［J］. 学术研究，2017（11）：101 - 110.

［120］章晟，李其保. 信贷规模对经济增长与物价变动影响的实证分析［J］. 财贸经济，2009（12）：50 - 54.

［121］赵海云. 中国货币政策体系框架研究［D］. 中国人民大学博士学位论文.

［122］赵胜民，方意，王道平. 金融信贷是否中国房地产、股票价格泡沫和波动的原因——基于有向无环图的分析［J］. 金融研究，2011（12）：62 - 76.

［123］赵婷. 欧央行货币政策目标、策略及工具研究［J］. 南方金融，2009（3）：37 - 40.

［124］赵锡军，王胜邦. 资本约束对商业银行信贷扩张的影响：中国实证分析（1995—2003）［J］. 财贸经济，2007（7）：3 - 11.

［125］钟瑛. 改革开放以来中国货币政策的演变、效应及趋势［J］. 中华人民共和国国史网，2012 - 11 - 20.

［126］周小川. 金融政策对金融危机的响应——宏观审慎政策框架的形成背景、内在逻辑和主要内容［J］. 金融研究，2011（1）：1 - 14.

［127］朱宗元. 信贷期限结构变动的特征、影响及其动因——基于浙江省的实证分析［J］. 浙江金融，2016（2）：67 - 73.

［128］Adrian T., Shin H. S., Financial Intermediaries, Financial Stability, and Monetary Policy, Staff report, Federal Reserve Bank of New York, 2008, No. 346.

［129］Agénor P. R., Alper K., da Silva L. P., Capital Regulation, Monetary Policy and Financial Stability, *International Journal of Central Banking*, 2013, 9（3）：193 - 238.

［130］Agénor P. R., Bratsiotis G. J., Pfajfar D., Credit Frictions, Collateral, and the

Cyclical Behavior of the Finance Premium, *Macroeconomic Dynamics*, 2014, 18 (5): 985～997.

[131] Agénor P. R., Zilberman R., Loan Loss Provisioning Rules, Procyclicality, and Financial Volatility, *Journal of Banking & Finance*, 2015, 61: 301～315.

[132] Aggarwal R., Jacques K. T., The Impact of FDICIA and Prompt Corrective Action on Bank Capital and Risk: Estimates Using a Simultaneous Equations Model, *Journal of Banking & Finance*, 2001, 25 (6): 1139～1160.

[133] Airaudo M., Olivero M. P., Optimal Monetary Policy with Counter – Cyclical Credit Spreads, LeBow College of Business, Drexel University, 2014.

[134] Andrés J., Arce O., Banking Competition, Housing Prices and Macroeconomic Stability, *The Economic Journal*, 2012, 122: 1346～1372.

[135] Angelini P., Neri S., Panetta F., Monetary and Macroprudential Policies, Bank of Italy Temi di Discussion working paper, 2011, No. 801.

[136] Angelini P., Neri S., Panetta F., The Interaction between Capital Requirements and Monetary Policy, *Journal of Money, Credit and Banking*, 2014, 46 (6): 1073～1112.

[137] Angeloni I., Faia E., A Tale of Two Policies: Prudential Regulation and Monetary Policy with Fragile Banks, Kiel working paper, 2009.

[138] Angeloni I., Faia E., Capital Regulation and Monetary Policy with Fragile Banks, *Journal of Monetary Economics*, 2013, 60 (3): 311～324.

[139] Antipa P., Mengus E., Mojon B., Would Macroprudential Policies Have Prevented the Great Recession?, Banque de France, mimeo, 2010.

[140] Ashcraft A. B., New Evidence on the Lending Channel, *Journal of Money Credit and Banking*, 2006, 38 (3): 751～775.

[141] Aslam A., Santoro E., Bank Lending, Housing and Spreads, University of Copenhagen, Department of Economics, Discussion Paper, 2008, No. 27.

[142] Bailliu J., Meh C., Zhang Y., Macroprudential Rules and Monetary Policy when Financial Frictions Matter, *Economic Modelling*, 2015, 50: 148～161.

[143] Bauducco S., Bulir A., Cihák M., Taylor Rule under Financial Instability, International Monetary Fund, 2008.

[144] Baxa J., Horváth R., Vašíček B., Time – varying Monetary – policy Rules and Financial Stress: Does Financial Instability Matter for Monetary Policy? *Journal of Financial Stability*, 2013, 9 (1): 117～138.

[145] Beau D., Clerc L., Mojon B., Macro – prudential Policy and the Conduct of Monetary Policy, Banque de France working paper, 2012, No. 390.

[146] Becher D. A., Campbell II T. L., Frye M. B., Incentive Compensation for Bank Directors: The Impact of Deregulation, *The Journal of Business*, 2005, 78 (5): 1753～1778.

[147] Bernanke B. S. , Blinder A. S. , Credit, Money, and Aggregate Demand, *American Economic Review*, 1988, 78: 435~439.

[148] Bernanke B. S. , Lown C. S. , Friedman B. M. , The Credit Crunch, Brookings Papers on Economic Activity, 1991, 2: 205~247.

[149] Bernanke B. S. , Mishkin F. S. , Inflation Targeting: A New Framework for Monetary Policy? NBER working paper, 1997.

[150] Bernanke B. S. , Gertler M. , Gilchrist S. , The Financial Accelerator in a Quantitative Business Cycle Framework, Handbook of Macroeconomics, 1999, 1: 1341~1393.

[151] Bernanke B. , Gertler M. , Agency Costs, Net Worth, and Business Fluctuations, *The American Economic Review*, 1989, 79: 14~31.

[152] Bernanke B. , The Great Moderation, Institutions Press Publication Hoover, 2004.

[153] Blanchard O. J. , Gali J. , 2007, The Macroeconomic Effects of Oil Shocks: Why are the 2000s so different from the 1970s? NBER working paper.

[154] Bordo M. D. , Jeanne O. , Monetary Policy and Asset Prices: Does "Benign Neglect" Make Sense? *International Finance*, 2002, 5 (2): 139~164.

[155] Borio C. E. V. , Drehmann M. , Assessing the Risk of Banking Crises – revisited, *BIS Quarterly Review*, 2009.

[156] Borio C. E. V. , Drehmann M. , Towards an Operational Framework for Financial Stability: "Fuzzy" Measurement and Its Consequences, Social Science Electronic Publishing, 2009, 15 (9): 3295~303.

[157] Borio C. , Zhu H. , Capital Regulation, Risk – Taking and Monetary Policy: A Missing Link in the Transmission Mechanism, Bank for International Settlements, 2008.

[158] Bougheas S. , Mizen P. , Yalcin C. , Access to External Finance: Theory and Evidence on the Impact of Monetary Policy and Firm – specific Characteristics, *Journal of Banking & Finance*, 2006, 30 (1): 199~227.

[159] Bratsiotis G. J. , Tayler W. J. , Zilberman R. , Financial Regulation, Credit and Liquidity Policy and the Business Cycle, Centre for Growth & Business Cycle Research Discussion Paper Series, 2014, No. 196.

[160] Brunnermeier M. K. , Pedersen L. H. , Market liquidity and funding liquidity, *Review of Financial studies*, 2009, 22 (6): 2201~2238.

[161] Calvo G. A. , Staggered Prices in a Utility – maximizing Framework, *Journal of Monetary Economics*, 1983, 12 (3): 383~398.

[162] Cecchetti S. G. , Li L. , Do Capital Adequacy Requirements Matter for Monetary Policy? *Economic Inquiry*, 2008, 46 (4): 643~659.

[163] Chami R. , Cosimano T. F. , Monetary Policy with a Touch of Basel, *Journal of Economics and Business*, 2010, 62 (3): 161~175.

［164］Christensen I. , Dib A. , The Financial Accelerator in an Estimated New Keynesian Model, *Review of Economic Dynamics*, 2008, 11 (1): 155 ~ 178.

［165］Christiano L. J. , Motto R. , Rostagno M. , Financial Factors in Economic Fluctuations, ECB working paper, 2010, No. 1192.

［166］Christiano L. , Motto R. , Rostagno M. , Risk shocks, NBER working paper, 2013.

［167］Crockett, A. , Marrying the Macro – and Micro – Prudential Dimensions of Financial Stability, BIS working paper, 2000.

［168］Curdia V. , Woodford M. , Credit Spreads and Monetary Policy, *Journal of Money, Credit and Banking*, 2010, 42 (s1): 3 ~ 35.

［169］De Kock. , M. , Central Banking (4th edition), St Martin's Press, New York, 1974.

［170］De Nicolò G. , Systemic Risks and the Macroeconomy, NBER working paper, 2011, No. 1.

［171］Dell' Ariccia G. , Marquez R. , Lending Booms and Lending Standards, *The Journal of Finance*, 2006, 61 (5): 2511 ~ 2546.

［172］Dell' Ariccia M. G. , Marquez M. R. , Laeven M. L. , Monetary Policy, Leverage, and Bank Risk – taking, IMF working paper, 2010.

［173］Dellas H. , Diba B. , Loisel O. , Financial Shocks and Optimal Policy, Banque de France working paper, 2010, No. 277.

［174］Denis Beau. , Laurent Clerc. , Benoit Mojon. , Macro – Prudential Policy and the Conduct of Monetary Policy, Banque de France working paper, 2012No. 390.

［175］Diamond D. W. , Rajan R. G. , A Theory of Bank Capital, *The Journal of Finance*, 2000, 55 (6): 2431 ~ 2465.

［176］Dixit A. K. , Stiglitz J. E. , Monopolistic Competition and Optimum Product Diversity, *The American Economic Review*, 1977, 67 (3): 297 ~ 308.

［177］Erceg C. J. , Henderson D. W. , Levin A. T. , Optimal Monetary Policy with Staggered Wage and Price Contracts, *Journal of Monetary Economics*, 2000, 46 (2): 281 ~ 313.

［178］Faia E. , Monacelli T. , Optimal Interest Rate Rules, Asset Prices, and Credit Frictions, *Journal of Economic Dynamics and Control*, 2007, 31 (10): 3228 ~ 3254.

［179］Fiore F. D. , Tristani O. , Optimal Monetary Policy in a Model of the Credit Channel, *The Economic Journal*, 2013, 123: 906 ~ 931.

［180］Flannery M. J. , Rangan K. P. , What Caused the Bank Capital Build – up of the 1990s? *Review of Finance*, 2008, 12 (2): 391 ~ 429.

［181］Francis W. , Osborne M. , Bank Regulation, Capital and Credit Supply: Measuring the Impact of Prudential Standards, Occasional paper, 2009, No. 36.

［182］Furfine C. , Evidence on the Response of US Banks to Changes in Capital

Requirements, BIS working paper, 2000, No. 88.

[183] Galati G. , Moessner R. , Macroprudential Policy – a Literature Review, *Journal of Economic Surveys*, 2013, 27 (5): 846 ~ 878.

[184] Gali J. , Gertler M. , Inflation Dynamics: A Structural Econometric Analysis, *Journal of Monetary Economics*, 1999, 44 (2): 195 ~ 222.

[185] Gambacorta L. , Mistrulli P. E. , Does Bank Capital Affect Lending Behavior? *Journal of Financial intermediation*, 2004, 13 (4): 436 ~ 457.

[186] Gertler M. , Kiyotaki N. , Financial Intermediation and Credit Policy in Business Cycle Analysis, Handbook of Monetary Economics, 2010, 3 (3): 547 ~ 599.

[187] Giavazzi F. , Mishkin F. S. , An Evaluation of Swedish Monetary Policy between 1995 and 2005, Finansutskottet, Sveriges riksdag, 2006.

[188] Gilchrist S. , Leahy J. V. , Monetary Policy and Asset Prices, *Journal of Monetary Economics*, 2002, 249 (1): 75 ~ 97.

[189] Gilchrist S. , Schoenle R. , Sim J. , Zakrajsek E. , Financial Heterogeneity and Monetary Union, Meeting Papers from Society for Economic Dynamics, 2014, No. 1327.

[190] Goldsmith R. W. , Financial Structure and Development, New Haven: Yale University Press, 1969.

[191] Goodfriend M. , Interest on Reserves and Monetary Policy, *Federal Reserve Bank of New York Economic Policy Review*, 2002, 8 (1): 13 ~ 29.

[192] Goodfriend M. , McCallum B. T. , Banking and Interest Rates in Monetary Policy Analysis: A Quantitative Exploration, *Journal of Monetary Economics*, 2007, 54 (5): 1480 ~ 1507.

[193] Grauwe P. D. , A New Two – Pillar Strategy for the ECB, Cesifo working paper, 2009, No. 10.

[194] Haan W. J. D. , Sumner S. W. , Yamashiro G. M. , Bank Loan Portfolios and the Monetary Transmission Mechanism, *Journal of Monetary Economics*, 2007, 54 (3): 904 ~ 924.

[195] Haubrich J. G. , Wachtel P. , Capital Requirements and Shifts in Commercial Bank Portfolios, *Economic Review*, 1993, 29 (3): 2 ~ 15.

[196] Holmstrom B. , Tirole J. , Financial Intermediation, Loanable Funds, and the Real Sector, *The Quarterly Journal of Economics*, 1997, 112 (3): 663 ~ 691.

[197] Iacoviello M. , House Prices, Borrowing Constraints, and Monetary Policy in the Business Cycle, *The American Economic Review*, 2005, 95 (3): 739 ~ 764.

[198] Iacoviello M. and Neri S. , Housing Market Spillovers: Evidence from an Estimated DSGE Model, *American Economic Journal: Macroeconomics*, 2010, 2 (2): 125 ~ 164.

[199] Issing O. , Monetary and Financial Stability: Is there a Trade – off? BIS Papers, 2003, 18: 16 ~ 23.

［200］Ito T. , Ogawa E. , Sasaki Y. N. , How did the Dollar Peg Fail in Asia? *Journal of the Japanese and International Economies*, 1998, 12 (4): 256~304.

［201］Jacques K. , Nigro P. , Risk - based Capital, Portfolio Risk, and Bank Capital: A Simultaneous Equations Approach, *Journal of Economics and Business*, 1997, 49 (6): 533~547.

［202］Jermann U. , Quadrini V. , Macroeconomic Effects of Financial Shocks, *The American Economic Review*, 2012, 102 (1): 238~271.

［203］Jimenez G. , Salas V. and Saurina J. , Determinants of Collateral, *Journal of Financial Economics*, 2006, 81 (2): 255~281.

［204］Jordan T. , The Interaction of Monetary and Macroprudential Policy, Conference on Future of Central Banking under Globalization, Bank of Japan, 2010.

［205］Kannan P. , Rabanal P. , Scott A. M. , Macroeconomic Patterns and Monetary Policy in the Run - up to Asset Price Busts, IMF working papers, 2009, No. 1.

［206］Kannan P. , Rabanal P. , Scott A M. , Monetary and Macroprudential Policy Rules in a Model with House Price Booms, *The BE Journal of Macroeconomics*, 2012, 12 (1): 544~553.

［207］Kashyap A. K. , Stein J. C. , The Impact of Monetary Policy on Bank Balance Sheets, Carnegie - Rochester Conference Series on Public Policy. North - Holland, 1995, 42: 151 - 195.

［208］Kim S. B. , Moreno R. , Stock Prices and Bank Lending Behavior in Japan, *Economic Review - Federal Reserve Bank of San Francisco*, 1994, 1: 31~42.

［209］Kishan R. P. , Opiela T. P. , Bank Size, Bank Capital, and the Bank Lending Channel, *Journal of Money, Credit and Banking*, 2000, 32 (1): 121~141.

［210］Kiyotaki N. , Moore J. , Credit Chains, *Journal of Political Economy*, 1997, 105 (21): 211~248.

［211］Kopecky K. J. , VanHoose D. , Bank Capital Requirements and the Monetary Transmission Mechanism, *Journal of Macroeconomics*, 2004, 26 (3): 443~464.

［212］Lim C. H. , Costa A. , Columba F. , Kongsamut P. , Otani A. , Saiyid M. , Wezel T. , Wu X. , Macroprudential Policy: What Instruments and How to Use Them? Lessons from Country Experiences, IMF working paper, 2001, No. 11/238.

［213］Lown C. , Morgan D. P. , The Credit Cycle and the Business Cycle: New Findings Using the Loan Officer Opinion Survey, *Journal of Money, Credit and Banking*, 2006, 38 (6): 1575~1597.

［214］Ludvigson S. C. , The Channel of Monetary Transmission to Demand: Evidence from the Market for Automobile Credit, *Journal of Money Credit and Banking*, 1998, 30 (3): 365~383.

［215］Markovic B. , Bank Capital Channels in the Monetary Transmission Mechanism, BOE working paper, 2006, No. 313.

［216］Matsuyama K. , Credit Traps and Credit Cycles, *The American Economic Review*,

2007, 97 (1): 503 ~516.

[217] McKinnon R. I. , Money and Capital in Economic Development, Washington, D. C. : Brookings Institution, 1973.

[218] Meh C. A. and Moran K. , The Role of Bank Capital in the Propagation of Shocks, *Journal of Economic Dynamics and Control*, 2010, 34 (3): 555 ~576.

[219] Mésonnier J. S. , Bank Loan Portfolios, Bank Heterogeneity and the Bank Lending Channel: New Macro Evidence for France, Unpublished manuscript, 2008.

[220] Mora N. , Logan A. , Shocks to Bank Capital: Evidence from UK Banks at Home and Away, *Applied Economics*, 2012, 44 (9): 1103 ~1119.

[221] Mundell R. A. , TheAppropriate Use of Monetary and Fiscal Policy for Internal and External Stability, IMF Staff Papers, 1962, 9 (1): 70 ~79.

[222] Myers S. C. , Majluf N. S. , Corporate Financing and Investment Decisions When Firms Have Information that Investors do not Have, *Journal of Financial Economics*, 1984, 13 (2): 187 ~221.

[223] N' Diaye P. , Countercyclical Macro Prudential Policies in a Supporting Role to Monetary Policy, IMFworking paper, 2009, No. 257.

[224] Nier E. , Zicchino L. , Bank Weakness and Bank Loan Supply, *Bank of England Financial Stability Review*, 2005, 85 – 93.

[225] Nolan C. , Thoenissen C. , Financial Shocks and the US Business Cycle, *Journal of Monetary Economics*, 2009, 56 (4): 596 ~604.

[226] Ozkan G. , Unsal F. , On the Use of Monetary and Macroprudential Policies for Financial Stability in Emerging Markets, Discussion Papers in Economics, University of York, 2013, No. 14.

[227] Peek J. , Rosengren E. , Bank Lending and the Transmission of Monetary Policy, Conference Series. Federal Reserve Bank of Boston, 1995, 47 ~79.

[228] Ravenna F. and Walsh C. E. , Optimal Monetary Policy with the Cost Channel, *Journal of Monetary Economics*, 2006, 53 (2): 199 ~216.

[229] Rubio M. , Carrasco – Gallego J. A. , Macroprudential and Monetary Policies: Implications for Financial Stability and Welfare, *Journal of Banking & Finance*, 2014, 49: 326 ~336.

[230] Safaei J. , Cameron N. E. , Credit Channel and Credit Shocks in Canadian Macrodynamics – AStructural VAR Approach, *Applied Financial Economics*, 2003, 13 (4): 267 ~277.

[231] Santomero A. M. , Watson R. D. , Determining an Optimal Capital Standard for the Banking Industry, *Journal of Finance*, 1977, 32 (4): 1267 ~82.

[232] Schwarcz S. L. , Markets, Systemic Risk, and the Subprime Mortgage Crisis, Social Science Electronic Publishing, 2008.

[233] Schwartz A. J. , Why Financial Stability Depends on Price Stability, *Economic*

Affairs, 1995, 15 (4): 21 ~ 25.

[234] Shaw E. S. , Financial Deepening In Economic Development, New York: Oxford University Press, 1973.

[235] Shleifer A. , Vishny R. W. , A Survey of Corporate Governance, *The Journal of Finance*, 1997, 52 (2): 737 ~ 783.

[236] Smets F. , Wouters R. , Shocks and Frictions in US Business Cycles: A Bayesian DSGE Approach, National Bank of Belgium working paper, 2007, No. 109.

[237] Smets F. , Wouters R. , Openness, Imperfect Exchange Rate Pass – through and Monetary Policy, *Journal of Monetary Economics*, 2002, 49 (5): 947 ~ 981.

[238] Stock J. H. , Watson M. W. , Understanding Changes in International Business Cycle Dynamics, *Journal of the European Economic Association*, 2005, 3 (5): 968 ~ 1006.

[239] Suh H. , Dichotomy between Macroprudential Policy and Monetary Policy on Credit and Inflation, *Economics Letters*, 2014, 122 (2): 144 ~ 149.

[240] Suh H. , Evaluating Macroprudential Policy with Financial Friction DSGE Model, mimeo, Indiana University Bloomington, 2011.

[241] Suh H. , Macroprudential Policy: Its Effects and Relationship to Monetary Policy, FRB of Philadelphia working paper, 2012.

[242] Tanaka M. , TheMacroeconomic Implications of the New Basel Accord, *CESifo Economic Studies*, 2003, 49 (2): 217 ~ 232.

[243] Tayler W. , Zilberman R. , Macroprudential Regulation and the Role of Monetary Policy, Economic Working Paper Series in Lancaster University Management School, 2015.

[244] Trichet J. C. , Asset Price Bubble and Monetary Policy, Mas Lecture, Singapour, 2005.

[245] Van den Heuvel S. J. , The Bank Capital Channel of Monetary Policy, The Wharton School, University of Pennsylvania, mimeo, 2002.

[246] Van den Heuvel S. J. , The Welfare Cost of Bank Capital Requirements, *Journal of Monetary Economics*, 2008, 55 (2): 298 ~ 320.

[247] Wagner W. , TheLiquidity of Bank Assets and Banking Stability, *Journal of Banking & Finance*, 2007, 31 (1): 121 ~ 139.

[248] Walsh C. E. , Monetary Theory and Policy, MIT press, 2010.

[249] Zhang W. , China's Monetary Policy: Quantity versus Price Rules, *Journal of Macroeconomics*, 2009, 31 (3): 473 ~ 484.

[250] Zilberman R. , Tayler W. , Financial Shocks, Loan Loss Provisions and Macroeconomic Stability, Economic Working Paper Series in Lancaster University Management School, 2014, No. 23.

攻读博士学位期间的科研成果

【论文情况（按重要性排序）】

1. 范从来，高洁超．适应性学习与中国通货膨胀非均衡分析［J］．经济研究，2016（9），封面文章，CSSCI．

2. 范从来，高洁超（通讯作者）．银行资本监管与货币政策的最优协调：基于异质性金融冲击视角［J］．管理世界，2018（1），CSSCI．

3. 高洁超，范从来，杨冬莞．企业动产融资与宏观审慎调控的配合效应［J］．金融研究，2017（6），CSSCI．

4. 高洁超，范从来，杨冬莞．商业银行拨备监管的经济波动效应研究［J］．产业经济研究，2017（2），封面文章，CSSCI．

5. 卞志村，高洁超．宏观稳定视角的货币政策体制设计研究［J］．金融经济学研究，2015（2），封面刊首文，CSSCI．

6. 张淦，高洁超，范从来．资产短缺、家庭资产配置与商业银行转型［J］．金融论坛，2017（2），封面文章，CSSCI．

7. 范从来，高洁超．新常态下的货币政策最新进展：一个文献综述［J］．南大商学评论，2015（30），封面文章，CSSCI 集刊．

8. 杨源源，高洁超，孟士清．期股指市场价格引导功能的非对称性研究——基于中美市场的比较分析［J］．武汉金融，2015（11），中文核心．

9. 高洁超，孟士清．中国非线性审慎利率规则的实证研究［J］．南京审计学院学报，2015（6）．

10. 高洁超，孟士清．FCI 可以作为货币政策的良好指示器吗——基于信息预测检验与工具变量选择的分析［J］．金融监管研究，2014（11）．

11. Zhicun Bian, Jiechao Gao, Dongwan Yang, 2016：Designing the Monetary Policy System from the Perspective of Macroscopic Stability,《金融经济学研究（英文精华版增刊）》3 月．

【主持和参与课题】

1. 主持 2015 年度江苏省博士研究生科研创新计划项目"中国宏观审慎监

管政策与货币政策的协调机制研究"（KYZZ15_ 0003）（省立省助），主持人。

2. 参与马克思主义理论研究与建设工程重大项目（罗志军同志主持）"江苏省率先建成小康社会区域性探索与实践"，子课题执笔人之一。

3. 参与国家自科基金面上项目（范从来教授主持）"信贷传导渠道下货币政策与资本监管的协调研究"（71673132），课题组成员。

4. 参与教育部高校人文社会科学重点研究基地重大项目（范从来教授主持）"长三角全面建成小康社会中的共享发展研究"（16JJD790024），课题组成员。

5. 参与教育部长江学者与创新团队发展计划项目（范从来教授主持）"经济转型背景下稳定物价的货币政策"（IRT13020）。

【学术兼职】

担任 CSSCI 来源期刊《经济研究》《金融论坛》《贵州财经大学学报》的匿名审稿人。

【学术活动】

1. 2016 年 10 月 28 ~ 30 日，于东北财经大学，参加第十三届中国金融学年会，作为宣讲人宣读会议论文。

2. 2017 年 3 月 22 日，于上海对外经贸大学国际经贸学院，作为思源论坛第 72 讲的主讲人，宣讲工作论文。

后记（一）

后记初写于 2015 年 11 月。彼时，我第一次阅读孙俊师兄的博士论文，被其后记所展现的真挚情感和隽永文笔深深折服。于是乎，我意识到一篇合格的后记绝非简单的文字堆砌所能达成。孙俊师兄的后记包括他过往的学术作品，读后有股醍醐灌顶之力激荡全身，其逻辑之严谨、工具之复杂、文笔之优美对我产生了巨大的影响。虽然身边才俊辈出，不少同学已在《经济研究》和 SSCI 期刊崭露头角，但我始终认为孙俊师兄是我迄今遇见的最为优秀的博士。

2011 年，我以 412 分初试第一名的成绩从宿迁学院考入南京财经大学金融学院，进入卞志村教授门下攻读硕士学位。卞老师对于做人、做事、做学问近乎苛刻的严厉态度感人至深、闻名于校，感谢卞老师引导我开启经济学研究的大门，并将我引荐给范从来教授！此外，还要感谢南京财经大学的顾荣宝教授在我硕士论文答辩时提供的中肯意见和无私帮助。

巍巍南大，熏染三年竟觉不够。首先要感谢南京大学商学院对我的培养，感谢我的博士生导师范从来教授。范老师是国内货币政策领域的著名学者，他儒雅谦和、平易近人，深得学生爱戴，更兼玉树临风，形象与气质一时无二。范老师一贯秉持不以学术营生、不做横向课题的原则，经常教导我们学术研究当以解决中国现实问题为要。范老师逻辑感极强，对凝练问题、切入要害、布局内容和突出重点的能力异于常人，每每与范老师交流讨论，总有拨云见日、如沐春风之感。早在 2016 年初，范老师就开始指导我博士毕业论文的创作，短短两月三易其稿，终于将全文的研究主题、逻辑框架以及章节安排敲定下来，其间，范老师与我相对而坐，花上整整半天，逐句研读计划书的情景仍历历在目、经久不忘！自拜入范老师门下，承蒙殷切期望，深感责任重大，虽勤力而为、砥砺奋进，然资质所囿、精力不济，学术成就终未能企及优秀的同门前辈。师恩浩瀚，点点滴滴俱铭记在心、无以为报，本书付梓之际，谨向恩师范从来教授致以最诚挚的谢意！

南京大学名师云集，首先要感谢南大的老师们，水善利万物而不争，是你们的无私奉献滋养了我的精神世界。特别感谢中国著名经济学家洪银兴教授对《资本论》所作出的精彩解析，让我对马克思主义经济学重焕生机充满期待；感谢孙宁华老师对 RBC 理论的详细介绍，深化了我对现代主流宏观经济学前沿方法的认知；感谢姜宁老师结合亲身经历将中国资本市场起步阶段那波诡云谲般的精彩画面呈现给我们；感谢裴文老师带领我进入真正的英语世界，使那些看似枯燥而缺乏逻辑的字母跃然纸上、引人入胜，如果中学时代遇见她，相信我的英语水平会有质的飞越。另外，还要感谢参加我博士毕业论文预答辩和答辩的各位老师，他们是蒋伏心老师、张宗庆老师、张涤新老师、陈冬华老师、李晓春老师、郑江淮老师、张谊浩老师、江静老师和赵华老师，感谢他们对我博士论文提出的宝贵建议和帮助。

此外还要感谢我身边这些优秀的同窗好友们。感谢胡恒强师弟在 DSGE 建模方面提供的宝贵帮助，硕博均出同门，与他的交流使我获益匪浅；感谢杨源源师弟给我提供的宝贵技术建议，在健身房里的多次碰撞令人难忘；感谢金刚师弟多次将国际前沿的应用微观计量研究成果展示给我，使我意识到何为严谨、何为精致；感谢董哲昱师妹向我详细介绍她对哈里斯—托达罗模型的改进结果，与她的交流使紧张的科研生活变得轻松有趣；感谢贺晓宇同学，作为他婚礼时的伴郎和舍友，我们相处得十分愉快，祝他早日找到心仪的工作；感谢1621 工作室的其他成员，杨旸师弟、杜晴师妹、孙德峰师弟、童乃文师弟、伍云云师妹和李童师弟等，1621 工作室的学术声誉一直蜚声坊间，未来需要你们继续扛旗奋进！另外，还要感谢张淦师兄、丁慧师兄、黄翔、贾俊生、黄金鑫、胡小文、薛立国等在我读博期间给予的帮助和照顾。

舐犊情深，寸草春晖！二十年埋头读书竟浑然不觉父母的变化，直至从书橱里翻出儿时的全家福相片，才惊愕到岁月的无情！二十多年于我是成长、是憧憬，于他们则是老去、是怀念。儿时，父亲对我的教育十分严厉，那高亢的嗓门充满力量，母亲忙于农活，每天起早贪黑，总觉她乐此不疲；上了高中，父亲的管教不再那么严厉，只是不时地提醒我不能放松学业，母亲也开始和我唠叨起家长里短，仿佛那是我开始长大成人的一种暗示；2007 年 9 月，父母和我拎着大包小包，一趟火车再转一趟大巴将我送到大学安顿好，临走分别时我小步追着汽车，与他们挥手告别，潸然泪下的那一刻我模糊地意识到今后的路必须靠自己去闯荡。十年外乡求学，与父母聚少离多，每一次回家总觉得他们又老了一分。母亲在 2013 年患上重病，经过精心治疗以及父亲和我的细心照顾，终无大碍。我患过一次脚疾，在父亲将我背着从手术室去往病房的路上，我第一次深深地感受到父亲的背已不再如想象中那般结实，看着他两鬓间的白发我的泪水直在眼眶里打转……父母用他们的青春和心血供养着我，我越蓬勃他们就越苍老，这此消彼长真如零和博弈般残忍！现在我即将成家立业，成为家中的"主政者"，努力回报他们这份无比深沉的爱，让他们过得健康轻松、幸福开心是我最为重要的"施政方略"。感谢父母，有你们陪伴是我的幸运！还要感谢我的外公、外婆和奶奶，在晴空的午后与你们依偎在惬意的阳光里闲话家常，有几刻仿佛再次回到了儿时的光景，让我觉得分外幸福。三老均已年逾古稀，祝他们身体安康、长命百岁！

如今我也将近而立之年，童年的夜晚里曾经胡思乱想过与女生亲密接触而尴尬至极的场景，至今想来仍觉那么亲切、那么烂漫。我与女友杨冬莞相识于2014年，至今已逾900日，我们情投意合，还从未有过正儿八经的争吵。还记得在阅江楼前我欲向她请求交往，却因害羞而数次将嘴边的话咽回去的青涩场景。时光荏苒，明年我们就将步入婚姻的殿堂，她家境富裕、才貌双全，于我可谓有些"高攀"，我唯有更加努力奋斗、对她忠贞不渝！还要感谢她的父母，叔叔阿姨在生活上对我颇为照顾，经常给我买东西，并对我信任有加，祝你们身体安康、工作顺利！

一晃将近三十年，有多少人在我的生命里穿梭行走！许多我应感谢的人现今可能早已忘却，在此我谨以聊聊数笔向你们表示谢意！生命的意义是什么？这个话题显得如此老派而寒酸，但却是我们每每在失意时所常常会思考的。我以为生命的意义在于自我实现和播撒希望，我欣赏《火影忍者》里的男主角漩涡鸣人，他用自己坚韧不拔的毅力与努力达成了许多自诩天才之人也望尘莫及的成就，诠释了自我实现的精神内涵，我也欣赏自来也和波风水门，他们摒弃自我的可能，将希望播散给了下一代，这是一个诠释牺牲的故事。我们汲取着世间的美好，也应该将这份美好递延下去。教书育人，这是我的选择，将自己的知识和感悟传递给学生们，同时也成为他们的学生，教学相长、博采众长。不忘初心，继续前进，希望自己无愧于这份光荣的选择！

怀念多年前某个阳光灿烂的下午在老钟秀的小操场上丢沙包，怀念那时在教室旁的水泥楼梯边玩三国和水浒纸牌，怀念每个周五的傍晚在温暖的阳光下背着书包幸福地回家过周末，怀念初中课堂里大家争相举手发言的热闹场景，怀念老师报分数时弥漫在教室里的紧张气氛，怀念大一入学的那个夜晚在英才大道上和同学们一起骑着小三轮满载一车新书与憧憬，怀念某个周末的晚上做完功课回宿舍泡一碗老坛酸菜牛肉面与舍友们一起围在电脑前看美国大片，怀念考研冲刺阶段在老图顶楼走廊里冒着严寒大声朗读政治知识点的那些夜晚，怀念读研时与朋友们到处游山玩水的乐趣，那时的自己仿佛有用不完的热情与精力，怀念与舍友们围坐在客厅里观看 NBA 总决赛时的情景，那时候每一个关键球都会让整栋男生宿舍引发激烈的呐喊，那是一种共鸣，一种涌动着青春的热血与激情。

携来百侣曾游，忆往昔峥嵘岁月稠。恰同学少年，风华正茂；书生意气，挥斥方遒。指点江山，激扬文字……无论伟人抑或凡人，对于青春的回忆是那么美好，却再无法企及。

致青春，是为记。

2015 年 11 月 29 日初稿

2016 年 10 月 25 日再稿

2017 年 2 月 19 日三稿

2017 年 3 月 18 日终稿

于南京大学安中大楼、陶园

后记（二）

本书的出版得到了范从来教授主持的国家自然科学基金面上项目(71673132)和教育部"创新团队发展计划"滚动支持项目（IRT_ 17R52）的资助。首先，感谢恩师范从来教授！

其次，我要感谢上海对外经贸大学国际经贸学院各位领导与同事们的支持！这里的工作氛围如此从容、和谐，这里的同事与同学是如此优秀，使我能潜心学术、安心教学。此外，我还要感谢中国金融出版社的王效端主任、张菊香编辑、李俊英编辑等为本书的付梓所付出的辛劳！他们极为专业和高效的校对工作令我深深折服！

最后，我要感谢妻子杨冬莞、父亲陶国兵、母亲高玉华、岳父杨文明、岳母凌莉等家人的支持。你们的温暖与关爱是支持我在学术道路上披荆斩棘的强大保障，愿这本著作的出版能给你们带来些许精神上的慰藉！

高洁超

2018 年 4 月 15 日于上海

金融博士论丛